共にあることの哲学と現実

共にあることの哲学と現実　家族・社会・文学・政治

フランス現代思想が問う〈共同体の危険と希望〉2　実践・状況編

岩野卓司編

岩野卓司
合田正人
郷原佳以
坂本尚志
澤田　直
藤田尚志
増田一夫
宮﨑裕助

書肆心水

共にあることの哲学と現実　**目次**

序　共同体論を実践するために

われわれは二〇一六年に論文集『共にあることの哲学』を出版した。これは「フランス現代思想が問う〈共同体の危険と希望〉」の第一巻であり、各人がフランス現代の思想家を取り上げ、共同体についての彼らの思想がどういうものであるかを論じたものであった。そこでは、澤田直がサルトルとナンシーを、岩野卓司がバタイユを、湯浅博雄がブランショを、合田正人がレヴィナスを、増田一夫がデリダを、坂本尚志がフーコーを、藤田尚志がドゥルーズを担当した。この書の目的は、共同体について理論的に探究することであった。さて、第一巻の序で予告したように、「理論編」の後にこの「実践・状況編」が続くことになる。どうしてこの第二巻を続けたかというと、それは現代の世界や日本の状況を考えるために、現代思想の共同体論が参照可能かどうかを見極めるためである。フランス現代思想にはもう三十年以上も前に書かれたテクストも多く、すでに思想の「古典」と化しているものもある。そうであるが故に今日の状況を論じるには適さないと主張する者も少なからずいる。こういった批判に答えるためにも、思想の現代における有効性を検証する必要があるのだ。

この「実践・状況編」では、「共にあること」についての「理論編」の成果を何らかのかたちで反映させることにした。もちろん、「実践・状況編」はそれだけで独立したものであり、「理論編」を読んでいなければ理解できないというものではないし、「実践・状況編」にのみ寄稿する論者もいる。しかし、各論者が「理論編」で取り上げた思想家から汲み取ったものを実践に反映させたという点では、全員が一致していると言える。われわれは理論をただ解釈することだけには満足していないのであり、理論の実践的な有効性をもふくめて思想の価値としたいのである。

実践への問い

どうして「実践・状況編」が必要かを説明するために、ニーチェの「神の死」から語り始めよう。

『華やぐ智慧』のなかの「狂人」という断章で、ニーチェは「神の死」について語っている。真っ昼間、頭の狂った男が提灯を片手に広場にやってきて、「俺は神を探している」と繰り返し叫んでいる。広場でこの男は人々にさんざんからかわれ物笑いの種となった。そうすると、彼はあたりを睨んでこう述べる。「神がどこに行ったかって。俺がお前たちに教えてやろう。俺たちが神を殺したんだ。俺たちはみな神の殺害者だ」と。「狂人」が黙ってあたりを見回すと、みな沈黙して不思議そうな顔で彼を見つめた。彼は自分が早く来すぎたことを悟る。誰も神が死んだことに気づいていなかったのだ。

この断章は、二十世紀に入り、多くの人が言及し解釈してきた。「神の死」は、今日の哲学、宗教、科学、芸術に多大な影響を及ぼす出来事だったと言えるであろう。ヤスパース、ハイデッガー、バタイユ、ブランショ、クロソウスキー、フーコー、デリダなどが、それぞれのやり方で「神の死」を深く思索していったのだ。

この「神の死」を今日の人文科学の研究にスライドさせて考えてみよう。

一般的に言って、文系・理系を問わず、大学の内外を問わず、およそ研究者なる存在は研究会や学会なるものとかかわっている。もちろん、これらの組織は小さい私的なものから、日本を代表したり、世界をまたにかける規模のものまでいくつもある。人文系の研究では、ある個々の作家や思想家についての研究が多くなされており、フランス現代思想の思想家と呼ばれる者たちもすでに研究の対象になっており、サルトルやバタイユは言うに及ばず、フーコーやデリダに至るまで研究会はすでに世界的規模で存在し、国際シンポジウムも頻繁に開かれるようになってきている。

こういった学会やシンポジウムに、ニーチェの「狂人」のような者が闖入したらどうであろうか。もちろん、死んだのは神ではなく、当該の思想家である。たぶん、広場に居合せた人々のように誰も相手にしないであろう。小馬鹿にして冷やかにせせら笑うかもしれない。バタイユでもフーコーでもいい、その思想家についての学会が開かれ、シンポジウムが催されるのは、その思想家が研究に値する重要性をもっているからであり、何年も研究してすみずみまでテクストに通じている研究者や、生涯をかけて翻訳をしようとしている者たちにとって、「俺たちが殺害者」などという戯言は、とうてい理解できないであろう。

それでは、「狂人」のように、研究会で「バタイユは死んだ」とか「ブランショは死んだ」とか叫ぶことは、まったく意味のないことなのであろうか。研究者たちがバタイユやブランショを殺害したというのは、まったくの的外れな言葉なのであろうか。だが、よく考えてみると、そこには幾分かの真実が含まれているようにも思われる。例えば、バタイユやブランショのように「主体の消滅」について語る思想家のテクストを取り扱うとき、研究者はどうするのであろうか。たいていの場合、その思想家のテクストを読み、その言葉の意味を解釈し、彼の意図を明るみに出しながら作業を進めていく。こういった解釈学的な読解を前提にしながら、例えば、思想の背景を明らかにしたり、伝記的な事実による実証に向かったり、思想史的な意義を説明したりする。しかし、そこでおこなわれているのは、「主体の消滅」について語る者の「意図」を白日のもとにさらすことに他ならない。言ってみれば、「主体の消滅」について語る者の「主体」を露わにしていることなのだ。これは思想家の主張を尊重していることで、逆に彼を裏切っていることになるのではないのだろうか。だから、逆説的であるが、思想家を「殺害している」とも言えるのではないのだろうか。

近年、わが国でも課程博士の制度ができ、人文科学の研究においても博士論文の量産体制が確立している。それによって、フランス現代思想についての研究もすすみ、各思想家についての精緻な博士論文もいくつも誕生している。その事実は称賛すべきものではあるが、逆に博士論文というアカデミックな制度は、古典的な解釈と実証を強いるものであり、この点で、フランス現代思想の思想家たちが踏み越えようとしたアカデミックな制約のなかに、研究者たちを連れ戻してしまう可能性をはらんではいないのだろうか。「狂人」の予言と重ね合わせれば、精緻で優秀なフーコー論やデリダ論が、あまりに見事に「フーコー殺し」や「デリダ殺し」を実演している事態になっているのではないのだろうか。

もちろん、研究なるものが対象となる思想家の主張や方法に忠実でなければならないということではない。当該の思想家とはまったく異なる視座からのテクストの読解によってすぐれた成果をあげた研究を、われわれはいくつも知っている。例えば、ブランショ研究で名高いクリストフ・ビダンは、その伝記研究によってブランショの多くの隠れた真実を伝えてくれている。ブランショはその批評の方法において文学空間における主体の消滅について語り、伝記的な文学批評を遠ざけている。それなのに、ビダンはブランショと正反対の方法を駆使することによって、この思想家についての優れた研究を残している。ブランショをブランショ風に論じなければならない義務はないのだ。だからこそ、多彩な研究が誕生し、思想家の隠れた多くの面が明らかになるのだろう。

しかし、ここで自覚すべきことは、研究をする者が思想家の殺害者であるという事実なのだ。われわれはバタイユやブランショを殺害することによって、その遺産をわがものにしている。これは古典的な解釈に基づいた研究や、伝記的な手法による研究には限らない。構造分析であろうと、精神分析の援用であろうと、記号論であろうと、同じなのだ。極言すれば、解釈したり読解したりすることそれ自体に「殺害」の契機がはらまれているのではないのだろうか。しかも、それは無自覚のうちに行われている。たしかにこれらの研究は、多くの発見をわれわれにもたらしてくれるであろう。しかし、このことによって彼らの思想を十分に受け継いでいると言えるのであろうか。「主体の消滅」を理論的に精緻に読解し、その意味や背景を明らかにしても、どこかそのことで十分に満足できないのは、そこに「主体の消滅」の何らかの実践が欠けているからではないのだろうか。そのことで、「殺害」の罪の償いができていないからではないのだろうか。研究者のようなその思想家を一番よく理解している者のほうが、逆にその思想家から遠ざかっているのは、以上のような理由からなのだ。

これは現代の思想家たちから何を受け取っているかの問いと関係している。「主体の消滅」についての知識を数多く受け取っていても、彼らの思想を受け継いでいるとは言えない。「主体の消滅」を普通の意味で解釈するのとは別のやりかたで実践することに、思想家が与えるものを受け継ぐ可能性が開かれているのではないのだろうか。こういった実践への問いから、われわれは「理論編」のあとに「実践編」を加えるのである。

そもそも人は、思想家から何を受け取るのであろうか。それはその思想家が与えてくれるものであろう。ただ、そこには彼が意図して伝えようとしたものもあれば、知らず知らずのうちに伝えてしまうものもあろう。思想家が主張していることはもちろんのこと、彼の「無意識」もまたこの贈与と深くかかわっていると言えるだろう。フランス現代の思想家たちが理論的に示してくれたのは、それぞれの方法の違いはあるにせよ、作品の意味や作者の意図を超えたものの探求である。われわれもこういったレヴェルにまで「受け取る」ということを考えていくべきでないのだろうか。例えば、デリダは「贈与」や「遺産」を意識に現前するものとしてはとらえない。「贈与」が意識に現前し「贈与」として認められたならば、この認知によって受け手は贈り手に何かを返しているのであり、その場合「贈与」は「交換」になってしまうからである。「贈与」は忘却されたものとしてしか考えられないのだ。しかもその忘却も想起可能なものであれば、やはり意識に現前することになり、同じように何かを返し、「交換」することになる。だから、この忘却は想起不可能なレヴェルのものであり、そういった次元で生起する「贈与」や「遺産」を彼は考察している。われわれの無意識より深いところで与えられ、受け取られることで引き継がれるものもあるのだ。

このように人はさまざまな次元で受け取ることにさらされている。「理論」から「実践」に移ることによって、さらに受け取りの可能性を広げ深めることができるのではないのだろうか。本書でも、各論者が各思想家から受け取ったものはバラエティに富んでいる。これは実践についての考えの違いにも起因しているのだが、ある者は実践を社会的な文脈で語り、別の者に政治的な文脈で語り、またある者は思想史的な文脈のなかでの実践をおこなっている。たしかにこういった試みは、実際に現実に共同体をつくろうとする実践、例えばマルクスの言うような「革命の実践」とは異なるかもしれない。しかし、受け取ったものを何らかのかたちで応用し実践するという小さな試みを重ねることが、共同体をつくるという実践へとつながっていくのではないのだろうか。そのために、フランス現代思想なるものが過去の遺物であるのか、あるいは有効な武器であるのかどうかを、ここで検証する必要があるのだ。

状況への問い

今日どうしてあらためて共同体について問うことが必要なのか。第一巻では、資本主義の限界と国家の限界から説き起こし、バタイユ、ブランショ、ナンシーの共同体についての問いとその系譜をたどりながら、その問いとの関係で「理論編」の各論文を位置づけた。「実践・状況編」では、違う角度から共同体を考えていくことの必要性について述べてみよう。

必要な理由はいくつもあるが、二つだけ触れておこう。

ひとつは、今日頻発する宗教テロである。このテロが共同体について考えなければならない必要性を喚起している。東西冷戦下では、過激派のテロは、共産主義革命の理念に基づいて、ハイジャックや爆弾闘争などをおこなっていた。しかし今日では、宗教の名の下でテロがおこなわれている。アメリカ合衆国における9・11の同時多発テロ、フランスでのシャルリ・エブド襲撃事件、パリ同時多発テロ、ベルギーでのブリュッセル連続テロなど、欧米諸国ではテロの嵐が吹き荒れている。また、自爆攻撃はシリアやイラクの戦闘地域だけではなく、これらの国々をはじめとするアラブ諸国全般においても猛威をふるっており、テロの犠牲者は欧米よりも多い。アルカイダやイスラム国のような過激なイスラム教徒たちによる攻撃に対して、欧米諸国は空爆によって報復する。欧米側は過激派の無差別攻撃をテロという言葉で表現してネガティヴなイメージをあおっているが、これは事実上の戦争ではないのだろうか。もちろん、国と国との戦闘ではない以上、厳密には戦争という言葉はあてはまらないかもしれないが、「テロ」という言葉が覆い隠してしまうものには気をつけなければならない。両者の「戦争」では、テロに対する空爆、空爆に対するテロ、そういったかたちで報復の連鎖は止まらない。ウサマ・ビン・ラーディンはアメリカの特殊部隊によって殺害されたし、アメリカ、ロシア、イラク、シリアの勢力による攻撃でイスラム国も崩壊している。しかし、それだけではテロの根絶とはいかないことは、多くの識者の一致した見解である。ビン・ラーディンの後継者や崇拝者たち、あるいはイスラム国の理念を共有する者たちによって、テロが継続されるのは火を見るよりも明らかだろう。力の行使によって一時的な解決は可能かもしれないが、抜本的な解決はありえない。宗教的対立、政治的対立を越えて、どう和解を成立させるべきであろうか。そこには、欧米諸国における人種差別、イスラム教やその生活様式への無理解といった直接的な要因ばかりでなく、イスラム系移民と古くからの住民の対立、移民の流入が失業の原因だとする俗説の蔓延、失業や治安の悪化からくる国民の右傾化と不寛容、極右集団の台頭など、多数の問題が介在するだろう。また、中東のイスラム教徒には、パレスティナ問題でつねにイスラエルを支持しているアメリカへの反発、体制の維持のためそのアメリカに依存しているアラブの支配層への反発が、根本にある。こういった対立、差別、反発は暴力の連鎖によっては解決されない。そこには「交流」や「共同性」のレヴェルで解決を模索する必要があるのではないのだろうか。イスラム教、キリスト教、ユダヤ教の共同体のあいだの対話、各国の対話、そういったことはもちろん必要であろう。しかし、そういった対話と理解によって、諸々の問題は解決するのであろうか。そこには、対話や理解の不可能さ、コミュニケーションの危機も同時にはらまれているのではないのだろうか。だから、こういった対話やコミュニケーションをも成り立たせる「共同性」、あるいはそれらを不可能にするかもしれない「共同性」について考えていくことで、ぎりぎりの接点が見えてくるのではないのだろうか。

もうひとつは、人間関係の変化である。今日、同性婚を認める国も増えてきているが、このことによって、男性と女性による結婚という概念、それにともなう家族の概念も問い直されている。さらには、生殖医療の発展により、代理出産や精子の冷凍保存が可能になり、同性愛カップルでも子供をもつことができるようになってきている。そこでは、父、母、子という性によって役割分担された古典的な家族のイメージは変わってきている。フロイトがエディプス・コンプレックスの着想を得たのは、この家族の概念を前提にしているからであるが、今日、LGBTを尊重した性の考えや結婚制度によって拡張された家族関係においては、異なる精神分析の仮説が生まれてくる可能性があるかもしれない。家族における「共同性」には、われわれのもつ伝統的なイメージはすでに合致しなくなっているのではないのだろうか。この家族の在り方の変化は、またちがった形でも進行している。かつての大家族から核家族へと変わっていたのが、さらに今日では単身者の増加を招いている。二〇三〇年ごろには生涯未婚率は日本の全国民の三十パーセントに達すると言われている。これには若者の結婚観の変化、女性の経済的な自立、コンビニなどの便利な生活空間の充実などの理由が挙げられているが、一番深刻なのは資本主義の過度の競争が生み出した非正規雇用による貧困である。つまり、ワーキングプアの増加である。しかも、伝統的な家族観も崩壊し、親戚とも疎遠になっているから、単身者は血縁には頼れない。孤立は進むばかりである。崩れているのは血縁ばかりではない。老人の孤独死が社会問題になっているように、近所とのつきあいも減っており、地縁もほとんどないものになっているし、非正規雇用の増加から会社での人間関係も希薄なものになりつつある。インターネットによるヴァーチャルな世界でのコミュニケーションは盛んになっているが、逆に現実の人間関係はますます薄いものになっているのだ。こういった孤立において「共同性」とは何なのであろうか。人はどういう共同体を考えなければならないのだろうか。SNSによる共同体で充分なのであろうか。「血縁」、「地縁」、「社縁」が完全には失われていないが変容しているという現実を踏まえたうえで、あらためて「共同性」と「共同体」について考えなければならないだろう。

今日ほど「共にあること」の不可能性と可能性が意識される時代はないのではないのだろうか。そういう時代における「共同性」の意味はどういうものなのであろうか。

構　成

今回寄稿してもらった論者は、それぞれの専門の第一線で活躍している研究者であると同時に、「実践」や「状況」についても強い関心を抱いている者たちである。集まった論考は、各自の独自の「実践」解釈を踏まえてもので、各人の個性を十分に反映したものである。「実践」をどうとらえるかで考えの違いがあり、そのため多少の不ぞろいや逸脱があるとはいえ、本論文集は「家族」、「社会」、「文学」、「政治」の四つのセクションに分けることができる。その内容を簡単に紹介しておこう。

最初のセクション「家族」には、宮﨑裕助「家族への信――デリダと絆のアポリア」と藤田尚志「現代社会における愛・性・家族のゆくえ――ドゥルーズの「分人」概念から出発して」がある。

まず宮﨑は、デリダの考察をたどりながら、家族の絆がいかに自明でないかを探究している。ふつう人はこの絆についてDNA判定などによる生物学的なものを自明なものとして考えがちであるが、例えば父子関係で法的な関係と生物学的な関係が一致しない場合もある。また、母子関係は代理母などを考慮に入れると複数の母親の可能性があり、これまた自明なものではない。家族関係は「信」のうえに成立しているものをかかえているのだ。この論文を通して、宮﨑はデリダを参照しながら、家族の絆のはらむアポリアの問いを提起している。

次に藤田は、ドゥルーズの『アンチ・オイディプス』を出発点として、家族、性、愛について論じている。その議論の基盤にあるのは、「分人（dividuels）」という概念である。これは、それ以上分割できない個の単位としての「個人（individus）」ではなく、内的にも外的にも絶えず分割され相互に反響しあう存在のことである。この「分人」に基づいて、藤田はポリアモリー、異種間関係、障害者の性、売春、コラボ消費、超個人主義、モノへの愛などの多数のテーマを考察していき、「分人主義」が「私有」に閉ざさないで、「共有」をベースにした「開かれた分人主義」になっていくことを目指している。

次のセクション「社会」の論文は、澤田直「雑種たちの共同体を求めて」と坂本尚志「「合理性の共同体」の存続のために――哲学的思考と教育」である。

サルトルとナンシーの影響をうけた澤田は、この論文で人は複数の共同体に同時に帰属しているという視点から、カップル、家族、地域、アソシエーション、学会、大学などについて考察し、複数の集団に帰属する場合のアイデンティティーの問題や単一の帰属性をもたない共同体の問題について論を進めている。これは複数の国籍をもったり複数の民族に帰属したりする者たちについての問題提起につながっている。この考察をとおして素描されるのは、複数性や雑種性を許容する共同体のあり方である。

一方坂本は、フーコーの権力論と生政治の考えを背景にしながら、フランスの哲学教育を主題にして論じている。この哲学教育は合理的な認識を通しての共同体成員の育成を目指すものであるが、これは同時に共同体の体制維持にもつながっている。しかしまた、哲学の批判機能は体制を破壊する危険性を伴っている。坂本は哲学教育において重視されている小論文作成法を精緻に検討しながら、諸刃の剣のようなこの二つの側面を発見し、それが共同体の変容を産み出す契機にもなっていることを指摘している。

第三のセクション「文学」には、岩野卓司「宮沢賢治のアセファル共同体――共にあることと宗教」と郷原佳以「「すべて」をめぐる断片の運動――ブランショにおける共同体の（非）実践的射程」がある。

バタイユが共同体について提示したアセファル（無頭）の概念を「脱中心化」として再解釈しながら、岩野は現代の宗教的過激派の思想に潜む「中心化」と「超越的な出来事」の問題をどう克服していくかを考えていこうとしている。そのために岩野が注目したのは、宮沢賢治による日蓮宗の田中智学の共同体論の読みかえである。天皇という「頭」をいただく智学の共同体思想を賢治がどう受け継ぎ、どう「頭」を抹消していったかを、イーハトヴ共同体と四次元思想という主題において彼は考察していく。

それに対して郷原は、ブランショが共同体論を発表した一九八〇年代より今日のほうが社会の危機が迫っているという認識のもとで、ブランショをどう読んでいくかの問題提起をしている。SEALDs がブランショの「無名性」などに無理解だったことを踏まえ、彼の政治活動のみを切り離すのではなく、彼の共同体論の理念的な面を実践に活かすべきだというのが、郷原の主張である。この面を掘り下げるために、彼女はこの思想家のなかの、文学的なものと政治的なもの、弁証法と非弁証法、断片と全体の二重性に注目している。

最後のセクション「政治」の論文は、合田正人「国家と社会の「あいだ」をいかに（反―）造形するか――レヴィナス、ブーバーとユートピア的社会主義の明日」と増田一夫「喪のポリティクス――デリダ、「私は死で動いている」の射程」である。

合田は、新しい共同体とはどういうものであるかについて、ランダウアー、ブーバー、レヴィナスについて議論を進めている。特に軸になっているのがブーバーであり、彼のシオニズム、マルクス主義的ユートピアの思想、キブツへの評価、イスラエル国家への失望について語られている。また、ランダウアーの「民族」の思想のブーバーへの影響や、レヴィナスのブーバー批判とその継承（「キブツ」や「リズム」）についても触れられている。合田はユダヤ共同体思想のユートピア性について考えを巡らせながら、パレスティナとイスラエルの今日的対立の根本にある問題を手繰り寄せようとしている。

また増田は、共同体を念頭においてデリダの思想をどう実践するかの課題を、理論と実践の二項対立を脱構築しながら挑んでいる。そのため彼はデリダのテクストに伏在する死や喪への関心に特に注意し、生と死の二項対立を脱構築しながら論を進めている。刻々と変化する社会情勢における忘却、リベラルな民主主義の機能不全などを『マルクスの亡霊』から問い直し、フッサールやハイデッガーの「事実」を『声と現象』などから読み直し、友愛を『友愛のポリティックス』から再考し、「私は死で動いている」というデリダの考えがいかに脱構築の実践において重要であるかを探っている。

どれも読みごたえのある重要な論文である。これらの論文の実践的成果が認められるかどうか、フランス現代思想が、今日の状況を踏まえながら行われる思想の実践に活かせるかどうか、それは読者の判断にゆだねたい。今後、さらなる「実践」の試みが広がっていくことを期待するしだいである。

フランス現代思想を化石のようなものにしないで今日の状況において問う材料にしたいという気持ちから、「実践・状況編」の重要性をいちはやく認識していたのは、書肆心水の清藤洋氏である。本書の目的を理解しながら、つねに温かい励ましの言葉をいただいた。謝意を表したい。

岩野　卓司

I 家族

家族への信

デリダと絆のアポリア

宮﨑裕助

家族とは何か。しかし家族とは何か、と問うことほど陳腐な問いかけはないように思われる。ひとはひとりでは生きられない。家族は共同体の基本単位ないし出発点であるとされてきた。「家族」と呼ばれるものと関わることなく生きてきた者など存在しない――たとえ「孤児」であっても「育ての親」はいる――以上、なにがしかの「家族」を知らぬ者はいない。いかなる家族であろうと、家族とは明らかではないのか。

にもかかわらず、ひとたび家族の本質を定義しようとするならば、たちまち口ごもらざるをえなくなる。いわゆる核家族のみならず、拡大家族や複合家族、ひとり親家庭、ステップ・ファミリー、あるいは子どもを持たない単身世帯や夫婦二人世帯等々、家族形態の違いを示す言葉はいくつもある。実際、家族の多様化がいやおうなく進行しているいま、家族と呼ばれるものの輪郭は限りなくあやふやになってきた。結局のところ、家族像は、家族の数だけ異なっているとさえ言いうるかもしれない。

だが家族は、けっして恣意的に取り結ばれる人間関係ではない。個々の地域、学校、職場などで、友人やその他の知り合い等々としてできる他のつながりに比べれば、家族ほど容易に変更したり代替したりできない堅固な関係性もないだろう。家族とは、どれほど現代の形態が多様化し拡散しつつあるとしても、依然として、最後には立ち返らざるをえない人間の絆の原型とみなされている。

その絆の堅固さは何によると考えられるのだろうか。家族の本質そのものはただちに定義困難だとしても、家族像がおおよそ収束する二つの軸があることは確かである。それは二つの関係性、すなわち、結婚によって生じる夫婦関係（婚姻）、生殖によって生じる親子関係（血縁）である。前者の場合、定義上は互いのパートナーをみずからの意志に基づいて選ぶ（ないし選ばない）ことができるという自由がある。もちろん、いったん決めてしまえば容易に解消できないように、この関係が儀礼化され制度化されていることは周知の通りである（ただしこの制度自体、現代では単婚・異性婚に規範化されているという拘束があるが、さしあたり措く）。しかしパートナーを選択する自由が残されており、また離婚も許容されているかぎり、婚姻関係の絆は、後者の親子関係に比べ、比較的堅固ではないと言うことができる。

子は親を選べない。そもそも子を産む／産まないという選択の余地が親の側にはあるが、子どもの側はそうではない。まったくの無力のままこの世に投げ出され、自分をつくった者とされる「親」の元に置かれる。この非対称性からくる絆が、良くも悪くも親子関係の堅固さをもたらしている。この堅固さは、一般には、血ないし遺伝子の継承によって生物学的に保証されてきた。しかしここでデリダとともに私が問い質してみたいのは、まさにこの「親子の絆」についてである。

1　不在の父、複数の母

現代フランスの哲学者ジャック・デリダ（一九三〇—二〇〇四年）は、精神分析学者エリザベート・ルディネスコとともに二〇〇一年に出版した対談集のなかで「家族が永遠的だと言うことに躊躇せずにはいられない」と述べ、家族の絆を一般化したりなにかの「自然的」本質に帰したりすることに強く異議を唱えている[1]。存在するのは、それぞれに異なるなにがしかの家族にすぎない。デリダによれば、家族は、永遠の自然本性によるのではなく、そのつど制度化されながら相対的に長期にわたって「超歴史性（transhistoricité）」（69／五四）と呼ばれるあり方で続いてきたにすぎないのである。どういうことだろうか。

デリダは、家族が「生殖」という生物上の機能に基づいて組織されてきたことを頭ごなしに否定しているわけではない。言い換えれば「誕生を軸とした家族的な絆」はつねに存在してきたし、そこに「ある種の遺伝的な相続」が介在してきたことは確かである。しかし明らかでないのは、そのように家族と不可分とみなされてきた「生殖」や「誕生」とは何かということである。家族にとってそうしたことは、はたしてどれほど自明なのだろうか。どこまで特権視しうるものなのだろうか。

まず父子関係について考えてみよう。ひとりの男はいかにして父親になるのか。しばしば言われるように、父親を特定することは母親を特定することとはまったく異なる。子の父が誰であるかということは、日本の民法で離婚後の三百日問題（離婚届後三百日以内に生まれた子が遺伝的関係とは関係なく前夫の子とみなされること）に典型的に現れているように、第三者からみて推定される関係にすぎない。父子関係にはどこまでも疑問の余地が残る。もちろん現在ではＤＮＡ鑑定により遺伝上の関係を判別することができる。しかしながら、生物学上の父であることのみをもって当の子どもにとっての父親であることが保証されるのだろうか。

　この点をめぐってデリダが強調するのは「種元の男性を同定すること自体は父親を指定することにはならない」（78／六三）ということである。すなわち「種元の男性は父ではない。父とはみずからの子どもを認知する何者か」のことである。これはつまり、ＤＮＡ鑑定の結果からだけでは父であることの条件にはなりえず、それが当の認知を促すことはあっても、認知が行なわれなければ決して父親にはならないということである。デリダはたんに法制度上の問題としてこれを述べているわけではない。いわく「認知（reconnaissance）の諸様相は、法権利の彼方で、あるいはその手前で、多様で複雑でねじれたものでありうる。それは終わりがけっして確定されることのないある歴史のなかで、拡大したり、安定したり、不安定になったりする」（同頁）。

　言い換えれば、子の認知は、一方で遺伝子技術、他方で法制度を巻き込みながら、それらを媒介する象徴的行為としてはじめて父親の条件を定めるにいたる。象徴的行為とは、言語を媒介した解釈的な行為だということであり、したがって認知がひとつの象徴的行為であるかぎり、認知は、それが成り立つ社会慣習や歴史のなかで、そのもとでの自己理解や他者承認にしたがって一義的には決定しえない多様な意味を孕む働きなのである。父親はそうした認知の不安定さにつねに曝される存在である。

　実際、なぜひとりの男は、この子が私の子であると確信できるのだろうか。なぜ他の男による子ではなく、ほかならぬ私の子であると？　その子が自分の妻から生まれたという事実が本当にそのことを確実に保証するのだろうか。あるいは、生物学的に父親であることが証明されたとして、いかにしてこのことがこの私が父親だという確信をもたらしてくれるのだろうか。実のところ疑う余地がある、ないし疑うべきではないさまざまな社会的慣習や前提によってそうした認知がさしあたり父親の条件として受け入れられるにすぎないのではないか。父子の認知はそれ自体として疑うならば、いつでも崩壊しかねない脆弱な基盤のうえに成り立つひとつの約束である。

そう考えてみるとき、そもそも父親は家族にとってどれほど不可欠なのかが怪しくなってくる。デリダはこうした父子関係の本質を論じるなかでフロイトに言及している。

リヒテンベルクの一節。「天文学者が月に何か住んでいるかどうか知っているときの信用性は、自分の父親が誰であったか知っているときの信用性とおそらく同じである。しかし誰が自分の母親であったかを知っているその由来の信用性と同じではない」――推論を感覚の証言の傍らに置き、母権制から父権制へと移行していくことを人類が決めたとき、それは大きな文化的進歩であった。(2)

ここでフロイトが示唆しているのは、父性とは生物学的な必然に従うものではなく、歴史の進展に即して形成されてきたひとつの法・政治・社会的な制度だということである。もちろんここに含意されているのは、人類の家族がそうした制度を維持してきたからこそ尊いとされてきた父権中心主義の歴史である。

言い換えれば、人類は、父親を生物学的には必ずしも必要としていないにもかかわらず、一定の理性的な「推論」を介して家族の中心にその存在を組み込んできた独特の歴史をもつということである。それはそれ自体としては他にもありえたであろう歴史のひとつにすぎず、なんらかの自然本性的な法則なのではない。このことは実際には、父性というものがいかに常住不変ではありえず、脆弱であらざるをえなかったのかを浮き彫りにしている。原始共同体の家族モデルがしばしば母系制とみなされてきたことを考慮に入れるなら、父親は家族にとってもともとは余分な存在だったという議論は理解しやすい道理だろう。(3)

ここでは、そうした歴史的ないし人類学的知見の検討に深入りする余裕はない。さしあたり「父親であること」が、自然本性により基礎づけられているわけではなく、一義的には規定しえない自己認知のプロセスが不可欠であるということのみをくり返しておく。

デリダ自身は、フロイトの見解に留保を加えつつ、もっと遠くにまで進もうとする。とりわけ興味深いのは、次のような主張をしようとしている点、つまり父子関係と同様に、あるいはそれ以上に、母子関係の自明性に対して疑問を投げかけようとしている点である。ひとりの女性が子どもをみごもり、その子の母親になる。母親が誰かということは、あまりに明らかなことではないか。なにが問題なのだろうか。いくつかの文を引こう。

母は産みの母ばかりではありません。[…] 別の者でも母「なるもの」、母のひとりになることが可能であり、また実際そうであったのです。[…] ひとり以上の母がいるということ、縮減不可能な複数性において、母にはいくつもの代理がいるということです [...]。母の同一性（法的に可能なその同定も含めて）は、合理的な推論によって憶測された父性の「法的フィクション」[…] と同様、ひとつの派生的な判断に属するのであり、すなわち、どんな直接的な知覚からも切り離された推理に属するのです。[…]「母」もまた父と同じく、「象徴的」母ないし「代理可能な」母だったのであり、出産の契機に獲得される確信ないし確実性はまやかしだったのです。（75-76／六〇―六一）

こうした言葉からみられるように、デリダは、母親の条件として「自身のお腹を痛めて産んだ」経験を特権化することすら認めない。いったいなぜだろうか。どのような理由で母親の自明とも思われる条件を疑いにかけるのだろうか。

まず事実として、産みの母以外にも養育する母（乳母）が存在する。デリダがしばしば言及する十八世紀フランス、ルソーの時代にそうであったように、生物学上の親子ではない養育者が母親になることは珍しくなかった（ルソー自身十代で孤児同然となり、自分の五人の子どもは皆孤児院に入れたのだった）。さらに現代では医療技術の発達により、代理母と呼ばれる女性に受精卵を着床させ分娩させるというケースがますます増えている（ただし日本では法的に禁止されていないが、日本産科婦人科学会が自主規制しており、ほとんど実施されていない）。デリダも明確にするように「人工授精のケースでは、一人の子どもが三人の「母」に由来する事態が存在する。第一の母は卵母細胞を提供し、第二の母は子どもを宿し出産し、第三の母は養子として引き受け育てる。かくして遺伝上の母、「宿し」の母（代理母）、そしていわゆる「社会的な」母がいる。嫡出関係の法律は国ごとに異なる。フランスでは、法律上の母が社会的な母である」（70n／二九四）。

　こうした母の諸類型には統計的な分布や数の偏りが存在するし、併せて慣習的ないし法的に母とみなされる条件は歴史的にも社会的にも変わる。子連れの男女が再婚により形成したステップ・ファミリーの子どもにとっては複数の母がいるし、代理母制度の進んだアメリカでは、生まれた子どもの所有を法的に争うという問題を引き起こすこともある（「ベビーM事件」は、代理母と依頼した夫婦の間で子どもの奪い合いが起り、裁判になった有名な例である）[4]。必ずしも顕在化しているわけではないが、こうしたことが示すのは、母親もまた揺らぎをはらんだ存在だということであり、もともとそういう存在だったということである。少なくとも、どのタイプの母が本性上母であるのか、その条件をアプリオリに定めておくことはできない――そのようにデリダは強調する。

　もちろんこう述べるからといって、子どもが、人間の身体の生物学および解剖学的条件のもとで誕生するという事実の重みそのものが否定されるわけではない。またそうした事実に即して母親の体験がしばしば神聖化され、幻想であろうとなかろうと、そうしたことによって実際に「家族の絆」が生じてもいるということ自体には疑いの余地はない。しかしここで重要なことは、母親の条件が、そうした「もっとも自明視・確実視されてきた」産みの経験にすら決して還元されえないということにほかならない。その点では母もまた父と同様、さまざまな認知の形態をもつ者として母になるのである。

2　非嫡出的なものへの愛

　では、子どもの側からすれば、こうしたことはどのように考えられるべきなのだろうか。しかし当の子どもにとっては「自分の誕生を「めぐって」推定される父と母のあいだに起こったことについて、確実知と言われるような知でもって知ることはどうあがいてもできない相談である」(80／六五)。もし自分の親とされている二人の者が自分を生んだのかを問題とし始めるならば、どこまでも疑うことができるだろう。

真相はどうであったのかは知りようがない。もちろん現代の科学技術では——何度も言うが——DNA鑑定で遺伝上のつながりを確かめることが可能である。だが、当の子どもが自分の誕生時に、みずからの記憶以前に、両親とされている二人の者に本当に育てられたのか、確実に知るすべはない。誰も一度はふとしたきっかけに本当に自分はこの親の子どもなのだろうか、何らかの理由で周囲にはめられているのではないかという疑念が頭をもたげた経験はないだろうか。もちろんそうしたことを疑い続けるようなことは実際にはほとんどない。なぜなら、無力な子どもにとってみれば、みずからの世話をしてくれる大人が親としてしかるべくふるまい続けていさえすれば、そしてそう信じ続けさせてくれれば、それで充分であろうからだ。もしそのような疑念が収まらないことがあるとしても、あるいは実際には無意識の奥底に残留しているのだとすれば、フロイトが「ファミリー・ロマンス」として示していたように、[5] 多かれ少なかれ「自分が実は私生児なのだ」や「自分はもっと素晴らしい両親から生まれたのだ」といった空想こそが、むしろ子が親から自立するために必要な物語と解することができるだろう。

医療技術が発達した現在では、ひとはますます「遺伝子」というエヴィデンスに頼ろうとする。しかしこれは順序が転倒していないだろうか。というのも、すでに述べたように、血統や遺伝子という生物学的事実自体が親子関係を証明するものではないからだ。そうではなく、父であれ母であれ、そうした遺伝的なつながりが意味をもつには、親子関係を認知するという歴史的ないし社会的に媒介された複雑なプロセスを経る必要があるのであり、母にもさまざまな類型があったように、そうしたプロセスはあらかじめ一義的に決定しうるものではないのである。親子関係が生じたり生じなかったりするなかで、後づけとして生物学的事実が引き合いに出されるにすぎず、その逆ではない。

デリダは産科病院で生じた子どもの取り違えの事件の例に言及している。それが「悲劇」となるのは事後的にであり、取り違えという事実が明るみに出たことではじめて血液型や遺伝子というエヴィデンスが持ち出されることになる。もし当の事実を知らぬまま、親が親として子が子として互いにふるまっているかぎりは、親子の絆は何事もなく取り結ばれたままであっただろう（是枝裕和の映画『そして父になる』〔二〇一三年〕がこの転倒を印象深く炙り出していたのは記憶に新しい）。

現代では人工授精や出生前診断などさまざまな医療技術の発達によって、親子関係にとって遺伝子という要因が前面に出てくるようになっている。しかし遺伝子の継承を親子関係の基礎とするような考え方は、そうした医療技術が可能になってはじめて重視されるようになってきたとは言えないだろうか。家族にとって血のつながりは長い人類の歴史からみれば必ずしも特権的ではなかったのに、流動化する現代社会のなかで既存の親子関係がさまざまな危機に陥り、家族の形態が多様しているからこそ、むしろ「生物学的な基盤」にエヴィデンスを求めようとする態度が顕著になってきていると考えられるのではないか。

とはいえ、そうした遺伝子主義は、現代的な事情のみならず、すでに触れたような、父系的な血統によって家族的絆を組織してきた父権社会の長い伝統を背景としており、他にも数ある家族幻想の一要因として単純に片づけることはできないだろう。デリダ自身たびたび父権制および兄弟愛の脱構築を主張しており[6]、一筋縄でゆく問題ではない。しかし少なくとも確認しておきたいのは、家族であることの絆が、血や遺伝子といった要素を簡単に無視できないにせよ、そうした要素を超えて、実際には重層的に規定された相互の認知関係のゆるやかな関連づけによって生じているということ、権利上であれ事実上であれ、家族の絆を取り結ぶにはそれで充分なのだ、ということである。

デリダは言及していないが、そうした関連づけを、まさにウィトゲンシュタインが「家族的類似性」（『哲学探究』第六七節）と呼んだような、部分的な同一性の集合的重なり合いとして説明することもできるだろう。すなわち、家族の成員は個々人の部分的な相似（兄弟とは目が似ているが母親とは鼻が似ているなど）によって関連し合うが、家族全体に共通の同一的な本質は存在しないのである。デリダ自身はそうした関連づけを端的に「信じること」として明確にしている。

> 父と母が、または、父あるいは母が、真正の「親」であると実際に信じた瞬間から、すなわち、彼らのところにあると信じるものの「親」であると信じた瞬間から、幻想が働き始め、またなんらかの働きを惹き起こすのです。(79/六五)

「家族の絆」とはなにか。結局のところ、そうと信じたもののことである。そしてそれはそう信じることによってしか、そう信じることからしか生まれないのである。血縁にせよ、身体の相似にせよ、制度上の契約にせよ、あるいは共に過ごした時間と記憶の積み重ねにせよ、そうした信を惹き起こす契機はいくつもありうるが、そのいずれも特権的ではありえないし、そのいずれにも基づけることはできない。突き詰めれば、家族への信に固有の確たる根拠はない。家族の絆にあらかじめ定めうるような本質はない。

だがこれは悲観すべきことではない。そうではなく、逆説的にではあるが、そのような根拠のなさこそが、絆へのさらなる信、さらなる愛をもたらす余地を開く。家族のそうしたありかたこそが、当の絆をすでにあるものではなく、これからつくり出されるべき何ものかとして指し示すのである。もしかりに揺るぎのない根拠によって確証された絆がすでに確立され所有されているのであれば、そもそも家族であることの絆は問題にすらならないであろう。絆とは自明でも既成事実でもなく、そうでないものをみずからつくり出すことのなかではじめて見出される当のものなのである。

デリダがこだわり続けるのはまさにこの点である。デリダは別のところで「私が愛することのできるのは或る仕方で[…]私生児だけである」[7]と述べていた。「われわれは、子どもが非嫡出的であるかぎりでのみ、子どもを愛することができるのです」。どういうことか。通例であればひとは、子どもたちへの愛を説明するさいに、そこに自分のなにかを引き継ぐ似姿をみとめ、そうして親子のつながりを確認させるものを子どもが返してくれるからだと考えるはずだろう。しかしデリダが強調するのは、子どもを愛することができるのは結局のところまさにそうではないからだ、ということである。続けて引用しよう。

けれども、もし子どもが帰ってくるものでしかなかったら、もし子どもが親の名をもつことに、親に似た似姿に集約されるものでしかないとしたら、さらに逆にいえば、もし子どもが立ち去ってゆく者、自発的に話す者、親の名以上の者、親の名とは違った者、そして帰ってこない者でないとしたら、ひとはやはり子どもを愛することができないだろう。したがってひとは自分自身の子どもにさえ、なにか非嫡出的なものを愛しているのである。つまり、血統や名、名が差し戻すナルシシズム的な似姿にもはや集約されることのないものを愛しているのである。［…］そうしてひとは自分自身の子どもたちにおいてもまた、いわば私生児たることを愛しているのである。(8)

非嫡出子とは、通例、法律上の婚姻関係にないカップルから産まれた婚外子を指す。この場合、父が親子関係を取り結ぶには、血縁関係の有無ではなく、認知することが必須条件となる。しかしこれまで見てきたように、実のところ認知を必要としているのは、原理的に言って、あらゆる親子関係である。嫡出子の場合であれ、突き詰めれば母親の場合でさえ、広義の「認知」なくしては親子たりえない。フランス語では「非嫡出」は「非合法＝不法の(illégitime)」という語で言い表される。逆説的にも、非嫡出＝非合法と言われる子の場合こそが「認知」という仕方で、子どもが「合法的」となる条件、すなわち法律婚内の嫡出子の場合を含めた、親子関係に必要不可欠な条件を明示していることになる。

先のデリダの言葉を敷衍すれば、要するに次のようになるだろう。私の子どもを認知することができるのは、そして私の子どもとして愛することができるのは、この子どもが私の子どもであることを否定しうるかぎりでのこと、私が子どもに投影するかもしれない自己愛を掻き乱すかぎりでのことである、と。

くり返すが、子どもは、私が認知しなければ私の子どもではない。ひとりでに私の子どもを持ち、私の子どもを愛しているというようなことはありえない。その子は認知（承認）[9]されるべき他者、私とは異なる他者であり、認知してはじめて私の子どもとなる。だが認知したところで、私の子どもはいずれ成人し独立するのであり、みずから子どもであることそのものを多かれ少なかれ否認するにいたる。というより、そのような否認可能性としてしか子どもは存在しない（そうでなければその者は認知の対象ではなくなってしまうだろう。たんなる親の付属物でしかなくなってしまうだろう）。子どもは、私ではない他者からやってきて、他者として去ってゆく。親子に永久の絆はない。つかのまの絆だ。

しかしそうであるからこそ、絆は日々あらためて信じられつくり出されるべきものとなるのであり、まさに絆として貴重となるのである。おそらくそのような者としてのみ、そのような者としてこそ、子どもは愛すべき存在となる。家柄であれ血統であれ遺伝子であれ、あらかじめ定まった本質や物語によって親子の絆を糊塗するような考えは、それ自体が当の絆のかけがえのなさを損なうことになるだろう。

3　子どものファンタスム

デリダには、妻ではない女性とのあいだに子どもがいた。十五歳年下の哲学者シルヴィアヌ・アガサンスキーとの子ダニエルである。ダニエルは一九八四年生まれ、デリダが五三歳のときの子であり、三番目の息子ということになる。ブノワ・ペータースの伝記が明らかにするところでは、デリダは、ごく少数の友人以外には、このことを決して口外しようとはしなかった。「彼はこの三番目の息子にかんしてあらゆる手立てを尽くして秘密にした」[10]。

伝記によれば、妻マルグリットの忠告によりデリダはこの子を法的には認知したが、決して公言することはなかったし、公には認知したとは言えない。育ての父親は、アガサンスキーの夫でありフランスの元首相リオネル・ジョスパンであり、「彼はダニエルに対して大いに愛情を注ぎ、自分の本当の子どものように世話をしていた」[11]。

デリダが生物学上の父だとしても、いわゆる父親としての責任を果たすことはなかった。デリダ自身、この息子に会うことも関わることもないかぎり、父ではありえないということをよくわかっていた。さらに言えば、デリダはそうした私生児的な存在を、思考にとってのチャンスとさえ考えていた。

一九六〇年代にデリダがプラトンの著作に見いだしていたのは、ソクラテスがエクリチュール（書き言葉）を父たるロゴス（言語＝理性）から見放された孤児＝私生児として糾弾するという「家族の光景」(12)であった。また、七四年の大著『弔鐘』(13)の主題はヘーゲルの家族論であり、その主要な企図は、ヘーゲルの『法哲学』をジャン・ジュネのテクストと並行させて論じることで、近代的家族の形式が解消しえない仕方で産み落とす私生児の場を追究するものであった。そして八〇年の『絵葉書』の前半部「送付」は、匿名だがシルヴィアヌに宛てたと思しきラヴレターから成っており、そこには次のような一節がある。

「複製禁止」、これを別なふうに翻訳することもできる、つまり、子どもはいらない、相続の禁止、中断された親子関係、不妊の産婆。ここだけの話だが、親子関係がないことはチャンスだと私はいつも考えてきた（君はそうではない、わかっている）。際限のない系譜、言い換えれば無に等しい系譜に賭けること、それが結局は愛し合うための条件だ。子どもについてはまた別だ、子どもは生きていようが死んでいようが、ファンタスムのなかでもっとも美しいもの、もっとも生き生きとしたものであり、絶対知のように支払いようのない貴重なものにとどまる。子どもが何なのかわからないうちは、ファンタスムが何なのかわからないだろうし、もちろん知が何かもわからないだろう。(14)

ここに示唆されているのは、子どもを「絶対知」のごとき至高の他者とみなし、孤児＝私生児のように「親子関係がない」ことにこそ、子どもが子どもたることの貴重さがあるということである。デリダはそうした子どものファンタスムに、みずからの思考の重要な契機を位置づけていた。自身の著作で書いたことをデリダは実人生において実践したのだなどと単純な主張をするつもりはない。このような「他者としての子ども」のファンタスムを、実際には産みの苦しみを経験するわけではない男性が性急に抱きがちな幻想だと批判することも可能だろう。しかしダニエルが生まれてからは、子ども好きだったデリダが、会うことも口外することもできない子どもの存在に苦しまなかったはずはない。

一九九七年にジョスパンが首相になり、二〇〇一年に刊行されたジョスパンの伝記でアガサンスキーとデリダとの過去の関係が暴かれて衆目にさらされるようになると、デリダは子どもを「もっとも美しいファンタスム」とみなすだけでは済まない苦汁に苛まれることになった。「彼は自分のイメージが、写真入り三文小説のような、もっとも陳腐なものに似つつあることに耐えられなかった」(アヴィタル・ロネルはこのときのデリダを「あべこべのパラノイア」と証言している)[15]。こうした「スキャンダル」は、デリダないし脱構築の思想に反感を抱いている敵対者たちに、格好の攻撃材料を提供することになるだろう。当時すでに世界的な著名人であったこの哲学者は、もはや子どものファンタスムに思考のチャンスを見いだすことが難しい世俗的な存在たることを避けられなかった。デリダが病に斃れ、この世を去ったのはその三年後のことである。

*

絆のなさからしか絆はもたらされないということ。こうした議論はたしかにひとつのパラドックスであり、結局のところアポリア(袋小路)である。デリダ自身が「絆のアポリア」に苦しみ、その身でもってその受苦を生きたと言えるのかもしれない。しかしこのアポリアをデリダの実人生に重ねることで絆の何事かを理解した気にならないようにしよう。くり返し強調しておくが、家族の絆は永遠ではない。血統主義も遺伝子主義もそのアポリアを大きくしこそすれ、解消することはない。その絆のあり方は、望むと望まぬとにかかわらず、日々刻々と移り変わってゆく。

ただ、少なくとも次のように明言することはできる。すなわち、そうしたアポリアを潜り抜けることからしか、変容しつつある家族の絆のかたちを受け止めることはできないということ、そしてそうすることからしか、私たちの未来を切り拓くような家族の絆が取り結ばれることもないということである。

それは「家族」の再定義であるかもしれないし、あるいは端的に家族という名が不適切であり、もはやとりたてて「家族」と呼ぶ必要もないような別の共同性のかたちを指し示しているのかもしれない。[16]

註

（1）Jacques Derrida et Élisabeth Roudinesco, *De quoi demain... Dialogue*, Fayard-Galilée, 2001, p. 68; ジャック・デリダ「秩序化されない家族」、エリザベート・ルディネスコ共著『来たるべき世界のために』藤本一勇・金澤忠信訳、岩波書店、二〇〇三年、五四頁。以下、本文中の丸括弧内に（原著頁算用数字／日本語訳書頁漢数字）の要領で参照頁を示す。訳語は原文に即して適宜変更させていただいた点をあらかじめお断りする。

（2）ジークムント・フロイト「強迫神経症の一症例に関する考察」（一九〇九年）福田覚訳、『フロイト全集10』岩波書店、二〇〇八年、二五九頁・註五四。

（3）たとえば、有名な研究としてさしあたり次を参照。山極寿一『父という余分なもの――サルに探る文明の起原』新潮文庫、二〇一五年。

（4）とくに、フィリス・チェスラー『代理母――ベビーM事件の教訓』（原題：*Sacred Bond : The Legacy of Baby M*〔聖なる絆――ベビーMの遺産〕）佐藤雅彦訳、平凡社、一九九三年を参照。

（5）ジークムント・フロイト「神経症たちの家族ロマン」（一九〇九年）道籏泰三訳、『フロイト全集9』岩波書店、二〇〇七年、所収。

（6）とりわけ以下の著作を参照。Jacques Derrida, *Politiques de l'amitié*, Galilée, 1994; ジャック・デリダ『友愛のポリティックス1・2』鵜飼哲・大西雅一郎・松葉祥一訳、みすず書房、二〇〇三年。

（7）ジャック・デリダ『他者の言語』高橋允昭編訳、法政大学出版局、一九八九年、一二四頁。

（8）同書、一二五頁。

（9）「認知（reconnaissance）」という言葉には、親子関係の法律上の承諾という通常の意味のみならず、他者論としての哲学的な含意があることが留意されなければならない。すなわち、reconnaissance はドイツ語の Anerkennung（承認）に対応するフランス語であることを踏まえれば、まずもってヘーゲルの相互承認論が想起されるだろう。承認論そのものは、『精神現象学』（一八〇七年）に至るイェーナ期のヘーゲル研究の蓄積（たとえば、マンフレート・リーデル、ルートヴィヒ・ジープ、アクセル・ホネットらの著作）を参照すべきところだが、本論の関心からは、デリダがレヴィナスのハイデガー批判に反論を加える文脈で、「承認」というこの言葉を、ハイデガーの「存在の思考」に連なる仕方で、他者を他者として尊重することの（前）倫理的条件を指すのに用いていたことを指摘しておきたい。いわく「存在の思考

——とはいわないまでも少なくとも存在の前-了解——は、存在者（たとえば、他者として、他なる自己等々として存在する誰か）の本質を承認するための条件である（原理、原因、前提など一切の存在的条件性を排除する、この思考ならではの仕方で）。存在の思考は、他者を、それがそうであるところのものとして、すなわち他者として尊重することの条件なのである。このような承認は認識ではないが、かかる承認なしでは、はっきり言ってしまえば、この存在者（他人）を、それがそうであるものの本質のなかで（まずはその他性において）自我の外に実存するものとしてこのように「存在-させる」ことなしでは、いかなる倫理も可能ではないだろう」（Jacques Derrida, *L'écriture et la différence*, Seuil, 1967, pp. 207; ジャック・デリダ『エクリチュールと差異』合田正人・谷口博史訳、法政大学出版局、二〇一三年、二六九頁。傍点強調は原文による）。

（10）ブノワ・ペータース『デリダ伝』原宏之・大森晋輔訳、白水社、二〇一四年、四八五頁。

（11）同書、六五〇頁。

（12）Jacques Derrida, *La dissémination*, Seuil, 1972; ジャック・デリダ『散種』藤本一勇・立花史・郷原佳以訳、法政大学出版局、二〇一三年所収の「プラトンのパルマケイアー」、第八節「パルマコンの遺産相続——家族の光景」を参照。

（13）Cf. Jacques Derrida, *Glas*, Galilée, 1974. また関連して、鵜飼哲『ジャッキー・デリダの墓』みすず書房、二〇一四年、一四一頁以下も参照。

（14）Jacques Derrida, *La carte postale - de Socrate à Freud et au-delà*, Flammarion, 1980, p. 45;『絵葉書I——ソクラテスからフロイトへ、そしてその彼方』若森栄樹・大西雅一郎訳、水声社、二〇〇七年、六三頁。また本書に関連する「家族」の問いについては、豊崎光一『ファミリー・ロマンス』小沢書店、一九八八年を参照。

（15）ペータース『デリダ伝』六九八頁。ロネルの証言は次の一節を参照。「ありえないことなのですが、長いことジャックは［ダニエルの存在を］誰も知らないと思い込んでいたはずです。まるであべこべのパラノイアのようでした。彼は秘密が守られてほしいと望むあまり事実そうなっているのだと確信していました。だから彼は公の場で暴露されてあんなにもショックを受けていたのです。二〇〇二年の選挙キャンペーン中、彼はシルヴィアヌとの経緯のおかげで自分が罰せられていると感じていました。噂にとても傷つきやすい本人にとってはこれは災厄でした。彼はときに自分が迫害されているという感情を抱いていました」（同書、七〇一頁註。［ ］内は宮崎による補足）。

（16）本稿を脱稿後、東浩紀『ゲンロン0——観光客の哲学』（ゲンロン、二〇一七年）を一読する機会を得た。興味深いことに、本書は、今後手がかりとすべき共同性のかたちとして、国民国家でも労働者階級でもなければ、マルチチュード（ネグリ／ハート）でもアソシエーション（柄谷行人）でもなく「家族」に着眼している。ここで言われる家族とは、従来の家父長的な家族主義に根ざしたものではなく、いわば「脱構築された家族」、「新しい家族的連帯」（同書、二一四頁）の仮名として指し示されるかぎりでの緩やかな「家族的なもの」である。重要なのは、それが結局のところ血縁でも遺伝子でもない紐帯に支えられながら、一定の強制性をもちつつも、根本的に偶然的で拡張性をそなえたものだということである。

そのさい家族の偶然性が、無数の精子と卵子の結合という「巨大な存在論的抽選器」（同書、二一七頁）の通過として考えられている点は刺激的だ。本書によれば「子どもは親を選べない」のみならず、そもそも親は子どもを選べない。血縁であれ遺伝子であれ後づけの要因にすぎず、実のところ出生そのものが本質的に偶然的なのである。

にもかかわらず、人々は家族の名のもとにそれが必然的な絆であるかのように結びつく。それが人類の歴史を形成してきた。このことは家族の謎であるとともに家族的共同性の未来を考えるうえできわめて重要な問題を提起するものだろう（たとえば映画『ガタカ』［アンドリュー・ニコル監督、一九九七年］が描いていたような近未来の出生前診断のように、多少なりとも「親が子どもを選ぶ」時代がやってきつつあるという現実があり、バイオテクノロジーの発展が家族の偶然性を制御しようとしている事態はさらなる批判的な考察を要する）。本書の家族論は、デリダの家族論を直接参照しているわけではないが、『存在論的、郵便的』（新潮社、一九九八年）の著者による着眼は、本稿が論じてきたデリダの家族論と明らかに響き合っている。さらなる議論の展開にとっての重要な補助線として、本書の問題提起を書き留めておきたい（併せて、本稿の草稿に目を通し感想を送っていただいた東氏に感謝する）。

※本稿は、二〇一六年一一月一八日に第二三回新潟哲学思想セミナー「家族の「きずな」を哲学する──私たちをつなぐものはどこにある？」（於新潟大学五十嵐キャンパス）にて口頭発表された原稿に、大幅な加筆修正を施して構成したものである。登壇者（藤田尚志、宮野真生子、大島梨沙、阿部ふく子）の諸氏をはじめ、有益なコメントをいただいたすべての方々に感謝する。

藤田尚志

現代社会における愛・性・家族のゆくえ

ドゥルーズの「分人」概念から出発して

1　はじめに――個人と分人（共同体の問題から結婚の問題へ）

規律社会から管理社会へ　今日の流動的で不安定な社会の本質を、ジグムント・バウマンは、「リキッド・モダニティ」と呼び、ジル・ドゥルーズは近代社会から現代社会への移行を、「規律社会」から「管理社会」への移行と特徴づけた。近代社会＝規律社会において、個人はある閉じられた環境から別の閉じられた環境へと移行を繰り返す。例えば、家族・学校・会社はそれぞれ独自の法則を備えた別個の環境であって、家族から学校へ、学校から会社へと移行するたびに、「もう自分の家にいるんじゃないんだ」「もう学校にいるんじゃないんだ」と、そのつど新たな環境に適応することを迫られ、それが多かれ少なかれ強制的に個人の自立と成長、そしてその結果としてよりいっそうの規律を促していた。だが、現代社会＝管理社会は、中心的原理を分離不可能な「変位」に置く。会社が典型的だ。雇用形態で言えば、終身雇用制から非正規雇用・任期制へ、賃金形態で言えば、年功序列制から能力給へ、労働時間で言えば、「九時五時」のような全員一律の定時出社・退社からフレックスタイム（変形労働時間制）へ、すべてはあたかもさらなる変動性・流動性と、その結果としてのよりしなやかな、より徹底的な管理を追求しているかのように進行している。携帯電話やスマホ、メールやＬＩＮＥの登場によって、いつでもどこでも仕事ができるようになり、と同時に、いつでもどこにでもプライヴェートを持ち込めるようになって、労働と余暇、労働時間と休憩時間の壁はどんどん崩れつつある。学校についてはどうか。大学でも、昔のように「授業に出ていなくても、試験の点数さえよければ単位が取れる」といった形ではなく、毎回の講義に参加する受講姿勢や小テスト、レポートなど「平常点」をますます緻密に加味して学生を総合的に評価すること、学習の成果だけでなく学習プロセスまで含めた評価を社会の側も学生自身も求めるようになってきている。大学は高校化し、高校は中学化している。「もう高校生じゃないんだ」「いつまで学生気分でいるんだ」という言葉が通用しなくなりつつあるのは、学生・生徒の精神年齢が幼くなったのではなく、社会の構成原理が変化しつつあるということなのかもしれない。私たちは、あらゆる事柄に関して過剰な常時接続・相互乗り入れ・相互浸透の時代を生きている。

個人から分人へ　そのような時代状況の変化、共同体と私たちの関係の変化とともに、私たちの存在様態自体もまた大きな変化を蒙らざるを得ない。ドゥルーズは、その変化の特徴を「分人」という単位の出現に見ている。「いま目の前にあるのは、もはや群れと個人の対ではありません。分割不可能だった個人（individus）は、分割によってその性質を変化させる「分人」（dividuels）になったのです」（D 361）。小学校の友達といるときの自分と、大学の友達（あるいは会社の同僚）といるときの自分。たしかにその両者は違っているだろうが、どちらかの自分が嘘だということにはならない。どちらの自分もたしかに「本当の自分」である。にもかかわらず、その三人で会おうとなったときに、何かむずがゆい気持ちになる。嘘をついているわけではないけれど、すごく違和感がある。この違和感こそ、「本当の自分」をそれ以上分けられない（in-dividual）唯一性に限定してしまう従来の「個人」概念では捉えきれないものであり、「分人」概念が威力を発揮する分析対象である。人間は個人として、一つの主体として一つの意思を持って生きていると考えられているけれど、実は複数の意思を持って、複数の側面を持ってマルチタスク的に生きているのではないか。ドゥルーズの「分人」概念を継承した現代日本の文学者に平野啓一郎がいる。平野もまた、「人間は常にいろんなモードを生きている。それは別に、嘘をついているとか、隠しているとか、本当の自分ではないとかいう話ではない」と言う。現代社会においてますます加速していく人間関係の流動化とそれに抗する安定化の動きを理解するにあたって、「分人」は鍵概念となりうるのではないか。〝本当の自分〟は一つではない、複数いる、ということだ。

分人概念の臨界点としての愛・性・家族　この「分人」概念を政治領域において見事に展開してみせた思想家に鈴木健がいる。そこで彼は、例えば、投票行動を従来の「一人＝一票」ではなく、政策に応じて票を％に分割して投票できるようにする――現代の科学技術によってのみ可能になる投票行動――など、具体的な提案を行なっている。「近代民主主義が前提としている個人（individual）という仮構が解き放たれ、いまや分人（dividual）の時代が始まろうとしている。人間の矛盾を許容してしまおう。そして、分人によって構成される新しい民主主義、分人民主主義（Divicracy=dividual democracy）を提唱することにしよう」（鈴木［2013：135］）。だが、このようなアプローチには弱点もある。「本書で述べることのできなかった論点も多い。生殖や家族システムの問題は、オートポイエーシスから議論を出発している以上、必ずや展開したいところであったが、残念ながら思考が辿り着いていない。家族の最も重要な機能は、生殖とその後の子育てにある。子育てがあるがゆえに家族制度は硬直化している。もし子育てをもっとコミュニティベースで、あるいはソーシャルネットワーク的に行なうことができれば、家族のかたちの多様性も増大するに違いない」[1]（鈴木［2013：242］）。鈴木健は、「性」や「家族」ばかりでなく、「愛」の問題を扱わない。「教育」の問題を扱わない。非対称な関係、「関係を生成させる関係」を扱わない。世界の動性を扱わない。「なめらかな社会」の実現を模索しながら、流動的な世界の生成変化を扱わない。それは、愛・性・家族の問題が分人主義的な視点からはきわめて扱いづらいものだからである。愛・性・家族を強固にまとめ上げようとするのが結婚という制度である以上、結婚の問題は鈴木の分人民主主義にとって最難関として立ち現れてくる。

私たちが現代の共同体の問題に、結婚の問題からアプローチしようとする理由がここにある（誤解のないよう言い添えておくが、「結婚の哲学」や「結婚の脱構築」は、結婚しない生き方を考慮に入れていないわけでも、ましてや否定しているわけでもない。宗教哲学が必ずしも信仰を前提にするわけではなく、無神論を考慮に入れられないわけでもないのと同じである）。それはソフトで軟弱なアプローチではなく、実は最もハードで困難なアプローチへの挑戦にほかならない。現代の共同体論はたいてい「共同性なき共同体」といったテーマで思考しようとする。ジャン＝リュック・ナンシーの「無為の共同体」やアルフォンソ・リンギスの「何も共有していない者たちの共同体」は、私たちと何も共有するもののない——人種的つながりも、言語も、宗教も、経済的な利害関係もない——人々が、にもかかわらず私たちと根底的に関係しているのではないかと問う。たしかに、これはきわめて現代的な問いである。過剰なもの、過度なもの、過激なもの、極限的なもののうちに答えを見出そうとするのは健全な冒険心の表れである。だが、私はいつもベルクソンの言葉を思い出すのだ。「体系化することはたやすい。ある観念の果てまで行くのはあまりにも容易だ。難しいのはむしろ演繹を止めねばならないところで止めること、個別科学の深化のおかげで、また現実との絶えず維持された接触のおかげで、その演繹を屈曲させねばならないところで屈曲させることである」(Bergson［1972：1187］)。私たちは、一見日常的（ordinary）で平凡でささやかなものの中に、途方もない（extra-ordinary）ものが潜んでいるのではないかと考える。「結婚」や「家族」など古臭く保守的に見えるのは百も承知であるが、私たちは、フランス現代思想と共に、「フランス現代思想的なるもの」の過激主義とは異なる道を進もうと思う。愛・性・家族が密接に絡み合った結婚生活などといった実に卑俗で平凡なものを考えることを通じて、共同体の問題の解明に寄与することができるのではないか。「個人」の観点からでは解けなかった難問も、「分人」の観点から考えることで光明が見えてくるのではないか。

2　ドゥルーズの結婚論——にぎわう孤独と脱人格化の修練

実際、先に言及した平野は文学の視点からこの問題に取り組んでいる。恋をしている分人、誰かと愛し合っている分人を複数抱えている、ということは容易に起こり得る。不倫や浮気が決して無くならないのは、その何よりの証拠だ、と平野は言う。

> 文学はまさしく、個人であるはずの主人公が、恋愛をする複数の分人を抱えてしまっていることによる矛盾と葛藤を、飽きもせずに延々と書いてきた。［…］この場合、重要なのは、他の人に恋をするのは、必ずしも、今のパートナーを愛していないからではない、ということである。［…］夫婦や恋人の間で嫉妬の対象になるのは、何も新しい恋の相手ばかりではない。家族や友人に対して嫉妬を抱くこともあるし、人間ではなく、仕事や趣味の場合もある。［…］「わたしと仕事、どっちが大事なの？」という詰問は、文字通りに取る

と、比較しようのないものを比べている、バカげた発想のように思われる。しかし、「どっちの分人が大事なの？」となると、話は違う（平野［2012：140-143］）。

私たちは哲学の視点から、愛・性・家族をめぐる諸問題を分人主義的に検討してみたい。法や制度は、周囲から独立し、自立・自律した人間のただ一つの「個人性」（individuality）にその有責性の基礎を置いているが、これは抽象的に想定された法的虚構である。それに対して、人間の真の生きた核は、周りと絶えず反響し合い、相互に影響し合う「人格性」（personality）である。「実存」（existence）とは「響存」（echo-sistence）に他ならず、「人格性」とは「分人性」（dividuality）に他ならない。今はまだ法制度は「個人性」を元に構想されているが、いつかは「分人性＝人格性」を元に構想し直されなければならない時期が来るのではないだろうか。そして、その再検討に際しては、哲学的な視点からの「個人」概念と「分人」概念の分析は無視しえない重要性を持つはずである。

現代の結婚観は大きな流れで言うと、契約主義的、所有主義的であるのみならず、個人主義的な方向に向かっている。昔であれば「家のための結婚」ということが、今では「個人のための結婚」ということになっている。個人が互いに契約を結び、互いの愛・性を所有し、家族を形成する。もちろん今後もその傾向は強まりこそすれ、弱まることはないだろうが、「人間は自己決定できる存在である」「人間は文化的・社会的に自らを構築していく存在である」といった主張の可能性と限界については意識的であるべきだろう。例えば、岸政彦は繊細な感性をもってこう書いている。「「本人がよければそれでよい」「本人の意思を尊重する」という論理が、その当人を食い物にするときに使われることがある。［…］だが、確かに当事者本人の意思は、最大限に尊重されるべきである。ここのところで私はいつも声が出なくなる。［…］本人の意思を尊重する、というかたちでの搾取がある。そしてまた、本人を心配する、というかたちでの、おしつけがましい介入がある」（岸［2015：204-207］）[2]。まさにこの点について、ドゥルーズを参照したいのである。ガタリとの共著『アンチ・オイディプス』は一般には家族を否定し、結婚を否定した本として読まれているが、そうではない。ドゥルーズ自身の言葉を引用しておこう。

結婚しているだけでオイディプスができると考えているとしたら、それはどうもいただけないね。[…] 非オイディプス型の愛というのは、そうやすやすと経験できることではないんだ。独身をとおしたり、子どもをつくらなかったり、ホモになったり、グループに加わったりするだけではオイディプスを回避することにはならない。[…] 集団性のオイディプスとか、オイディプス型の同性愛者、オイディプス化した女性解放運動家とか、いろいろあるわけだからね。(PP 27)(3)

結婚を否定し、家族を否定し、ラディカルな議論をしているつもりでも、実はそれが最も頑迷な(もちろん巧妙に偽装された)保守主義である可能性がある。ドゥルーズとともに、ドゥルーズ哲学を用いて、結婚について考えようとすることは決してドゥルーズの意図に反することではない。むしろ、ドゥルーズの書いた言葉を逐条反復するよりは、彼が大きく展開することのなかった「婚姻(noces)であって、カップル(couples)でも夫婦関係(conjugalité)でもない」(D 15)や「婚姻は常に反自然的である。婚姻とはカップルの反対だ」(D 8)といった言葉に徹底的にこだわってみるほうがいい。あるいは、先にも引用した「誰かを愛するとは、いったいどんなことを意味するだろう?」という自らの問いに、「その人に固有の群れを、つまりその人が自分の中に閉じ込めている、おそらくまったく別の性質を備えたさまざまな多様体を探すこと。それらを自己の多様体と合体させること。それらを自己の多様体に入り込ませ、それらに入り込むこと」(MP 上 84)と答え、この挙措を「天上的な婚礼」(célestes épousailles)と呼ぶドゥルーズから出発して、どのような理論的可能性が思い描けるだろうかと自問するほうがいい。ドゥルーズとともに、時にはドゥルーズに抗して、〈哲学と結婚〉を思考すること。

まずはドゥルーズ的思考において、個人=個体的なものがどのように捉えられているのかを確認しておこう。共著者フェリックス・ガタリについての言葉である。「常に同じフェリックスなのだが、その固有名は起こっている何かを指し示していたのであって、ひとつの主体を指し示していたのではない。フェリックスはあるグループの、諸々の徒党の一員でありながらも、一人きりの人であり、それらすべてのグループと彼のすべての友人、彼のすべての生成変化でにぎわう砂漠（désert peuplé）だったのである」（D 34）。ここには後の「分人」概念に直結するヴィジョンがすでに胚胎している。理論編で集中的に考察した「にぎわう孤独」が、分人的思考の基盤にあるのだ。自分と他人の間にのみ出会いがあるのではない。自分自身の中にも、いや、まずもって自分自身の中にこそ、出会いがある。ただし、自己との真の出会いは、「私自身に向けられた苦行」「自己自身についての実験」と呼ばれていたものを潜り抜けた者にしか訪れない。真の自己は、分人性の徹底の果てに、その効果として現れる。

> みずからの名において何かを述べるというのは、とても不思議なことなんだ。なぜなら、自分は一個の自我だ、人格だ、主体だ、そう思い込んだところで、決してみずからの名において語ることにはならないからだ。ひとりの個人が真の固有名を獲得するのは、険しい脱人格化の修練を終えて、個人を突き抜けるさまざまな多様体と、個人をくまなく横断する強度群に向けて自分を開いたときに限られるからだ。（PP 18-19）

「脱人格化」（dépersonnalisation）とは、先ほど私たちが「響存としての人格性」と呼んだものの徹底的自覚に他ならない。孤独と隔離の中で自己に関する実験を行なう苦行を耐え抜く者こそが真の自己を生きるということである。[4]「砂漠、自己自身についての実験、それが私たちの唯一のアイデンティティである」（D 26）。ドゥルーズにおいて、愛・性・家族はそのような「にぎわう孤独」「にぎわう砂漠」のヴィジョンのもとに捉えられている。彼は、愛・性・家族を同心円的に広げていくことで、結婚という制度のうちにそれらを統合するというヴィジョンで結婚を語らない。むしろ逆に、『アンチ・オイディプス』にあっては、家族・性・愛の順に分離していきつつ、結婚をそこで「険しい脱人格化の修練」が行なわれる「砂漠」として機能させようとしているかのように、すべては進行していく。以下では、家族・性・愛のそれぞれについて、ドゥルーズ（とガタリ）の分人的思考を概観した後で（A）、その延長と見なしうる現代的展開の若干を紹介することにしたい（B）。

3　分人的家族

A　『アンチ・オイディプス』における家族

資本主義と分裂症　ドゥルーズとガタリ（以下D＝Gと略記）は、一方に心理的内面を備えた個人がいて、他方その外側に社会の動きがあるといった理解の仕方では、現代社会もその社会を生きる人々の実像も正確に捉えることはできないと考える。個人的意識のエコノミーと社会的構造のエコノミーを、欲望の流れとして一挙に、統一的に理解するのでなくてはならない。『アンチ・オイディプス』が、『資本主義と分裂症』という一見結びつかない二つの語が並置された総題をもつ二巻本の第一巻であるのは、そのような理由による。それがどう「オイディプス」と結びつくのか。フロイトはこの点で、決定的な一歩を踏み出したと同時に、革新的な道を塞いでしまったと言える。彼は幼児には多型倒錯的な性欲があることを発見し、「幼い男児には父親を亡きものにして母親とつながりたいという願望がある」という心のメカニズムをオイディプス神話に見てとり、それをエディプス・コンプレックスと名付けた（「コンプレックス」は元々は劣等感のことではなく、観念が複雑に繋がり合っている状態を指す）。幼児が決して原子論的に自足した存在ではなく、多種多様な欲望の流れに貫かれた存在であることを発見したのは素晴らしい。だが、本来そのように自由に世界とつながっている幼児の欲望を、フロイトは両親と子の相剋というありきたりなドラマの型にはめ、矯正してしまったのだ、せっかくの貴重な発見を自ら台無しにしてしまったのだとD＝Gは痛烈な異議を申し立てる。本来の「欲望」の動きを自由に展開させるのではなく、エディプス・コンプレックスの克服を通じた〝健全〟な主体の発達といったものを設定し、そこからずれるものを心の病いだとしてしまったのではないか。精神分析は心理的な抑圧を取り除き、心の病を治癒すると言いながら、別の形で抑圧しているだけなのではないか。だから彼らのメッセージは「アンチ・オイディプス」なのである。近代的な家族制度をオイディプス神話によって読み解く精神分析は、個人と社会を分断し、自由に多数多様化していくはずの欲望の流れを、エディプス・コンプレックスの「解決」という個人的・家族的回路の中へと一方向に水路づけ、近代資本主義社会はそれによって相対的安定性に安住してしまう。こうして、オイディプス的な家族と、それを理論化したフロイトの精神分析は、実は、資本主義の相対的安定化と非常に深く絡み合っていることが明らかになる。家族の次元と政治・経済・社会・文化の次元を同時に考えるのでなければならない。それこそまさに『アンチ・オイディプス』の教えである。

『アンチ・オイディプス』における部分対象の論理　『アンチ・オイディプス』によれば、したがって、近代的な愛・性・家族観は往々にしてオイディプス的である。「パパ－ママ－私」というオイディプス的な三角関係の中で、例えば「父への反抗によって子どもは大人になる」といった弁証法的で実体論的な形で、すべてが考えられてしまうからである。そのとき私たちは、愛情や憎悪といった感情・欲望は「人物」(personnes)に向かうものだと前提してしまっている。けれども、本当は欲望の論理はそういう風になっていないのではないか。私たちは無意識の中では「部分対象」(objets partiels)――「最もエディプス的ではない」精神分析家メラニー・クラインによる「驚くべき発見」――にこだわっているのだ。もし欲望の本性を知りたければ、人間の微細な特異点に向かっていく「部分対象の論理」(AŒ上87)を追究した方がいい、というのが『アンチ・オイディプス』の主張である。部分対象が「包括的な性格をもつ人物」(personnes globales)から採取されるのは、みかけの上のことでしかない。現実には、これらの部分対象は、非人称的なひとつの質料《ヒュレー》の流れからの採取を通じて生産される。無意識は、人物の存在を知らない(L'inconscient ignore les personnes)、というのである(AŒ上90)。明らかにこの「部分対象」という概念は、「にぎわう孤独」「局所的自我」と通底する分人的思考の表れである。[5]

第一の特徴　部分対象の論理の第一の特徴は、先にも触れたが、個人の心理的内面をどこまでも社会と切り離さないということである。家庭内でだけ育まれた個人の内面がまずあって、その後成長とともに家の外と関わりを持つ時間が増えるにつれて社会的になるというのではない。「子どもが大きくなると、もはや家庭的ではない社会的関係の中に捉えられることは、誰も認めている。これらの社会的関係は後から来るものとみなされている［…］。しかし、それがまちがいなのだ」（AŒ上91）。ここで重要な点を強調しておこう。それは、精神分析の誤りとしてD＝Gが指弾しているのは、頑迷な「家族主義」（familialisme）であって、「家族」そのものではない、ということである。家族そのものに関してD＝Gの眼差しはニュートラルである。[6] たしかに、巨視的・大局的に見れば、両親がいなければ、子どもには何もないことは明らかである。しかし、問題はそこにはない。問題は、子どもの触れるものがすべて、両親を表象するものとして体験されるのかどうかである。一方で、子どもはもろもろの部分対象の間で生きていると語り、同時に他方で、この子ども自身が部分対象において捉えるものは、まさに断片となった両親という人物そのものだと言うことは矛盾である。乳房が母の身体から事後的に抽出されるのではなく、乳房はもともと多型倒錯の独立的な、あるいは分人的な部分対象だったのであって、赤ん坊の口と接続され、濃かったり薄かったりする非人称的なミルクの流れから抽出されたのである（AŒ上91-92）。部分対象はたしかにもろもろの関係を支え、様々な代行者を配分するものであるが、これらの関係は「間主体的」（intersubjectif）ではなく、同様にこれらの代行者は人物ではない。小さな子どもは欲望の生産という形で、生産に携わっているが、それは個人的人物としてではなく、分人的代行者としてであるのだ。「小さい子どもは、いつも家族の中にいるが、この子どもは家族の中ではじめから直接的に恐るべき非家族的な経験をする。精神分析は、こうした経験を見逃すのだ。［…］／子どもにとって生死に関わり情愛に関わる両親の重要性を否定することが問題なのではない。欲望的生産における両親の位置や機能が何であるのかを知ることが、問題なのである。逆のことをして、欲望機械のあらゆる働きをオイディプスの制限されたコードに切り詰めてしまってはならない」（AŒ上92）。人間が特権的存在ではなく、すべてのモノたちが文字通り〃生きて〃いる世界はまさにドゥルーズ的である。

B　分人的家族の現代的展開

（1）「ソックスの場所」　何気ない家族の風景にも根底的な分人性が見出される。『現代経済の大転換――コミュニケーションが仕事になるとき』（原題『ソックスの場所――経済の言語論的転回とその政治的帰結』）の著者クリスティアン・マラッツィによれば、多くの既婚男性にとって、ソックスとはいつもあるべきところに置かれてあるものだろうが、既婚女性にとってソックスは、適切と判断される場所に自分が戻しておくものだ。このような些細な日常生活における身体の動きの差異の中に潜むのが、労働の質の問題である。「ソックスの正しい場所」に類した、無言の身振りが家内労働全体にわたって数え切れないほど累積しているため、私的領域における男女平等や家内労働の公正な分配について語るときには、きわめて慎重にならざるをえない、とマラッツィは言う。男女平等の内部でもまた、男性による女性の搾取が繰り返されているのだ、と。問題となるのは、「尺度の単位」である。男女間の平等を公正な仕方で数量化するような尺度の単位をどのように定義すべきか。アマルティア・センは正当にも、公式の経済理論に出てくるのは「個人や企業であって家族ではない」と述べている。逆に言えば、家族の経済理論を築こうとしても、今のところ家族の構成メンバー間のやり取りに市場経済の（したがって個人概念に依拠した）図式をあてはめるくらいしか解決策がないということだ。だからこそ「主婦の家事労働を賃金換算すると」という議論が定期的に回帰してくるのである。だが、結婚を二人の個人からなる企業と定義し、双方それぞれを、相手を雇い入れ余剰の利潤を受け取る企業家と見なすことは、複雑極まりない関係を理解するためのごく単純な一つの方法にすぎない。家族の領域で男女平等という法的原理を再生産する経済的な尺度の単位が必要であることは言うまでもないが、むしろ論じておきたいのは、尺度の単位の性格のことだ、とマラッツィは正確を期す。(7)

たとえ女性の家事のもつ価値を計算することで、一家の財産という概念がせいぜい拡大されたとしても（妻の内助の功によって保証される夫の所得能力）、男女間の交換は「労働組合」という形態や「正当な経済的価値」の売買といった量的な次元だけには尽きないものである。［…］家内労働には、セクシャル・ハラスメントの場面と同様に、権力や権威との関係が介在している。まさしくこのために、両立しがたいさまざまな判定基準が対立し合うことになる。完璧に共通で等価な男女交換をもちだすことによって男性の権力を払拭しようとしてみたところで無益である。そうしたことが無理なのは、この交換には、おそらく主観性や体験された事柄の超過や差異が常にあって、そうしたものは、男女双方の量的に均質ではない具体的な労働量を測定するために、いかなる単位に訴えてみたところで、そうした単位への還元からはこぼれ落ちてしまうからである（マラッツィ［2009：83-84］）。

私たちはここで、〈家内労働を賃金労働化すべきか〉、それとも〈商品化された再生産労働領域の縮減を敢行すべきか〉という論争をすり抜けている。ここには、分人的観点から家族の経済理論を構築する可能性が開けている。

(2) フーリエ、オープン・マリッジ、ポリアモリー　次に、見なれない家族の風景、しかし歴史上まったく存在しなかったわけではない家族の風景を一瞥しておこう。それは、三人以上の結婚またはパートナーシップである。一九世紀の異形の思想家シャルル・フーリエは『愛の新世界』という実に独創的な本を書いている。フーリエによれば、今まで人間は理性的に文明を基盤として、情念を抑えつけて道徳的な生活を送っていこうとしてきたが、それは間違いである。情念を抑圧するのではなく、むしろ情念の本性を厳密に分析し、〃情念の論理〃に即した調和的な社会を作っていく方が より合理的だ、と。つまり発想を逆転させるわけだ。例えば、彼の言う一二の「根本情念」の中に「蝶々情念」がある。これは、蝶々が花から花に移っていくような「移ろいやすい」「移り気」な情念で、我慢強く一つのことに専念することが美徳とされる現在の文明社会では否定的に捉えられているわけだが、しかし考えてみれば、人間は大なり小なり蝶々情念を持って生まれてきているのだから、それを理性的に抑圧して枠にはめるのは土台無理な話で、どこかで無理がくる。だとしたら、蝶々情念を強く持っている人に関しては、別の労働形態、別の社会的結合形態を考えた方がいい。結婚は、現状の社会においては一夫一婦制だが、これが果たしてすべての人にとって適合的なのか、〃情念の論理〃に即した調和的なシステムを再構築する必要がある、とフーリエは言うわけだ。「〔恋愛の〕多数性は今日では互いの裏切りの結果でしかないから、文明世界は心情愛を標榜してはいるものの、率直かつあたうかぎりの友情を抱いているときにも多数性に到達できるとは、どうしても思い至らないのである」（フーリエ［2013：387］）。

結婚を一つではなくて、複数の型で考えることができるとすれば、つまり二人でいたい人は二人でいていいいし、一人でいたい人は一人でいていいいし、三人以上でいたい人は三人以上で〃結婚〃してもいい、というような制度は可能であろうか。カウンターカルチャーが隆盛した一九六〇年代後半から一九七〇年代初頭にかけての性革命の時代、アメリカの社会学者オニール夫妻が『オープン・マリッジ』（一九七三年）――『アンチ・オイディプス』の出版は一九七二年である――を出版、一五〇万部以上の大ベストセラーになった。オープンマリッジ（開放型結婚）とは、インモラルなフリーセックス主義ではなく、夫婦が互いを社会的・性的に独立した個人として認め合い、所有欲や独占欲、嫉妬心に妨げられず、合意の上で自由に愛人を作る結婚スタイルである。

また近年、このオープン・マリッジやグループ・マリッジ、トライアッドなどを包括したより広範な関係性として、ポリアモリーが注目されている（深海［2015］、坂爪［2015］）。ラテン語の poly（多くの）と amor（愛）の合成語で表現されるこの関係性は、浮気や二股とも不倫とも違う多様な愛の形である。その第一の特徴は、交際状況をオープンにし、複数の人を誠実に嘘偽りなく愛することである。これは、一対一の愛だけが正しいわけではなく、愛する人の人数は自分の意思で決めるべきだという考えに由来する。第二の特徴は、互いに互いを所有しないということである。パートナーになることは、相手のすべてを独占所有することではない。むしろ所有や束縛は、互いの成長を邪魔することすらある。そうではなく、感情的にも身体的にも深く持続的にかかわる関係を目指し、自然発生的で無自覚的な家族ではなく、いわば自覚的・選択的に選びとった家族（family-by-choice）を目指す。その背後には、家族は所与のものではなく意識的に築いていくものだという考えがある。メリットはこのように、①乳兄弟や血を分けた兄弟ならぬ「水兄弟・姉妹」（同じコップから水を飲む、同じ理念を共有する者同士）の存在による血縁関係を超えた協力体制が構築できること（少子化で血縁関係が細っている現状では有効な打開策である）、②モノガミー的関係以上にコミュニケーション重視、③意識的な家族づくり（後者二点は、社会的多数性・制度的安定性のうえに胡坐をかいたモノガミーでは、むしろ往々にして蔑ろにされがちである）などがある。これに対して、デメリットは、①複雑な家族関係・出産・養育、②複雑な金銭関係、③複雑な老後の生活であるが、これらはいずれも従来のモノガミー的な関係性においてもすでに問題となってきたことであり、ポリアモリーのみに発生する問題ではない。ポリアモリーという語を用いてはいないものの、その可能性について、現代フランス哲学を代表する哲学者ジャック・デリダは、自ら「ユートピア的」と呼ぶ提案を披露している。

「婚姻」という言葉と概念、この曖昧さや宗教的で聖化された偽善、世俗的な憲法にはいかなる場も持たないものを廃止して、契約に基づく「市民的結合」に代えるのです。それは〈連帯の市民契約〉〔フランスのPACS〕を全般化させ、洗練させたようなものであり、性も数も強制されないパートナー間の、柔軟で調整された結合です（デリダ［2005：50］）。

これは、分かりやすく言えば、「同性婚は認めるし、そもそも必ずしも一夫一婦制でなくてもよい」ということである。要するに、相当程度に流動化に適応した結婚形態が将来的には望ましい、とデリダは言っているわけだ。

(3) 伴侶種（ハラウェイ）　フーリエ的共同体やポリアモリーはたしかに家族を拡大するものではあるが、成員たちの多くが、自立し、自己決定的で、対称的な個人でなければ成立しえないという限界ないし限定的側面をそなえている。家族が元々、子どもや老人のケアを含む非対称性を備えているということで言えば、それらの実験的な共同体は「限定的な拡大家族」とでも言うべき存在である。この対称性／非対称性という点に関して、一見奇天烈に見えるかもしれないが、きわめて興味深い最近の研究を想起しておこう。すでに古典となった「サイボーグ宣言」

（一九八五年）によって、科学技術における同時代的生の内破のフェミニスト的理解を試みたダナ・ハラウェイは、二〇〇三年、新たな宣言を発表する。今度の相手は「伴侶種」（companion species）、とりわけ犬である。「この新しい宣言では、共棲（co-habitation）や共進化（co-evolution）、そして具体化された異種間社会性について語りながら、このふたつのちぐはぐな形象――サイボーグと伴侶種――のうち、どちらが現在の生命世界において生に値する政治学や形而上学に寄与できるのかを問う。二つの形象は正反対などではない。サイボーグと伴侶種はどちらも、人間と人間ならざるもの、有機的なものと技術的なもの、炭素とシリコン、自由と構造、歴史と神話、富者と貧者、国家と主体、多様性と枯渇、モダニティとポストモダニティ、自然と文化とを、予想もしない形で結びつける。種の境界をしっかり守り、カテゴリーから逸脱するものを断種しようと望む心の純真な向きには、サイボーグも伴侶動物も、さぞかしご不満な存在だろう」（ハラウェイ [2013：8-9]）。

アスリート（競技犬）とその指導手（ハンドラー）として、アジリティーというチーム競技に熱中しているハラウェイと飼い犬「ミズ・カイエンヌ・ペッパー」は、愛情関係にある。だが、その愛情はいかなるものであるのか。カイエンヌの舌を素早く動かす、抗しがたいほど魅力的なキス。DNAを調べれば、わたしたちのあいだには強力なトランスフェクションが観察されるだろう、とハラウェイは断言する。「私たちのゲノムが、本来よりも似通っていることについては確信がある。私たちの接触には何らかの分子的記録があって、それは生物の遺伝暗号としてこの世界に痕跡を残すに違いない」。私たちは同種の生物としか接触していないわけではない。むしろ、いろいろな生物とコミュニケーションをとっている。それが一方通行的な妄想にすぎないと決めつけるのもまた早計ではないか。私たちは自分の知らない間に、知らないところで、常にすでに、禁じられた会話を交わしているのではないか。自分たちですらほとんど理解できないコミュニケーションを相互に訓練しているのではないか。私たちは、さまざまな生物と「伴侶種」なのではないか。「私たちはお互いを、その肉の中に、作り上げる。具体的な差異において、相互に著しく他者である（significant other）私たちは、肉体に愛という、たちのわるい発達性の感染をあらわしている。そして、この愛は歴史的な倒錯であり、自然－文化において継承されてきた遺産なのである」（ハラウェイ

［2013：3-6］）。ヒトとイヌは、後述するドゥルーズ的な「雀蜂と蘭」とは異なる形で、しかしやはり非平衡的進化を行なっているのではないか。さらに、この伴侶種という概念は、単に自然や宇宙や生命進化といった次元に関わるのみならず、所有権やアクセス権、幸福の概念といった政治や経済の次元にも同時に関わる。

> 伴侶動物の幸福や、相互所有や、幸福追求権に関するハーンの議論は、「ペット」を含むあらゆる家畜動物の状態を「奴隷」と呼ぶのとはまったく異なっている。それは、伝統的に財産権的関係として理解されてきたものではないし、人間が所有権の代わりに保護権を得るといった話でもない。ハーンは人間だけではなく、犬たちもまた、道義的理解や真剣な達成にたどり着くことのできる、種に特異的な（species-specific）能力を持った存在だと考えている。所有は――財産は――相互性とアクセス権を意味している。私が犬をもっているとしたら、私の犬は人間をもったことになる。それが具体的に何を意味するのかが問われている。（ハラウェイ［2013：82-83］）

問いは「動物の権利とは何か」ということではなく、「どうやってひとりの人間が一匹の動物と権利関係に入っていけるのか」だとハラウェイは言う。そうした諸権利は、相互所有に根差し、簡単には消滅しないものとなるだろう。そしてそこから生じる諸要求は、あらゆるパートナーたちにとって、生を一変させてしまうものとなる。(8)

4　分人的性

A　『アンチ・オイディプス』における性

部分対象の論理の第二の特徴　オイディプスの三角形化作用の働きが欲望の水路を形成する中でのみ、子どもは部分対象としての乳房を母という人物に関係づけることになる。では、その「関係」とはいかなるものであるのか。欲望の生産ではなく、その生産過程の「登録」に関わる。「子どもは、幼いころからすぐに、まさに欲望する生命をもち、つまり欲望の諸対象や諸機械との間に結んだ家族的でない関係の総体をもっている。この生命は、直接的な生産という観点からは自分を両親に関係づけることはないのであるが、生産過程の登録という観点からは、（愛によるにせよ、憎しみによるにせよ）両親に関係づけられている。子どもが自分の生命を体験し、生きるとはどんなことなのかを問うのは、もろもろの部分対象の間においてであり、欲望的生産の非家族的な諸関係の中においてである。たとえ、この問いが両親に「関係づけ」られなければならず、家庭的諸関係の中でのみ暫定的な解答を得るものだとしても、このことに変わりはないのだ」（AŒ上93-94）。ここから、無意識は家族と結びつけられるよりもむしろ、宇宙や自然と結びつけられて然るべきだという結論が出てくる。これが、部分対象の論理の第二の特徴である。「無意識とは孤児であり（l'inconscient est orphelin）、無意識自身は自然と人間とが一体であるところに生産されるからである」[9]（AŒ上95）。子どもはそもそものはじめから社会的存在であり、宇宙的・自然的存在であり、したがって形而上学的存在である。社会的・宇宙的・自然的・形而上学的諸関係は、家族的諸関係の〈事後〉や〈彼岸〉を構成するものなのではなく、むしろ逆にあらゆる心理－病理学的審級の中に認められなければならないものである。例えば「ひきこもり」の例もそうだが、精神の病が最も非社会的な様相の下に現れたとしても、それを家族の問題と捉え、家族にだけその責任の所在を求めるべきではない。だが、私たちは、普及して一般に受け入れられているオイディプス主義の網の中に捉えられており、そこから容易には抜け出すことができない。どうすればよいのか。D＝Gは、性の問題に解決の糸口を探っているように思われる。彼らはその文脈で、先に私たちも名を挙げたフーリエに依拠する。欲望は常に遊牧し移住するものであり、何よりもまず「巨人症」の性格をもつと、シャルル・フーリエより見事に示した者は誰もいない。性的エネルギーとしてのリビドーは、直接的に大衆や集合体を備給するのだ。つまり、個人と家族の領域に閉じることなく、有機体と社会との領域に絶えず開かれているのである。

――精神分析においては、リビドーが社会的備給に着手するためには、自分を脱性欲化するか、あるいは自分を昇華するかさえしなければならない。［…］精神分析の考え方の公準は、やはり家族主義なのだ。［…］家庭主義は、性欲が家庭においてしか働かず、もっと大きい集合に備給するためには、自分を変容しなければならない、と主張する。だが実は、性欲は至るところに存在するのだ。官僚が自分の書類を愛撫する態度のうちに。裁判官が裁判を行なう態度のうちに。実業家が貨幣を流通させる態度のうちに。ブルジョワ階級がプロレタリア階級を男色でものにする態度のうちに、などなど。（AŒ下146）[10]

B　分人的性の現代的展開

(1) AIの性、障がい者の性

先に家族のところで見た部分対象の論理を性の領域に持ち込むと、何が見えてくるだろうか？ スパイク・ジョーンズ監督の映画『her 世界で一つの彼女』には、実に巧みな設定として、三つのセックスが登場する。暗闇の中での誰か（人間）とのテレフォンセックス、暗闇の中でのOSサマンサ（AI）との会話による〝セックス〟、そして人間と恋に落ちたOSのための代理セックス・サービス（サマンサに共感した女性の体を介してのセックス）である。私たちは「誰かとセックスする」のだろうか？「誰かの何かとセックスする」のだろうか？ ひととのセックスなのか？ モノとのセックスなのか？ 私たちは人をモノ化することはよくないことだと思っている。そして、その直接の帰結として、売春は悪だと捉えている。だが、本当にそうだろうか？「ホワイトハンズ」という団体がある。ホワイトハンズとは、「障がい者の性」問題の解決に取り組むNPOのパイオニアである（坂爪［2012］）。二〇〇八年に、日本で初めて、男性の重度身体障害者に対する射精介助サービスを開始し、障がい者に対する性的支援を、これまでの「娯楽」や「性欲の処理」という観点ではなく、「QOL（＝人生の質）の向上」という観点から、「自尊心のケア」として確立した団体である。ホワイトハンズは、自らの使命を「新しい〈性の公共〉をつくる」ことだとしている。おそらく「性労働は不潔」「性労働は不貞」と考えている人々のうちでも、「障がい者への性労働ならば許される。それは立派な仕事だ」と考える人もいるのではないだろうか？ だが、それはどうしてそうなのだろうか？ 障がい者への性労働は褒められるべき立派な仕事だが、健常者への性労働は拝金主義である？　独身者（へ）の性労働はいいが、既婚者（へ）の性労働はよくない？　キャバ嬢として働くのはよいが、風俗嬢はよくない？　効率よく稼ぎたい学生の深夜バイトはいいが、風俗嬢は「親からもらった大事な体を金で売りものに」しているからよくない？　恋人との避妊セックスはいいが、風俗嬢は「性という、子どもを産むための神聖なものを傷つけている」からよくない…？

(2) 売　春

売春の問題は、結婚やそこにおける性について考える際に避けて通れないものである。マルクスは資本主義下における結婚を「排他的な私有財産の一形態」、「粗野な共産主義」における「女性共有」を「普遍的な売春」と呼んでいた。売春について考えるにあたって重要な一文を引用しておこう。ゲイで、ゲイの人たち（主にまだ自分の性的志向に自信を持てていない、または持とうとしていないさまざまな年齢の人たち、またはパートナーとのセックスに飽きてしまった人たち）を相手にセックスを売っている、いわゆるハスラー、売春夫アキラの発言である。「僕たちは身体を売っているのではない。それでは人身売買だ。ついでに言うと心も売っていない。僕たちはセックスという行為と、それにまつわる時間を売っているのだ」（アキラ［2000：10］）。売春婦は拝金主義者だ！と断罪する人々は、社会を覆い尽くす拝金主義をなぜ断罪しないのか。手足を用いて労働するバイトは〝健全〟で、性器を用いるというだけで〝不健全〟なのはなぜなのか。いったい性器と他の身体のパーツがどう違うというのか。違うという風にされてきただけではないのか。「僕は自分の性器を、手や足と同じようにプライベートな部分だと捉えている。たとえどんなに金を積まれても嫌だと思うことを自分の身体のどの部分を使っても、するのは嫌だと思う。でも、また同時に、自分の性器やセックスという行為を非常に社会的なモノだと感じることもある。最も個人的なことは、同時に非常に社会的な、パブリックな事柄でもありうるのだ」（アキラ［2000：11-12］）。問題はいつでもはっきりさせておこう。そうでないと、敵の姿を十分見極めないままに、味方の陣営に向かって銃を乱射し、凶弾を打ち込むことになってしまう。アキラの論旨は明快極まりない。「買売春の現場をめぐって議論され、対処されなければならないのは、暴力なんじゃないのか？「根絶」すべきなのは暴力であって、セックスを売ったり買ったりしている人間やその行為ではないのではないか。［…］レイプ、売春組織とマフィア。それはたしかに由々しい問題だ。けれども、そういった「撲滅すべき暴力」とセックスや売春者は、必ずしも同じ地平に立ってはいないのだ。交錯することはあっても、常に一緒に肩を並べてはいない」（アキラ［2000：12］）。

今はまだ意識の上では、「愛と性は結びついていなければならない」というロマンチック・ラブ・イデオロギー的な「結婚の形而上学」を持つ人が圧倒的多数であろうが、本当に愛なき性、性なき愛というものは考えられないのだろうか？「セックスレス夫婦」というものを考えてみれば、現代の私たちがどの地点で立ち止まっているかがよく分かる。セックスレス夫婦において深刻な問題の一つとなりうるのは、パートナー間で性欲が不均衡なケースだ。「今日は疲れてて食事作る気にならないから、冷凍食品をチンして。それが嫌なら適当に外食してきて」とは言えても、「今日は疲れていてセックスする気にならないから、マスターベーションで我慢して。それが不満なら風俗に行って来て」と気軽に言い合える夫婦はまだそう多くはない。つまり私たちは、〈性なき愛〉はなんとか考えられるようになったが、〈愛なき性〉とはまだ十分に向きあえていないという地点にいる。「愛の次元の独占」と「性の次元の独占」を依然として同一視してしまっている。しかし、日々の生活を送る中で、ふとハンバーガーを買いに行くように、売春者とのセックスを買いに出かけることの何がおかしいのだろうか。「とにかく生理的に嫌」「直感的におかしい」といった感情的な反発は、一旦立ち止まって考えてみたほうがいい。苛烈な人種差別者や反知性主義者たちもまた口にするであろう「生理的に」「直観的に」といった言葉ほどあてにならないものはないからだ。ここには、愛・性の独占所有と嫉妬が複雑に絡み合った「結婚の形而上学」が潜んでいる。そして、私たちが解きほぐさなければならないのはまさにそのような〝コンプレックス〟なのだ。次のアキラの言葉は、ドゥルーズ的「性」の、ニュアンスに富んだ特徴の一端を雄弁に物語っている。性や欲望の問題は見かけほど単純ではない。

七〇歳のおじいちゃんがやってきて、首筋にキスをし続けてほしいと言われたことがある。それだけでいいのだという。訳を聞くと、彼が二〇歳にもならない頃、太平洋戦争の真っただ中で、若い人たちも次々に徴兵されていって、彼もそんな中の一人だったんだけど、辛い訓練の中でたった一つ救いだったのが、七歳年上の先輩の優しさだったということで、彼はずいぶんとおじいちゃんに目をかけてくれていたらしい。
そんなある日、その先輩に部屋に来てほしいと言われて訪れた部屋で先輩は、「私は明日、戦地に行くことになった。もう帰ってこれないかもしれない。最後に一つだけ願いを聞いてもらえないだろうか」と、頼みごとをしたのだ。それは、その夜を、一つの布団で一緒に過ごすことだった。先輩は（狭義の）セックスをおじいちゃんに望んだわけではなかった。ただ、じっとおじいちゃんを抱きしめて首筋に唇を当てていたのだという。そして二度と海の向こうから帰らなかった。

ただ首筋に当てられた先輩の唇の温度と感触を求めて、大人になってからも、結婚してからも、ずっとおじいちゃんは売春夫の下に通い続けているということらしい。（アキラ［2000：16-17］）

---

(3) 性と経済——所有から利用へ（マルクス、クロソウスキー、コラボ消費） 先にドゥルーズはこう述べていた。「だが実は、性欲は至るところに存在するのだ。官僚が自分の書類を愛撫する態度のうちに。裁判官が裁判を行なう態度のうちに。実業家が貨幣を流通させる態度のうちに。ブルジョワ階級がプロレタリア階級を男色でものにする態度のうちに」。愛と性、情動と経済の関係をどう考えるべきか。先に言及したドゥルーズの「部分対象の論理」を思い出そう。そして、マルクス『資本論』第一部草稿の古くて新しい指摘を、そのような観点から読み直してみよう（本段落の引用は、マルクス［2016：56, 60-64］）。マルクスは明らかに、「物象化」を批判的に考察している。しかし、同時に、生活手段の特殊な経済的性格、つまり生活手段が労働者を「買う」ということ、例えば皮革や靴型などの生産手段が靴職人を「使用する」ということ、「物（Sache）と人（Person）とのこのような転倒（Verkehrung）、したがってその資本主義的性格」を冷酷なまでに精確に見て取っている。現代のドイツ語でも、労働を受け取る側であり、「物の人格化」（Personnification der Sachen）である資本家は、「労働を与える者」（Arbeitgeber＝使用者）と呼ばれ、労働を与える側である現実の労働者は「労働を受け取る者」（Arbeitnehmer＝被用者）と呼ばれ、奇妙な

逆転現象が生じている。「ブルジョワ社会では、資本は自立的で人格的であり、それに対して労働する諸個人は非自立的で非人格的である」（『共産党宣言』）。だが、モノと人格の転倒が問題なのではなく、それが「生活手段の特殊な経済的性格［…］、したがってその資本主義的性格」、つまり「所有」のパラダイムのうちで行なわれていることに問題があるのではないか。そして、それは今まさに、分人化の加速とともに、変わりつつあるのではないか。

「人のモノ化」というマルクスの問題系を、「脱＝所有」のパラダイムにおいて最も前進させたのは、フランスの特異な文学者・思想家ピエール・クロソウスキーである。クロソウスキーは一九六五年、小説三部作をまとめた『歓待の掟』という著作を刊行した。主人公オクターヴは六〇歳を過ぎた偏屈な神学教授、三十歳年下の妻ロベルトは、他者と社会に対する慈悲の心に満ち（それがロベルトと結婚した理由である）、理性と自由を愛し、青少年の風紀問題に取り組んでいる急進党の女性議員である。オクターヴは、いにしえの歓待の掟（例えば、ディドロの『ブーガンヴィル航海記補遺』のオルーのそれ(11)）を復活させる。要するに、女主人である妻は、招かれたすべての客とエロチックな関係を持たなければならないという掟である。掟が家の主人によって遵守され、妻ロベルトが性的に分散していく中で、オクターヴはみずからの嫉妬と妻の貞節を試練にかける。もちろん事態は複雑化する。分人化が激化するのだ。「ロベルトは自分自身にしか興味を持たなくなり、ぼくが彼女のいろいろな要素からつくりあげた像に、自分の姿を見ようとし、自己像との一種の競争心に駆られて、ぼくの精神にスケッチされている自分の姿を越えようと思うまでになった。だから彼女は、絶えず女たらしの青年やひまな男たちに囲まれている必要があった」（クロソウスキー［1987：36］）。だが、単にふしだらに堕したわけではない。例えば、ロベルトが同時に複数の高校生に身をゆだねるときであっても、そこで問題となるのは、官能的な衝動を単純に満足させることなどではない。問題は、夫婦のありきたりの関係を乗り越えることであり、「贈与における人格の複数化」（ルネ・シェレール）である。「一組の夫婦は、子どもたちによらなくても、増殖し、展開し、投影し、深化し、昂揚し、戯画化することができるのだろうか――そのつど、別な規模におのれを創り直し、結婚し直しながら――しかも、その源泉を涸らすことなく依然として同一の夫婦でありうるのだろうか」（クロソウスキー［1987：4］）。

一九七〇年に刊行されたクロソウスキーの『生きた貨幣』は、彼の「結婚の神学」の到達点である。「生きた貨幣」とはいわばロベルト的存在であって、端的に言えば、労働の支払いとして使用権を差し出された人間の身体である。「明らかに不可能な一つの退行を一瞬想像していただきたい。つまり、産業社会のある段階で、生産者たちが消費者たちに、支払いの代わりとして、感覚の対象物を要求することができたらどうかということを。その場合の対象物とは、生きた人間である」（クロソウスキー［2000：132］）。「それは、情欲の源泉である生きた対象を、飼育の次元に、種馬飼育場の次元に貶めることだ」、人間の身体を経済的尺度で評価することは許されない（動物の身体ならば許されるのだろうか？）という異論もあろう。だが、情欲の対象たるアイドルやスター、モデルやホスト／ホステスの視聴覚的美点の数々を、いやもっと一般的に私たち労働者の生産能力を――「人材開発」という言葉が一般化して久しい――、収益性や維持費の観点から、数字で、つまり数量的に表現しているのは、私たちの現代社会を支える当の産業主義そのものではないのか。あらゆる現代的産業は一見すると、命をもたない貨幣に媒介された交換に基づいて成立しているように見えるが、「死んだ貨幣」それ自体は必ず労働力資源という「生きた貨幣」によって駆動されている。問題は、したがって、身体を貨幣として扱うことではなく、私たちが「死んだ貨幣」に従属させられており、その点で未だ「産業的奴隷」にすぎないということである。「生きた貨幣」が「死んだ貨幣」に取って代わるとき、「生きた貨幣は逆に、習慣の中に根を下ろし、経済的諸規範の中で制度化された金本位制の、その金の役割に取って代わる力を持つだろう。ただし、その新しい習慣は、交換行為の数々とその意味を、深く変えずにはいないだろうが」（クロソウスキー［2000：136］）。そのとき、「人間の尊厳は手つかずのまま残されており、金銭はその価値のすべてを維持している。［…］身体的現前はすでに商品である。つまり、同時に富の等価物であり、富そのものとなるのである」（クロソウスキー［2000：143-144］）。

生きた貨幣が死んだ貨幣にとって代わるとは、どういう事態だろうか。私たちは、これを「脱＝所有」「共有」の方向で読み解こうとする。例えば、「コラボ消費」（ネットを通じたコラボレーションとコミュニティによる持続可能な経済＝シェアリング・エコノミー）を提唱するボッツマンとロジャースは書いている。「物理的なモノと私的所有と自己のアイデンティティの関係性は、根本から進化しつつある。私たちは、CDが欲しいのではなく音楽を聴きたいのだ。ディスクよりもその中身が欲しい」(ボッツマン＝ロジャース［2010：130］)。私たちはモノよりも、それによって満たされるニーズや経験を求めている。所有するものが非物質化した形のないモノになっているため、所有そのもののコンセプトも変化し、「自分のモノ」と「他人のモノ」と「みんなのモノ」の間が点線でつながるようになりつつある。こうした変化によって生まれる世界では、「利用」が「所有」に勝る。それは所有よりもアクセスが大切な社会だ。私たちが現在享受している自由の大部分は、「モノを持つ権利」によって実現されてきた。だが、生まれた時からのデジタル世代では、この自己と所有との強いつながりが壊れつつある。所有ではない新しいチャンネル――パソコンやiPhoneさえ持っていれば他に何も必要としないチャンネル――を通して、していることや読んでいる本や所属するグループ、そしてもちろん友人に至るまで〝シェア〟している。そこでは、自己のアイデンティティは「自分に対して何をするか」によってではなく、「他人に対してどう見せるか」によって強く規定されるようになる(ブログやツイッター、フェイスブックやインスタグラムを考えればよい)。オンライン上の自分の「ブランド」が、「自分が誰か」や「何が好きか」を定義するようになり、所有するよりも、利用していることやつながりがあることを見せるほうが大切になる。もちろん、モノとその所有を通した自己表現は今なお非常に強固である。だが、過去のどの時代と比べても、はるかにモノにこだわらずに、私たちは自分のニーズを満たし、自己表現をするようになってきたのではないか。

コラボ消費は、決してアンチビジネスでも、アンチ商品でも、アンチ消費者でもない。人々はこれからも「買い物」をし、企業はこれからも何かを「売る」だろう。しかし、どう消費するか、そして何を消費するかは変化してゆく。モノや所有がアイデンティティと幸福を左右するハイパー個人主義の文化から、資源の共有とコラボ的なマインドセットに基づいた社会へと移るにつれて、消費主義を支える柱――デザイン、ブランド、消費者心理――も変わるだろう。(ボッツマン＝ロジャース［2010：229-230］)

「所有」をめぐるさまざまな現代の動向は一見「結婚」の問題と関係がないように思われるかもしれないが、むしろ、愛・性・家族をめぐる問題のパラダイムチェンジがあるとすれば、それは「所有」という概念をめぐってのことだと私たちは考える。もちろん、所有が完全に消滅することはないだろう。だが、テクノロジーの進展によって、相対的な「脱所有＝コラボ消費」はますます可能になるように思われる。そして、それが特に加速しうるように思われるのが、性の領域なのである。市場原理そのものを悪魔のように敵視し、外部として敵対するのではなく、そのルールを内側から変えようと試みること。いやむしろ、現実のほうが、私たちの理解に先んじて変わりつつあるのだという事実を直視すること。愛・性・家族の錯綜体としての結婚についても同じことが言えるように思う。愛と性と家族が一旦切り離され、ゆるやかにつながった結婚が今後ますます増えていくだろう。所有ベースから共有＝シェア＝利用ベースへ、そのとき結婚は多孔的な構造を持ち、多数多様的で流動的な関係を許容するものになっていくのではないか[12]。

5　分人的愛

A　『アンチ・オイディプス』における愛

友愛から始めよう。通常、友といえば、「コミュニケートしあい、一緒に思い出を暖めあう二人」を思い浮かべるが、ドゥルーズにとって友とは、「反対に、思考を引き裂き、思考をそれ自身において分割しうるような健忘症あるいは失語症を通過する」存在である（QPh 126 ; cf. DR 上 387-388）。友と語り、友と一緒に思い出すことが思考を活性化するのではなく、反対に、「友と共にわれわれは記憶喪失、失語症のような、あらゆる思考にとって必要な試練を乗り越えていく」。友でさえも不信（méfiance）の目で見なくてはならない、そんな瞬間がある。そしてそのような瞬間こそ、「友情と共に本質的な仕方で、思考の中に「苦しみ」（détresse）を注ぎ込む」（DRF 204）のであり、それこそが私たちの近代的な友愛を規定する決定的な特徴なのである。「兄弟社会あるいは友たちの社会は試練を経てしまったので、彼らが互いに見つめ合ったり、それぞれ自分自身を見つめたりするときは、もはや、或る「疲労」(fatigue)、おそらくは或る不信(méfiance)を抑えることができない――しかも、そうした疲労や不信は、思考の無限運動へと生成して、友愛を除去することなく、その友愛に近代的な色合いをつける」(QPh 184)。このようなドゥルーズ的「共に-ある」の最良の例は、よく知られた雀蜂と蘭の例であろう。雀蜂同士、蘭同士が出会うのではない。「雀蜂は蘭の生殖器官の一部へと生成し、それと同時に蘭が雀蜂のために性器へと生成する。これが唯一の同じ生成であり、生成の唯一のブロックであり、相互にまったく何の関係もない二つの存在の非平行的な進化である」(D 11)。雀蜂も蘭も孤独でありながら、共同性なき共同体を生きている。これを形式的なレベルで記述すれば次のようになる。

> この出会いは、二つの項が相互に何の関係もないために共同的(commun)でないのだが、しかし両者の間にあり、それ自身の方向をもった唯一の生成である。これこそ二重の捕獲であり、雀蜂〈と〉蘭に他ならない。たとえ二つの項が相互に交換し合い、混合し合うに違いないとしても、それは一方の中にあるような何かでさえない。それは両者の間に、両者の外にあり、別の方向に流れる何かなのである。[…]相互的な何かをつくり出すのではなく、非対称的なブロックを、非平衡的な進化を、婚姻を[ここでもまた「婚姻」が登場していることに注意しておこう]、常に「外」と「間」をつくり出すのは、そうしたものなのである。(D 18)

出会わずに出会う。出会うと思っていなかったところで出会う。出会い損ねることで出会う……。誰かと〈外〉と〈間〉で出会うとはどういうことか。それは相互的に、平行的に、同じ次元にとどまりつつ、正面衝突のように出会うということではなく、非対称的に、非平行的に、異なる次元への移行途中に、すれちがいざまに出会うことだ。この方向の延長線上でさらに、「誰かを愛するとは、いったいどんなことを意味するだろう?」とドゥルーズは自問する。答えはこうだ。「その人に固有の群れを、つまりその人が自分の中に閉じ込めている、おそらくまったく別の性質を備えたさまざまな多様体を探すこと。それらを自己の多様体と合体させること。それらを自己の多様体に入り込ませ、それらに入り込むこと」(MP上84)。ドゥルーズは妻ファニーとの関係について、こう述べている。「二つのランプが合図しあうのと同じように、私たちの掛け合いはどんどん交錯し合っていったものだ。[…]愛する誰かとの出会いとは率直に言って何なのか。それは誰かとの出会いなのか、あるいはあなたたちに群生して(peupler)くる諸々の考えや諸々の運動との出会いなのか。そして、それらのことをどのように分離すればよいのか」(D 24-25)。このような出会いの分子的・分人的次元を徹底して生きることこそが、先に「にぎわう孤独」「にぎわう砂漠」と呼ばれ、「険しい脱人格化の修練」と呼ばれていた事態にほかならない。[13]

部分対象の論理の第三の特徴　植物の例で恋愛を考えてみよう、とD＝Gは言う。植物には雄しべと雌しべがある。人はすべて、植物と同じように二つの性を持っている。この二つの性は互いにコミュニケーションは行わない。男性と女性は、自分の中で雄とか雌の部分が統計学的に優位にある人間ということを意味するにすぎない。それだけなのだ。だから人は、統計学的ないし巨視的には異性愛だけれども、微視的には「横断性愛」と考えていいのではないか、と言っているわけだ(例えば、AŒ上88-90、下149-152)。植物は雄しべと雌しべを持って複数的で複雑な〃性関係〃を結んでいるからといって自己破壊的なわけでも無秩序なわけでもない。これが「部分対象の論理」が強調されねばならない第三の理由である。個人の統一的な欲望ではなく、その多種多様な分人的側面を区別することが可能になるということである。D＝Gは、人と人の出会い方についてこう語っている。すべては、もろもろの「星雲」から始まる。つまり、「輪郭があいまいな統計学的集合」から、「偶然に配置された特異性を含むモル的または集合的組織体」から始まる。次に、これらの星雲のうちに「いくつかの側面」が形をあらわし、もろもろの系列が組織され、これらの系列の中に人物たち(personnes)が姿をあらわすことになる。さらにまた、すべてはあらためて混沌となり、解体するが、今度は、純粋な分子的多様性の中にあり、ここでは、もろもろの部分対象がすべて等しく肯定的に規定され、意想外のコミュニケーションが行われる。それぞれの部分対象によって生産されると同時に新たに切断され、再生産されてはまた切断される膨大な流れがここにある（AŒ上134）。「愛というものの一部始終もこれとまったく同じ物語を語る。統計学的な星雲から、男性女性の愛のモル的集合から、呪われた罪深い二つの系列が現れてくる」とドゥルーズは言う。「呪われた罪深い」というのは、それが互いに排除しあう系列だからである。これに対して、分子的・分人的愛は「無垢」であり、いかなる「罪責感」とも無縁である。

なぜなら植物のテーマ、すなわち花々の無垢は、私たちにさらに別のメッセージと別のコードとをもたらすからである。それぞれが両性であり、二つの性をもちながら、二つの性は仕切られており、互いにコミュニケーションを行なわない。男性は、単に、その中で雄の部分が統計学的に優位にある人間にすぎず、女性は、単に、雌の部分が優位にある人間でしかない。したがって、基本的な組み合わせのレベルでは、少なくとも二人の男性と二人の女性がいて多様性を構成し、この多様性の中で横断的なコミュニケーションが、もろもろの部分対象と流れの接続が成立する。一男性の雄の部分は、一女性の雌の部分と交わることができる。しかしまた、一女性の雄の部分とも、あるいは別の男性の雌の部分とも、あるいはこの別の男性の雄の部分とも交わることができる。ここでは、あらゆる罪責感は消滅する。というのも、いかなる罪責感も花々にはとりつくことができないからである。（AŒ上134）

私たちはここに「同性愛のラディカル化」とでも呼ぶべきものを見る。D＝Gはこの文脈で、マルクスを持ち出す。「私たちが愛を交わすのは常に世界と共に、である。私たちの愛は、私たちに愛されるもののリビドー的特徴に応じて、自分自身の中に閉じこもるか、あるいは、もっと広い世界に対して（つまり大衆や大きな集合に対して）自分を開いてゆくか、する。私たちの愛の中には、常に統計学的なものがある［…］」。マルクスの有名な定式、すなわち、男と女との関係は、「人間と人間との直接的なる自然的・必然的関係」であるという有名な定式は、こうした観点から理解されるべきではないのか。つまり、両性の間の関係、男と女の関係が普遍的なる性欲の関係、人間と人間との関係の尺度となるのは、この後者の関係が大きな集合を備給している限りにおいてのことだけなのではないか。[…]ところが、マルクスは、もっと神秘的なことを語っている…」（AŒ下148）。この点については、先に引用したマルクスの物象化の論理ともども、別の機会にさらなる探求が必要であるが、いずれにせよ今や私たちは、「孤独・分離・切断を徹底するドゥルーズにもし結婚論のようなものがあるとすれば、それはどのようなものでありうるか」という問いに答えることができる。ここまで見てきて了解されたように、答えは「部分対象の論理」を追求することによって、である。

B　分人的愛の現代的展開

(1) 超個人主義（森村進とデレク・パーフィット）

法哲学者の森村進は、家族と親子に関する議論において、かなりラディカルなリバタリアニズムを主張している。これは当然のことながら強固な「個人主義」の下に成り立つものだが、後で述べるその特異な個人主義のゆえに、私たちの「分人主義」の観点とうまくフィットする。彼は、家族制度の中でもまず親子の関係に焦点を当て、親には子どもを扶養養育すべき義務はあるが、遺産相続の制度や成人した子どもが親を扶養すべき義務を法的に認めるべきかは疑問だと述べる。次いで、婚姻制度を取りあげ、多様なライフスタイルに対して、リバタリアン的な中立性を維持するにはどうするのがよいかと自問する。不平等を是正するためには、一部の国々で部分的に実現しているように、少数派の婚姻の形態も法的に認めるという対策も考えられる。「しかしそもそも婚姻という制度を法的に定めなければならない理由は明らかでない。実際には多くの法制度は色々な点で既婚者を独身者よりも優遇しているが、この優遇も法の下の中立性と衝突するから、もっと根本的に、婚姻という制度を法的には廃止すべきである」（森村［2001：161］）。

婚姻制度の法的廃止はこれまでフーリエやマルクス・エンゲルスによって唱えられてきた。婚姻という法的制度がないところでは、離婚もない。あるのは、共同の世帯を持つこととそれを解消することである。シェアハウスがそうであるように、共同生活の権利義務関係は契約で定めることもできる。現在の婚姻制度では配偶者間の法的関係は強行法規によって大部分定められており、人は特定の相手とその関係に入るか入らないかの選択肢しかない。これに対して森村の提案する制度では、契約自由の原則から、共同生活者の法的関係は当事者が自由に決められる。すると、森村のリバタリアン的社会では、家族制度は解体され、破壊されてしまうのだろうか。婚姻制度も相続制度も存在せず、親が未成年の子どもを養育する義務はあっても、子どもが老いた親を扶養する義務は存在しないか極めて軽い社会なんて！　だが、森村は、人々が現在のような家族生活を営むことをやめるべきだと主張しているのではなく（そもそもそんなことは不可能だ）、ただその法定化に反対しているだけである。友情や恋愛が法律によって規定されていないからといって、友人や恋人が作れないということにはならない。森村的なリバタリアンの社会でも、大部分の人々は事実上、一夫一婦制の家族を作り、老いた親の面倒を見るであろうし、この慣習には、人間性に根差した立派な合理性があるだろう。

相続制度が廃止され、親への扶養義務が法的に最小化された社会の家族は、確かに現在の家族とはかなり変わってくるに違いない。そこでは親の扶養義務をめぐる争いはずっと少なくなり、遺産相続をめぐる紛争はほぼ消滅するだろう。成人した子どもと親の間の関係はもっとドライなものになるだろう。そして代々続く「家」という観念も薄くなるだろう。法的な絆がないと（事実上の）離婚も多くなるかもしれない。このような変化を耐え難いと感ずる人もいるだろう。しかし自由を愛する人は、むしろそれをどろどろした血のしがらみからの解放と考えるだろう。親族関係は自発的な友人関係に近くなるのである（森村［2001：162］）。

私は森村の提案は、夢想的・観念的であるどころか、むしろ現代社会の動静に沿ったものではないかと考える。実際、「友達のような親子」に象徴されるように、家族関係はどんどんフラットなものになりつつある。

このような森村の観点の背後には、デレク・パーフィット（一九四二―）が大著『理由と人格』（一九八四年）で展開した議論がある。通常「個人主義」は不変の統一的人格の存在を前提にしていることが多い。だが、パーフィットは、ロック『人間知性論』第二巻第二七章の発想を発展させ、統一的人格とは根本的に異なった、人格の同一性（personal identity）観を主張する。この説によれば、個人の人格の内容は、統合された一定不変のものではなく、もっと曖昧で流動的・可変的なものとなるので、当然社会が想定する「道徳」の内実も影響を直接的に蒙る。その意味で、人格の同一性論は、決して形而上学者の暇つぶし的な机上の空論ではなく、個人道徳の上でも社会道徳の上でも重大な帰結を持つ。森村は『権利と人格――超個人主義の規範理論』において、パーフィットの「人格の同一性」説に賛同しつつ、さらにそれを「人格の同一性の程度説」として展開する。「人格の同一性は必ずしもオール・オア・ナッシングと考える必要はない」（森村［1989：85］）からである。

人格の同一性の程度説は、人間の一生を、首尾一貫した統一体というよりも、絶え間ない変容の過程として見る。それによると、一生を通じた人格の同一性とは、個々の時点における人格の心理的継続性（連結性ではなく）から構成された観念にすぎない。［…］個々の時点の、それぞれ肉体と個性をもった人間を離れて、「個人」というような通時的実体があるわけではない。個々の時点の人間の現実の意識や意志から独立した、「個人自体」の「意識」や「意志」などを考えることは大きな誤りであり、生き続ける「個人」というものが、一つの統一的な実体ではなく、むしろさまざまの過程ないし作用の綜合であり、究極においては個々の時点の人間の行為に支えられているものだということを、われわれは常に念頭に置かなければならない。（森村［1989：88-89］）(14)

森村の『権利と人格』の副題に表れているように、彼の個人主義は「超個人主義」である。この著作の第一部第五章「柔らかい人格と道徳的問題」で言及される「柔らかい人格」は、「人格の同一性の程度説」と、私たちが「響存」と呼ぶ人格の様態（の少なくとも一部）を接続させる可能性を秘めている。配分的正義の問題に関して、人格の同一性の程度説は、二つの別々の方向に向かって、通常解されているような「個人主義」から離れ、「超個人主義」と呼びうる方向へ向かう、と森村は言う（森村［1989：125-126］）。①一方で、人格の個別化をさらに推し進めた、極端な個人主義（超・個人主義）へ向かう。程度説は将来の自己を部分的には他人と見なす。同一の人でも次第にその心理的状態は変わっていく以上、人格は絶えずうつろいゆくものである。心理的継続性こそあるが、心理的連結性に乏しい、遠く離れた時点にある人は、ある程度まで別々の人格と考えられる。だとすれば、人格の個別性の重視から来ると通常考えられている配分的正義の要請は、実は個人の通時的自己の内部でも働いていることになる。つまり、〈個人の利害は生涯を通じて総計されるべきもので、本人がいつそれを持つかは狭義の道徳上無差別である〉とは言えないということである。②他方で、程度説は、人格の別個性を相対化して個人を超える方向（超個人・主義）へも向かう。ただしこれは、団体主義や全体主義とは異なる。別に、団体固有の価値を認めたり、団体が道徳的権利の持ち主や経験の主体であると主張しているわけではないからである。程度説は②の超個人・主義のように、個人の別個性の道徳的重要性を小さくするとともに、①の超・個人主義のように、個人間だけでなく、同一人物の通時的異質性をも重視するに至る（森村［1989：127］）。①と②の超個人主義は、方向こそ異なれ、矛盾するものではない、と森村は言う。①の極端な個人主義は配分の考慮の働く範囲を拡大するが、他方で、②の人格の別個性の相対化は、配分的考慮の深刻さの重視を妨げる。両者を合わせると、配分的考慮は、広くなる一方で薄くなると言える（森村［1989：130］）。

ここで注意しておくべきは、この「人格の同一性の程度」説が、個人主義と対立する共同体主義（communitarian-ism）に属すると考えてはならないということである。たしかに個人主義者の多くは、人格の同一性について原子論的な立場をとっている。だが、森村が原子的自我への執着からの解放を奨励するとしても、そのことは、彼が共同体主義者のように、共同体や伝統を重視するということを意味するわけではない。

共同体主義者が個人の人格の中心にあると考えるのは、共有される価値と歴史を持った社会的集団（たとえば核家族や社交的団体ではなくて、民族や地方やプロフェッションや宗教的・思想的団体）への帰属である。だが心理的規準をとる程度説論者は、人は伝統に属し自己を共同体と同一化することによって初めて生きがいが持てるとは考えない。彼らは共同体一般を敵視することはなく、人々の暮らしにとって共同体が重要な意義を有することを認めるが、共同体への個人の加入と脱退、さらには共同体の創設を容易に許し、その流動化を妨げないような道徳を提唱するだろう。私も賛成するこの道徳によると、共同体はその個々の成員にとって所与のものではない。それどころか、共同体の価値や伝統は、発展的解釈や変革の対象としてさえも押し付けられてはならず、選択の対象でなければならない。（森村［1989：132-133］）

ここに森村の超個人主義と私たちの分人主義の分水嶺があるように思われる。前者はリバタリアニズムと個人の自由意志による選択を最大化しようとし、後者はその限界を画そうとする。この点については最終節で戻ってくることにして、まずは、もう少し具体的なレベルで分人的愛の諸相を追いかけることにしよう。

(2) ひとへの愛、モノへの愛（パスカル）

私たちは通常、人を愛する恋愛感情と、人のモノに対する執心はまったく異なると考えている。だが、果たしてそうだろうか。『パンセ』のある断章は、この点に疑問の余地を差し挟む。

誰かをその美しさのゆえに愛している者は、そのひとを愛しているのだろうか？　否である。なぜなら、そのひとを殺さず、その美しさを殺す天然痘は、彼がもはやそのひとを愛さないようにするだろうから。では、私のことを、私の判断力や記憶力のゆえに愛しているという人がいるとしよう。その人はこの「私」を愛しているのだろうか？　否である。なぜなら、私はそれらの性質を、私自身を失わないでも、失いうるからだ。このように、身体の中にも、魂の中にもないとするなら、この「私」というものは、いったいどこにあるのだろう？　身体や魂を愛するとはどういうことなのだろう？　美や能力といった、「私」そのものを作っているのではない、これらの儚い性質を愛することでないとしたら？　人は、或る人の魂の実体を、その中にどんな性質があろうともかまわずに、抽象的に愛するものだ、とでも？　そんなことはできないし、また正しくもない。だから人は、決して人そのものを愛するのではなく、その性質だけを愛しているのである。したがって、公職や役目のゆえに尊敬される人たちを、嘲るべきではない。なぜなら、人は、誰であっても、その借り物の性質のゆえにしか愛さないからである。（ブランシュヴィック版・断章323）

私たちは「誰かを愛する」のだろうか？　それとも「誰かの何かを愛する」のだろうか？　人は「人」を愛するのではなく、人がもつ幾つかの美点という「モノ」を愛するのだとすれば？　例えば脚フェチなどのフェティッシュという、要するにモノ性・部分性が与えるセックスアピールと、或る個人の性質が放つ性愛的魅力とはいったい何が違うというのか。そもそも、そうでなければ、二次元や二・五次元の性愛的魅力を説明できなくなってしまうだろう。バーチャルな恋愛は単なるニセモノなのだろうか？　私たちはいったい何を〝リアル〟な恋愛と呼ぶのか？　人間との恋愛なら〝リアル〟なのか？　物理的接触があれば〝リアル〟なのか？　ならば、電話やスカイプを通じてしかコミュニケーションできない遠距離恋愛は〝リアル〟ではないのか？　亡き妻や夫に捧げられ続ける愛はどうか？

(3) 対物性愛

性愛的魅力を生命のない物体に限定したものを「対物性愛」と呼ぶ研究者もいる（Marsh［2010］）。そうした欲望が昂じて、空想的な結婚式に至った例も実際にある。スウェーデン人女性エイヤ＝リータ・エクレフ＝ベルリナー＝マウアーはベルリンの壁と〝結婚〟したし――「ベルリナー・マウアー」はドイツ語で「ベルリンの壁」を意味する――、アメリカ人女性エリカ・ナイショウは、エッフェル塔と〝結婚〟し、結婚式後に名前をエリカ・エッフェルに変えた（オーガスム＝ガダム［2012：139］）。これは空想的な結婚式だが、ペットに遺産を残す制度は実際に現実化しつつあるし、[15] 犬型ペット・ロボットＡＩＢＯの修理サポート終了は「老いたロボットをどう看取るか」という問題を提起したとして話題になった。[16] ここで「生命のない物体」と呼んだとしても、それは「モノたちの宇宙」（the universe of things）の「生気論的唯物論」（vital materialism）と矛盾するものではない。車の運転に慣れた運転手は、車体の角がどこにあるのか、タイヤが今どこにあってこれからどこを通るのかを感覚的に分かっており、車両感覚や車幅感覚を体得していて、あたかも体の一部であるかのように車を扱う。あらゆる技術的存在者、あらゆるメディア＝媒体はわれわれの人工補綴であるというマクルーハンの説を、シャヴィロは、全存在者に拡張する。「様々な道具（モノ一般のように）は、ちょうど僕ら自身もそうであるように、ブルーノ・ラトゥールの言う行為体（actants）なのである。モノを道具として使うとき、僕らは実際に自らモノたちと同盟関係に入っている。しかし同盟はまた依存を意味する。道具の助けがなければ、僕たちには何もできないということが分かる。「生気＝活力はあらゆるモノたちに共有されており、僕たち人間だけに限られるものではない」という考え方である」（シャヴィロ［2016：71］）。「動物やモノへの（性）愛」が確実に現象として存在している以上、「結婚」も含めて、今後さまざまな制度的展開がありうるだろう。

6 おわりに――来たるべき結婚のために

現代の共同体をめぐる諸問題に対して、いかに応答すべきか。本章では、ドゥルーズの「分人」概念から出発し、愛・性・家族の重要な結節点の一つとしての結婚というテーマに取り組むことで応答しようとしてきた。まず、現代社会の諸問題を考察する際に、ドゥルーズの「分人」概念が有効な観点を提供しうることを示し（第一節）、次いで、ドゥルーズ的結婚論の可能性を「にぎわう孤独」や「脱人格化」のうちに探った（第二節）。『アンチ・オイディプス』には、愛・性・家族が同心円的に拡大していき、結婚という制度がそれらを包括・統合するというヴィジョンではなく、逆に、結婚とは「脱人格化の修練」の行なわれる「にぎわう砂漠」であるというヴィジョンが描き出されていることを、家族・性・愛の分人化の順に確認し（第三〜五節A）、各節の後半では、ドゥルーズ以後の思想家たちによる継承やありうべき展開を概観してきたのであった（第三〜五節B）。分人化とは、一方では、通過儀礼によって隔てられた「人生行路の諸段階」（キェルケゴール）が姿を消して、平滑化・相互浸透化・流動化していくことであり、と同時に、他方では、個人に生涯教育、生涯労働、絶えざる主体化・自己決定化を強いるプロセスでもある。グローバル化が進行しているにもかかわらず、いやそれゆえにこそ、反動化し保守化した現代日本社会においては、法制度的に「結婚」こそが最も有効な抵抗の拠点になりうる。むろん、結婚以外にもこのような機能は見出せる。しかし、結婚を多様化すること、同性婚ばかりでなく、大勢の者たちと「共に住む」ことを含めて結婚と見なせるような制度設計をすることは、可能であるばかりでなく、現実的に有効な手段でもある。

二つの反論――おひとりさまとシェアハウス

結婚以外の途もあるではないか？という反論が予想される。この反論は現在、二つの強力な形をとっている。一つ目は「おひとりさま」である。結婚せず一人で生きていくことの何が悪い？「おひとりさま」で老後の仲間を作り、その共同体で支え合って生きていけばよいではないか？結婚はきわめて分が悪い。だが、「おひとりさま」にはない、拡大家族や疑似家族まで含めた「未来の結婚」の利点もある。内田樹は言う。「疑似家族、拡大家族について理論的な裏づけはまだ誰もしていないし、管理運営のやり方もまだ共有されていませんけれど、着実に実践されてはいますね。前に上野千鶴子さんが『おひとりさまの老後』で提唱したのは、お金があって、高学歴で、趣味のいい人たちだけの「強者連合」的なコミュニティでしたけれど、そういうのじゃなくて、お金も力もないメンバーが「弱者連合」するという点が、新しい傾向じゃないかなと思っています。誰かが旗を振っているわけでもないのに、全国で同時多発的にそういう動きが始まっている。これが核家族のオルタナティブになるかもしれないと思います[17]」（内田［2014：87］）。

二つ目の強力な反論は「シェアハウス」である。シェアハウスから家族を見るという久保田裕之の戦略は、家族を「いろいろなしがらみで個人を絡めとるもの」と見て、家族社会学という枠組みの中で有意義な問題提起を行なおうとするものである（久保田［2016］）。私たちの観点からすれば、シェアハウスは「限定的な拡大家族」である。なぜなら、主に二〇代・三〇代層で構成され（高齢者や子どもは参加しにくい）、性愛関係を持ち込まず、なるべく互いに依存しないで自律的であろうとするシェアハウスは、個人主義・社会構築主義の上に成り立っているからだ。シェアハウスと、分人概念に依拠した〝来たるべき結婚〟の区別をより深く理解するために、「閉じた分人主義」と「開かれた分人主義」の区別を提案したい。「閉じた分人主義」とは、家族の解体と同時に、個の強化につながるものである。「開かれた分人主義」とは、拡大家族ないし複合家族、代理家族の出現につながるものである。「分人」概念はこの両方に関わっている。「超個人主義」の二つの側面が収束する方向にあったとすれば、「分人主義」の二つの側面は、逆にむしろ乖離する方向にある。

閉じた分人主義と開かれた分人主義　閉じた分人主義は、「私的所有」「私有」の論理を突き詰めたところに出現する。一九五〇年代の三種の神器と言えば、白黒テレビ、洗濯機、冷蔵庫であり、六〇年代は3C（カラーテレビ、クーラー、自動車）であったが、いずれも欲望は家族単位での必需品であった。高度経済成長を終え、バブル景気になると、消費社会は本格的に労働ではなく、消費を社会の軸に据える。その結果、家族単位の支出ではなく、個人単位の支出を重視することになる。夫、妻、子ども、それぞれの欲しがるものが購買されたほうが当然消費は拡大するからだ。六〇年代以降「三種の神器」が定着しなくなったことは、この意味で示唆的である。そしてそれと同時に、家族解体、核家族の空中分解が進行する（本間洋平の小説『家族ゲーム』が発表されたのが一九八一年、松田優作主演・森田芳光監督で映画化されたのが一九八三年であった）。この過程で、家父長制が終焉を迎える。父の存在はほぼ完全に空虚なものと化していく。父親が可愛らしい白犬で、母親が美人女優、兄が黒人で、妹が美人女優というCMが二〇一四年度まで八年連続でCM好感度年間首位であったという事実は——男女が逆であったとしたら、果たして同様の結果を得られたであろうか——、象徴的な形で「父親の没落と母親の呪縛」を如実に示している。それ自体は、家父長制の解体として寿ぐべきものである。ただそれが、逆説的に、個人主義の強化と、きわめて息苦しい閉鎖的な「接続過剰」の空間を形成してしまっている。

開かれた分人主義は、逆に、「共同利用」「共働」の概念に共鳴する。ひとつの会社が収益を上げた場合、株主は持ち株に応じて配当金を得る。一曲の歌の著作権印税は、アーティスト、作詞家、作曲家などの間で分配される。だとすれば、たった一人で成し遂げた偉業（スポーツであれ、芸術であれ、学問であれ）でさえも、その「才能」は多くの人々の支えなしには開花しえなかったものだと考えることに理不尽なところはない。この論理を厳密に推し進めるなら、私たちはこれまで個人の獲得物・所有物とされてきたものに対してすら共同利用の概念を持ち込んでよいことになる。私たちの個が緩やかに成り立っている「響存」であるなら、私たちの共同体もまた緩やかに成り立っているはずではないか。「核家族」が解体されるからと言って、「家族」そのものが消滅しなければならないわけではない。現在生じつつあるのは、家族の消滅ではなく、血縁による「大家族」の復活でもなく、むしろ疑似家族や代理家族を含む広義の「拡大家族」ないし「複合家族」の出現である。そして、さまざまな世代をつなぎ、愛・性・家族と分離・接合可能な関係を結んだ〝来たるべき結婚〟は、分人的思考を通してこそ、よりクリアに姿を現し、より望ましい制度設計に結実するはずである。[18]

最近では、実に多種多様な愛・性・家族の風景を描く文学作品や映画やTVドラマ、アニメやマンガが登場してきている。[19]これらの作品にはすでにして「閉じた分人主義／開かれた分人主義」や「所有／共同利用」の徴候が表れているのではないだろうか。それらを正確に読み解き、基盤となる理論構築に貢献することが求められている。ドゥルーズをはじめ、フランス現代思想にはそれに応えるだけのリソースが潤沢に残されている。

略号

ドゥルーズおよびD＝Gの著作は、以下の略号と邦訳頁数で参照箇所を指示した。訳文は適宜変更した場合がある。

AŒ：*L'Anti-Œdipe*（1972, avec Félix Guattari), éd. Minuit.『アンチ・オイディプス』上・下巻、宇野邦一訳、河出文庫、二〇〇六年。

D：*Dialogues*（1977, 1996, avec Claire Parnet), éd. Flammarion.『ディアローグ——ドゥルーズの思想』江川隆男・増田靖彦訳、河出文庫、二〇一一年。

DR：*Différence et répétition*（1968), PUF.『差異と反復』上・下巻、財津理訳、河出文庫、二〇〇七年。

DRF：*Deux régimes de fous : Textes et entretiens 1975-1995*（2003), éd. Minuit.『無人島』上・下巻、前田英樹・小泉義之監修、河出書房新社、二〇〇三年。

MP：*Mille Plateaux*（1980, avec Guattari), éd. Minuit.『千のプラトー——資本主義と分裂症』上・中・下巻、豊崎光一ほか訳、河出文庫、二〇一〇年。

PP：*Pourparlers 1972-1990*（1990), éd. Minuit.『記号と事件——1972-1990年の対話』宮林寛訳、河出文庫、二〇〇七年。

QPh：*Qu'est-ce que la philosophie ?*（1991, avec Guattari), éd. Minuit.『哲学とは何か』財津理訳、河出文庫、二〇一二年。

参考文献

Henri Bergson, *Mélanges*, PUF, 1972.

Amy Marsh, "Love Among the Objectum Sexuals", Electronic Journal of Human Sexuality, Volume 13, 2010（http://www.ejhs.org/volume13/ObjSexuals.htm).

ハスラー・アキラ「ほんとの敵と闘いましょう」、松沢呉一編『売る売らないはワタシが決める——売春肯定宣言』所収、ポット出版、二〇〇〇年、八—一九頁。

ハンナ・アレント『責任と判断』中山元訳、ちくま学芸文庫、二〇一六年。

内田樹『困難な結婚』アルテスパブリッシング、二〇一六年。

内田樹『街場の共同体論』潮出版社、二〇一四年。

エドゥアルド・ヴィヴェイロス・デ・カストロ『食人の形而上学——ポスト構造主義的人類学への道』檜垣立哉・山崎吾

郎訳、洛北出版、二〇一五年。

オギ・オーガス、サイ・ガダム『性欲の科学』坂東智子訳、阪急コミュニケーションズ、二〇一二年。

岸政彦『断片的なものの社会学』朝日出版社、二〇一五年。

久保田裕之「共同生活体としての家族」、藤田尚志・宮野真生子編『愛・性・家族の哲学③家族』所収、ナカニシヤ出版、二〇一六年、一四二―一七一頁。

栗原康『村に火をつけ、白痴になれ――伊藤野枝伝』岩波書店、二〇一六年。

ピエール・クロソウスキー『歓待の掟』若林真・永井旦訳、河出書房新社、一九八七年。

河野哲也『意識は実在しない――心・知覚・自由』講談社選書メチエ、二〇一一年。

古賀徹『愛と貨幣の経済学』青灯社、二〇一六年。

坂爪真吾『はじめての不倫学――「社会問題」として考える』光文社新書、二〇一五年。

坂爪真吾『セックス・ヘルパーの尋常ならざる情熱』小学館101新書、二〇一二年。

ルネ・シェレール『歓待のユートピア――歓待神《ゼウス》礼讃』安川慶治訳、現代企画室、一九九六年。

スティーヴン・シャヴィロ『モノたちの宇宙――思弁的実在論とは何か』上野俊哉訳、河出書房新社、二〇一六年。

鈴木健『なめらかな社会とその敵――PICSY・分人民主主義・構成的社会契約論』勁草書房、二〇一三年。

立岩真也『家族性分業論前哨』生活書院、二〇一一年。

ジャック・デリダ『生きることを学ぶ、終に』鵜飼哲訳、みすず書房、二〇〇五年。

ブレーズ・パスカル『パンセ』全三巻、塩川徹也訳、岩波文庫、二〇一五―二〇一六年。

ジュディス・バトラー『自分自身を説明すること――倫理的暴力の批判』佐藤嘉幸・清水知子訳、月曜社、二〇〇八年。

ダナ・ハラウェイ『伴侶種宣言――犬と人の「重要な他者性」』永野文香訳、以文社、二〇一三年。

ダナ・ハラウェイ、シルザ・グッドイヴ『サイボーグ・ダイアローグズ』高橋透・北村有紀子訳、水声社、二〇〇七年。

平野啓一郎『私とは何か――「個人」から「分人」へ』講談社現代新書、二〇一二年。

深海菊絵『ポリアモリー　複数の愛を生きる』平凡社新書、二〇一五年。

藤田尚志（2016a）「結婚の形而上学とその脱構築――契約・所有・個人概念の再検討」、藤田・宮野編『愛・性・家族の哲学③家族』所収、ナカニシヤ出版、二〇一六年、二一―三七頁。

藤田尚志（2016b）「分人主義的結婚は可能か？——ドゥルーズ＝ガタリの『アンチ・オイディプス』を読み直す」、玉川大学人文科学研究センター年報『Humanitas』第七号、二〇一六年三月、一二九—一四三頁。

藤田尚志「大学の時間」、京都文教大学人間学研究所『人間学研究』第一四号、二〇一四年三月、七〇—七七頁。

藤田尚志『ベルクソン　反時代的哲学』（二〇一二年より勁草書房ウェブサイト上に連載中）。

シャルル・フーリエ『増補新版　愛の新世界』福島知己訳、作品社、二〇一三年。

レイチェル・ボッツマン、ルー・ロジャース『シェア——〈共有〉からビジネスを生み出す新戦略』小林弘人監修・関美和訳、NHK出版、二〇一〇年。

カール・マルクス『資本論　第一部草稿　直接的生産過程の諸結果』森田成也訳、光文社古典新訳文庫、二〇一六年。

クリスティアン・マラッツィ『現代経済の大転換——コミュニケーションが仕事になるとき』多賀健太郎訳、青土社、二〇〇九年。

森村進『法哲学講義』筑摩選書、二〇一五年。

森村進『自由はどこまで可能か——リバタリアニズム入門』講談社現代新書、二〇〇一年。

森村進『権利と人格——超個人主義の規範理論』創文社、一九八九年。

註

（1）鈴木の提案は、プラトン的発想を想起させる（プラトン『国家』第五巻、457D, 460C-D）。

（2）バトラーのような論者もまた、この点にきわめて自覚的である（バトラー［2008：148-149］）。

（3）同じことは、例えば伊藤野枝のアナーキズム的な結婚制度批判にも言える（栗原康『村に火をつけ、白痴になれ——伊藤野枝伝』岩波書店、二〇一六年、一六八—一六九頁）。おそらくアナーキストたちからは決して賛同は得られまいが（なぜならそれがアナーキズムの純真な凛々しさというものだから）、結婚の外部でのオルタナティヴな実験と共に、結婚の内部の至るところでもまた、ひそやかな実験が試みられているのではないのか。派手で破天荒で粋な生き方と、地味で平凡で野暮な生き方。大切なのは、それら双方を支えている、生の動きに眼差しを向けることではないか。

（4）この点で、〈人格の成立〉と〈人間の複数性〉と〈孤独〉に関するアレントの議論は、実に興味深い論点を提示してくれる。それは、ドゥルーズと一見きわめてよく似た、しかし決定的に異なる論旨を展開しているがゆえにいっそう興味深いものである。「すべての人間は〈一人における二人〉なのです」（アレント［2016：153］）。端的に言えば、アレント的分人は対称的な対話を交わす「もう一人の個人」であるのに対し、ドゥルーズ的分人は非対称的で決して対話を交わさない。これは、アレントの孤立（loneliness）・孤独（solitude）・孤絶（isolation）に関する示唆的な区別においても変わらない特徴である。「共同体」概念の違いも含め、両者の比較検討については別の機会を俟ちたい。

（5）第一巻で詳述した通り、例えば、前期ドゥルーズの代表作『差異と反復』は、自律的・独立的・実体的主体としての自我が「個体性」（individualité）という特徴をもつというのではなく、「個体化」（individuation）のファクター」が織りなすさまざまな運動が自我のシステムを形成し育むとするヴィジョンを提示していた（DR下228）。自我とは「受動的で、部分的で、幼生で、観照しかつ縮約する」ものであり、「無意識には、局所的な自我がひしめきあって（peuple）いる」（DR上265）。大局的には「自我」が機能しているように見えるが、実際にはそれは「広域的な崩壊した自我」「空虚な、ひび割れた自我」であり、その見かけの統合性・能動性を支えているのは、断片性・受動性に満ちた「微小な局所的自我の密集」だというのである（DR上212）。これを今論じている『アンチ・オイディプス』における「包括的人物」と「部分対象」、本論文の核となる「個人」と「分人」に重ね合わせると以下のようになる。

『差異と反復』（一九六八年）	『アンチ・オイディプス』（一九七二年）	「管理社会についてのノート」（一九九〇年）
広域的自我	包括的人物	個人
局所的自我	部分対象	分人

（6）パラノな家庭とスキゾな家庭に関する次の対比などはその重要な証拠になるであろう。「家庭集団は、反動的か革命的かの内実をもっており、子どもはこの家庭集団と共にすでに自分が順応しまた反逆する心の準備をしているのだ。［…］このため、外から家庭を貫くまったく性質を異にするものの指示に従って、オイディプスの細菌が家庭に執り憑いてその鋳型を押し付けたり、あるいは執り憑けないでその鋳型の押し付けに成功しなかったりすることが起こるのだ。私たちが言いたいのは、オイディプスの概念が生まれるのは、それが［…］パラノイア的な型の社会的備給を前提としているのだ、ということである。ところが、これに対して、分裂症的な備給は、家庭についてまったく別の規定を要求してい

いる。社会野の種々の次元に振り回されて喘ぎ喘ぎ引き裂かれる家庭といった規定を」（AŒ下 121-122. 傍点引用者）。

（7）尺度の問題については、藤田［2012-］とりわけ第一部「持続のリズム的計測、あるいは、いかにして測りえぬものを測るか?」、また藤田［2014］を参照のこと。「家事労働」をめぐる諸問題については、立岩［2011］を参照。

（8）ある対談でハラウェイは、『アンチ・オイディプス』との距離を語っている。重要なのは、人間と非人間的なものの異種間関係をあれほど執拗に探究するハラウェイがなぜか執拗に「家族」と呼ばれる異種間関係だけは何とか考察の枠外に置こうとする（しかし最後にはしぶしぶ認める）その態度である（ハラウェイ＝グッドイヴ［2007：157-158］）。だが、彼女の言う「友情、仕事、遊び、そして人間以外のものとのつながり、そういうものの親密さ」の視点から「家族的なもの」を見ることは可能ではないか。そしてそれこそが、D＝Gが『アンチ・オイディプス』で行なったことだったのではないか。

（9）デリダの『弔鐘』（一九七四年）は、『アンチ・オイディプス』（一九七二年）と刊行時期が近く、家族の系譜（filiation）の正当性に関して根本的な再検討を迫り、オイディプス的家族の堅固さを揺り動かそうとする点、無意識の孤児性・私生児（bâtard, fils naturel）性、そしてこの後で登場する「花の無垢」など、比較検討すべきテーマは多い。

（10）拡張した心とアクターネットワークに関する最近の研究（河野［2011］）における心の概念と自然概念の同時変更は、まさにD＝G的な発想の延長上で、さらに精緻に分析するための概念創造と捉えうる。

（11）ディドロと違ってクロソウスキーは、「性の営みの自然的な目的性という方向にそれを利用したり発展させたりはしない。彼は、それが発明に与し、習慣的な人間的限界を逸脱するという、まさにその一点で歓待における性を追求する」（シェレール［1996：165］）。

（12）資本主義以上に欲望の追求に忠実な、新しい社会主義を提唱する古賀徹のヴィジョンは、分人的思考と共鳴する。存分に享楽し尽くす間を与えることなく絶えず新商品・新機軸を打ち出し、購買意欲を亢進させ続ける資本主義に対して、「社交主義、つまり本書が強調したい意味でのエロティックな社会主義」は、〝ありもの〟の再活用や資源の共有、レストアやリノベーションを徹底的に試みて素材に潜在する可能性を味わい尽くし、「物事それ自体が持つ価値のあくなき探求を通じて、それに関わる他者とのこれまたその襞の襞をねちっこく追究する」（古賀［2016：260-264］）。

（13）ドゥルーズの着想を「ポスト構造主義的人類学」のほうへと大胆に拡張してみせたのが、ヴィヴェイロス・デ・カストロであった。ロイ・ワグナー、マリリン・ストラザーン、ブルーノ・ラトゥールといった、「最近一〇年の間に影響力を持った人類学者の仕事には、ドゥルーズの発想との暗黙の結びつきを見て取ることができる」。例えば、ワグナーのフラクタルな人格は、「一つの集合体との関係において存在するひとつの統一体などではない。そうではなく、常に積分的に内含された関係性をもつ一つの存在者なのである」（以上、ヴィヴェイロス・デ・カストロ［2015：127, 142］）。ドゥルーズが現代の人類学に応用される際のポイントが「人格」であったという点は注目に値する。

(14) 近年の著作においても、森村の説は一貫している。「われわれが人格の同一性（personal identity）を、誕生から死亡時まで存在する不変不壊の原子のような実体だと考えれば、人格の別個性（separateness of persons）は重要だと感じられるだろうが、そうでなしに、人格の同一性は時間を通じた心理的継続性に基礎を置く、程度の差を容れる概念だと考えれば、人格の別個性もそれほど重要だとは感じられなくなるだろう」（森村［2015：256］）。

(15) 二〇一五年一月三日付の朝日新聞記事「ペットに遺産のこしたい　飼い主高齢化、孤独死したら…」。

(16) 二〇一四年七月二九日号のＡＥＲＡ「ＡＩＢＯ、君を死なせない　修理サポート終了、「飼い主」の悲しみ」。

(17) あるいは、自己統御・自己決定に終始し、個人概念に依拠する文化構築主義の「おひとりさま」と異なり、〃未来の結婚〃では、分人概念に依拠した新たなアイデンティティを模索することが可能になるのではないか。「人間は成熟するために「いま・ここ・わたし」という閉域から外へ踏み出さなければなりません。自分の手持ちの価値観や、美意識や、世界観から、一歩外へ踏み出さなければなりません。結婚というのは、「自分には理解も共感も絶した他者」と共に生活することです。「おのれの賢しらの及ばない境位」に対する敬意と好奇心がなければ、なかなか継続することの難しい試練です」（内田［2016：101］）。内田の言う「難しい試練」としての結婚の根底に、ドゥルーズが描写していた「険しい脱人格化の修練」があるのではないか。本稿は、内田［2014］の第一講「父親の没落と母親の呪縛」や第二講「拡大家族論」、第三講「消費社会と家族の解体」からも多くの示唆を得ている。

(18) 私たちが「結婚の形而上学とその脱構築」と名づけたプロジェクトについては、藤田［2016a］［2016b］を参照のこと。

(19) 国立台湾大学芸術史研究所の主催で、二〇一七年二月一七日に開催された国際シンポジウム「近代・神話・共同体：台湾と日本」において、「家族の時間――是枝裕和作品における「分人」的モチーフ」と題する発表を行なった。

※本研究は、JSPS科研費（課題番号：16K02151）の助成を受けたものです。

Ⅱ 社会

澤田直

雑種たちの共同体を求めて

はじめに

共同体の問題は、抽象論になればなるほど本質的な事柄を取り逃がした、絵に描いた餅になる気がする。国家や社会といったものはもともと顔の見えにくいものなのだから、理念や抽象でもよいだろう。だが、共同体はきわめて具体的な文脈をもち、それゆえ、ほとんど十人十色の共同体論があるのではないか。都市生活者にとっての共同体と、農村、漁村、山村生活者の場合では、同一な仕方で語ることはほとんど不可能だと思われる。客観的考察の対象にそぐわないもの、あるいは、抽象的な考察をすり抜けてしまう経験の地平にある何か、それが共同体ではないのか。そして、そもそも定冠詞付きの、「共同体〔la communauté〕」という一つのユニットがあるわけではなく、誰もが複数集団への同時帰属というありかたで、不定冠詞付きのいくつかの共同体〔des communautés〕と関わっていると考えるべきではなかろうか。

私は本書に先立つ〈理論編〉では、サルトルやナンシーから出発して、共同体という主題をロラン・バルトやエドワール・グリッサンに接続することで、その隠れたネットワークの一端を明らかにしようと試みた。そこで見えてきたことは、二十世紀の前半においては、共産主義にせよファシズムにせよ、あるいは植民地主義にせよ、あらかじめ想定されたアイデンティティを備えた共同体への個人の帰属という発想が支配的であったのにたいして、二十世紀後半には、個人が一義的には帰属せず、それ自身にも確定的な同一性なり共通項が想定されない、より流動的な共同体論が、複数の思想家によって試みられてきたということであった。つまり、一方で、成員の共同体への帰属は必然的というよりはむしろ偶然的な事象であり、それゆえ同時に他の集団の成員であることや、共同体から離脱する可能性もあり、他方で、共同体そのものはつねに生成過程にあり、それゆえ不定型な何かではないのか。だからこそ、共同体に関しては具体的な文脈なしには語りえないように思えるのだ。

共同体というトポスが社会学の領域できわめて重要な位置を占めるのに対して、哲学においては長らく考察の中心的な対象とならなかったことが、このような共同体の具体的な側面を象徴的に表している。実際、哲学の思惟は普遍性への志向がきわめて高いために、具体性を捨象して、包摂性へと向かいがちだ。むしろ愚直なくらい抽象性に背を向けて考えてみるとどんなことが見えてくるだろうか。ここでは、個人が志向するものとしての共同体、多様なあり方としての共同体をめぐって随想してみたい。

1　カップル　恋人たちの共同体

まずは最小の共同体を想像してみよう。おそらく、一人で共同体を名乗ることは極限状態を除けば難しい。とはいえ、滅びゆく共同体の最後の成員を想像することは不可能ではない。それでも、ひとりの人間が単独で共同体を具現するときであっても、そこには不在のメンバーたちが――少なくとも――想像のうちで寄り添っているはずだ。最初からひとりでは無理である。

だとすれば、出発点は構成員が二名の共同体になるだろうか。モーリス・ブランショはマルグリット・デュラスの『死の病』を糸口に「恋人たちの共同体」について語った(1)。それは予想に反して、相愛の関係になく、恋人同士と呼ぶのも躊躇われるようなカップルを例に、逆説的な形で、伝統的な共同体を離れた、選択的共同体というトポスを浮かび上がらせるためだった。選択的共同体の問題は後に見るとして、とりあえず、エロスの共同体とでも呼べるようなカップルがしばしば文学や芸術の主題であったことは、確認できる事実である。それはむしろ緊密に結びついた(しばしば異質の)二人からなり、彼らが所属し、彼らを拘束する高次の共同体との敵対関係によって浮かび上がる集団だ。日本の近世文学において重要なモチーフである「心中」はまさにそれにあたるが、それは逆に言えば、「家」という共同体が江戸時代にどれほどの拘束力を成員に対してもっていたかを例証している。少なくとも現代では、このような例は稀であるが、それは近代以降まがりなりにも「個人」なり「私」が確立したからにほかならない。日本ではじめて「個人」ということについて主題的に考えた作家の一人である北村透谷は、恋愛を通じて、家を離れた個人と個人との結びつきという形で最小の共同体について語っている。

> 恋愛は一たび我を犠牲にすると同時に我れなる「己れ」を写し出す明鏡なり。男女相愛して後始めて社界の真相を知る、細小なる昆虫も全く孤立して己が自由に働かず、人間の相集つて社界を為すや相倚託し、相抱擁するによりて、始めて社界なる者を建成し、維持する事を得るの理も、相愛なる第一階を登つて始めて之を知るを得るなれ。独り棲すむ中は社界の一分子なる要素全く成立せず、双個相合して始めて社界の一分子となり、社界に対する己れをば明らかに見る事を得るなり。
> 「厭世詩家と女性」

このように、透谷は明確にカップルが社会の一分子だと規定する。これは「家」という考えが個人に先立つ当時の考えからすれば、かなり画期的な発想だったと言える。カップルが共同体としてはっきりと意識されるのは、すでに述べたように、敵対する外部が顕在化するときであるとして、とりあえず私たちが所属しうる最小の集団をこのようなエロス（愛情や情愛と置き換えてもよい）に依拠するカップルとするとそこから何が見えてくるだろうか。論点を先取りして言えば、それは共同体というよりはアソシエーションと呼ぶべき集団であろう。共同体への帰属が少なくとも伝統的には自由意志によらないのにたいして、アソシエーションにおいては、諸個人は、共同の目的を実現するために、自由意志によって結びつく点が異なる。カップルにとって共同の目的という言葉があまりそぐわないとしても、少なくとも二人は自由意志によって集団を形成するし、帰属に選択の余地がある。だが、このような集団の不安定性は、カップルがつねに破綻の危機にさらされていること、結合の継続のために結婚をはじめとする様々な制度が考案されたことが明確に示している。

とはいえ、共同体が問題として浮上するためには、二人の人間が一緒になるだけではまだ不十分だろう。カップルという最小集団での生活においても、欲望の調整から役割の分担まで、さまざまな問題が成員間に発生することは確かである。合意の形成が焦点になるのは他の集団と同じだが、労働の必要がまったくない有閑階級だけではなく、現代の都市生活ではさまざまなアウトソーシングによって、家事労働を中心とする役割分担の問題は実践的なレベルでは多かれ少なかれクリアできるだろうし、問題として顕在化することも少ないのが実情ではないか（後に見るように、顕在化するのは子どもという第三者の出現によってのことが多い）。そもそも二人の状態に留まるならば、共同体というよりは、むしろ碁、将棋、チェスや、シングルスの卓球、テニス、もっといえば相撲、レスリング、柔道といった格闘技と同じく対局という形をとる。その極限状況は一騎打ち〔duel〕という形態だろうが、愛情とエロスを究極の目的とするカップルという共同体の場合は、相手の征服という段階を経て安定期に入ると、勝ち負けではなく、ゲームそのものを楽しむラリーのような形態に移行することになるのが理想だろう。

　だが、恋愛の場合、相手が神秘に満ちていればいるほど、それに惹きつけられるという逆説があり、ここでも磁石の両極のような二項対立の論理で局面は展開する。征服や勝敗という比喩が、恋愛の場合に適切でないのは、それが真の人間関係であるためには、相互の自由が担保されなければならないからだ。他者がほんとうの意味で私のパートナーであるためには、その異質性が回収されることなく留まること、つまり、他者が私とは異なる自由な意志をもち、私がそれを承認しリスペクトすることが必要なことは誰もが頭では理解しているが、この理想が現実の場面ではいかに実現困難であるかは、家庭内暴力をはじめ多くの事実が日々われわれに突きつけている。[2]

　文学での例を引けば、プルーストの『失われた時を求めて』のアルベルチーヌは話者にとって常に自らの手をすりぬける究極の他者である。サルトルは『存在と無』のなかで、まさにプルーストを援用しつつ、こういった絶望的な相剋関係を強調している。[3]サルトルによれば、人間存在が自由であるかぎり、他者も私と同様に自由なわけだが、愛とは、その他者の自由を私の自由のうちに絡め取ろうとする無益な試みにほかならない。他者の自由は、どうあっても私の手から逃れてしまう。自由な他者が私の手中に収まることはけっしてないのだ。じっさい、現象学的な個の意識を出発点とする限り、図式はそのようになってしまうかもしれない。だが、集団を考えるとき、私たちは二項対立的図式を越えて、三項関係に入らなければならない。

2　第三者、家族の問題

Tres faciunt collgium〔三人は団体を作る〕というよく知られたローマの諺を持ち出すまでもなく、二人では、集団にも団体にもなっていない。三人目が共同体の内部にいるか外部にいるかは別として、第三者の関係は集団を形成するのに不可欠であり、それゆえ集団論において重要なのが第三者であることは衆目の一致するところである。例えば、このローマの諺を引きながら、アレクサンドル・コジェーヴは言う。「二人の人間存在は、たった一人の存在とまったく同様、社会（または国家、さらに家族）ではない。社会があるためには、二人の存在の間の相互作用があるだけでは十分でない。それに加えて第三者の「介入」がなければならない――そしてそれで十分である」[4]と。

カップルにとっての第三者とは何か。それは時には恋敵とか、それぞれの家族といった外部の第三者であったりする。三角関係がきわめて古典的な物語のプロットであること、悲恋がしばしば家族のしがらみ（『ロミオとジュリエット』）を主要な障害物に設定するのは、それらがカップルという共同体に訪れる試練であると同時に、共同体を強固なものにする要素でもあるからだ。そもそも結婚という制度が社会的認知のシステムとして、カップルの成員間で結ばれる契約であると同時にその外部への表明である[5]。だが、外部の第三者よりも重要で、危機的な要素を持ち込むのは内部の第三者、すなわち子どもであろう。

どのような経緯によってであれ、カップルに子どもが生まれると、二人の関係はもはや同じではあり得ない。家族という言葉があらためて発せられるのはこの瞬間である。「あらためて」と言ったのは、家族や親戚を完全に離れたカップルであれ、そのそれぞれは幼いときにはやはり家族内存在であったことが一般的だからである（天涯孤独という境遇というものも存在するだろうが、人間の場合、少なくともなんらかの支援がなければ生きていけない）。子どもの誕生は、カップルにとって様々なレベルで社会に対する開口部となる。定期検診や予防接種、さらには学校などといった社会との関わりだけではない。祖父母をはじめとする親戚の問題も結婚のとき以上に浮上してくる。

だが、共同体の問題という観点からすると、むしろ世代間という時間軸、大げさに言えば歴史という次元が再導入されることが最も大きな変更点ではないだろうか。カップルの時間感覚は自分たちの生命のサイクルとほぼリンクしている。自分の死んだ後の世界は想像可能だが、実感の薄い非現実的な世界だ。ところが、子どもが現れた瞬間から、歴史の終わりは引き延ばされる。少なくともその子どもや孫が生きている間は、この地球やこの国やこの町が存続していてほしいと切実に願うことになるからだ。子どもはむろん自分の分身ではないが、それでも他人以上の存在である。恋人たちはいつか別れるかもしれない、ということだけを言いたいのではない。恋人が自分以上の存在であることもむろんあるだろう。恋人の身を守るために自らを犠牲にすることもありうるだろう。だが、古今、親が子のために身を挺した事例のほうがおそらくは圧倒的に多いに違いない。それは何を意味しているのだろうか。ここでもう一つ、非対称性というファクターが現れる。

カップル共同体が対等の成員からなるのに対して、子どもを含んだ家族という共同体においては、およそ対等ではない、対等ではあり得ない関係がその営みの中心にあるからだ。少なくとも誕生からある程度の時期まで、子どもは親への依存度がきわめて高いメンバーであることはまちがいない（老親の介護や障がい者についてはここでは措く）。共同体の問題を考えるにあたって、等質で平等のメンバーという発想をひとまず括弧にいれることが大切な気がするが、哲学においてはむしろ等質で平等ということのほうが重視されてきた。

> あらゆる社会のうちで最も古く、唯一自然な社会は家族である。ところで、子どもたちが父親との絆を維持するのは、生存するために父親が必要なあいだだけである。保護が不要になれば、この自然の絆は解消される。子どもは父親に服従する義務を解かれ、父親に子どもを世話する義務を解かれる。こうして父も子も独立した存在に戻る。
>
> ルソー『社会契約論』第一篇第二章（強調は引用者）

「戻る」という表現が端的に示しているように、本来的には平等な個人が基本的な単位である点に、市民社会は成立する。個々人の差異性はあるにしても、それら個人が築く人間関係は上下関係にないというきわめて革新的な発想は、おそらく、神の前での平等という一神教的な超越者の思想によって可能になったことであろう。絶対的な断絶のある、神と人の関係が垂直的であるとすれば、人と人との関係は水平であり、その自由な結びつきが社会を作るという考え方が、アンシャン・レジームから脱却する際の推進力となる重要な観念であったことはあらためて確認するまでもない。

このような市民としての個人、理性的な存在を、たとえば儒教の五倫と比べて見たときに、明瞭に見てとれることは、この抽象化の力である。儒教の世界では、父子、君臣、夫婦、兄弟、朋友という具体的な五つの関係を人間関係の基本形として想定している。親子関係が最初にあるのは、どんな個人も親なくしては、――少なくともクローン以前においては――あり得ないからだ。そして、この関係は成人した後も変わらない。じっさい、保護の必要がなくなった瞬間から、親子は平等関係に入るという風に、あらゆる文化圏の人間が言い切ることができるか、あるいはそう実感できるかは多いに疑問である。[6] その一方で、フロイトを援用するまでもなく、親子関係が自分で選ぶことができないにもかかわらず、それを一生引きずらねばならない人間存在の根本的事実性であることを考えれば、家族の問題は共同体を考察する際にもきわめて重要な位置を占めると考えざるを得ない。ここには選択の余地がないのだ。子どもを選ぶことはできても（いまや、これはさまざまな次元で実践されている）、親は選ぶことはできない（じっさい、ルソー自身が、自己の誕生が母親の死を引きおこしたというスティグマから逃れられなかったことの意味も考えるべきだろう）。

多くの子どもにとって最初に出会う共同体はまず家族であり、次に学校ということになろう。核家族が当たり前になった今、家族はとても小さな集団だが、それにしても兄弟がいる場合、そのなかで自分のポジショニングが自然と決まってくることを考えると、そこでも等質の個からなる共同体というのが幻想にすぎないことがよくわかる。共同体に属する成員は、原理としては等質であっても、現実としては等質でも平等でもない。このことは、国家にいたるより大きな共同体でも保持されると思うし、後に見るような分業の問題にも関わる。いずれにせよ、自

らの自由にならない必然的結合の最たるものが家族であり、その意味では、最小単位の共同体は家族だと考えてよいだろう。(7)

3　地域と係わること

だが、家族論の深い議論に入ることはせずに、いま少し子どもの目線で、共同体について考えてみることにしよう。すでに述べたように、ある共同体への私たちの帰属意識は、つねに外部との接触によって顕在化する。子どもにとっても、自分の家族の風習や決まり事が他家と違うことは、友だちの家などに行くことで見えてくる。幼稚園児や保育園児にはまだそのような自覚はないとしても、小学生になれば帰属意識は歴然とある。自分のクラスと隣のクラスの違いは、小学生にとってかなり大きなものである。あるいはクラブ活動などによる帰属もある。しかし、現在の日本の学校教育において重要な要素は、同年齢という帰属集団が学校制度によってきわめて重要な要素として植え付けられ、またそれが長幼の序という過去の規範に接ぎ木されて先輩・後輩関係という歪んだバイアスをさらにかけていくことだ。学校教育のあらゆる場所で、このような集団意識をたたき込まれることによって、平等意識よりは、階層序列意識がいたるところに培われているような気がしてならない。(8)また、日本の場合は、男女という集団もある。男子、女子という集合区分が当たり前のようになされるのは、たとえばフランスのようにむしろ混合に意味を見出す社会と比べると、分断の要素になるだけでなく、性差（別）が助長されることにもつながっているのではないか。このような性差による集団形成がなされている文化圏は他から見るとかなり不自然であったり、不思議なものに見えたりするらしい。しかも、小さい頃からたたき込まれたこの性差集団の意識は、その後も女子会という形で続くことになる。(9)

文科省の「学校基本調査」によると、二〇一五年度の中学校生徒数は約三四七万人でそのうちの約七%にあたる二四万三千人ほどが私立に通っている。東京都に限るとこの割合は二三・九%に急増する。つまり、四人に一人は地域と密着しない別の集団に属すということになる。それは観点を変えると、地縁を離れ、帰属集団を選ぼうとすることだ。[10] 当然、遊び友達は学校に軸足があるから、この子たちは地域には友達がいないか、いてもわずかということになるだろう。移動が少ない共同体においては、小さいときから同一の場所で顔見知りの人間たちと過ごし、その後もそこに留まりつづけることで、共同体への帰属意識が培われることが可能だろうが、いまや大都市生活者で自分が生まれ育った町でそのまま所帯を構え、子育てすることは稀だろう。さらに受験をして私立学校を選択することは、進んで階層序列の世界に進むことを意味する。親の序列意識は子どもに素直に反映する。それぞれが暮らす地域において、同じ空間を生きていても、想像上のさまざまな分断線が亀裂のように走っていることに思いいたらざるを得ない。

そんなことを実感するのが、たとえば町内の神社などで行われる祭りのときである。まったく人工的に設計された新興住宅地の場合はどうかわらないが、もともと農地であった場所が開発されてできた住宅地などでは、何世代にもわたってその地に住んできた人と不動産デベロッパーによって整備された分譲住宅に後からやってきた人が混在する。祭りを仕切るのは、当然のことながら、古くからの住民や、商店主などである。祭りそのものは町会費などが原資になっていることも多いが、新参の世帯は積極的に運営に係わることは少なく、お客さんとしてお祭りに出かけていくことが普通だろう。本来、共同体において各成員が主体的に参加することに意味があるべき祭りに単なる消費者として参加することは疎外の最たるものであろう。それでも、子どもが地元の小学校に通っていたりすれば、そこからできあがったネットワークで町会などにも顔見知りができるかもしれないが、そのような接点がなければ、観光地の祭りや商業的イベントと同様に、当事者意識のきわめて低い催しになる。

身近な共同体とは顔が見えるレベル＋アルファの規模に留まると個人的には思う。挨拶だけの関係だとしてもとりあえず隣人の顔ぐらいは知っているということは重要である。名前までは知らなくても、少なくとも顔見知りである、というのは共同体の規模を考える際に重要だと思う。とりあえず、事故や災害が起こったときには死活問題になりかねない。おそらく地域に即した共同体というのは、このレベルまでだ。普通の人間が実感できる地域共同体とは交通機関などを使わず、せいぜい自転車で動ける範囲に留まるのではないか。

しかし、そのような地域を基盤にした町がはたしてどれだけあるのだろうか。駅ビルや私鉄系列のスーパーが駅中に入っているような大きな駅の周辺では、まさに雑踏という言葉がふさわしく、道行く人はアノニマスな存在にならざるをえない。それでも、大都市のあちらこちらに昔ながらの商店街は残っている。東京で言うと、中央線沿線というのは利用客数がきわめて多い割には、まだそのような文化が残っていると耳にするし、中心の方でも谷根千などはそういった場所らしい。いずれにせよ、ある地域を自分の所属単位のひとつと感じるためには、一定期間住み続ける必要がある。個人商店などがある地域では、長く住んでいれば、いつからか菓子屋で季節ごとのまんじゅうを買うついでに、立ち話をすることにもなるし、隣家の人と世間話ぐらいは交わすことになる。

ヨーロッパでうらやましいのは、カフェやバルがそんなコミュニケーションに一役買っていることだ。観光客が集う中心地にあるおしゃれな高級カフェの話ではない。場末や庶民地区の街角に必ずある何の変哲もないカフェのことである。カウンターで、向かいに立つ店主やギャルソンと世間話をする。あるいはテラスで毎日、一杯のコーヒーやアペリティフをやりながら、近所のおばちゃんと話をする。半分閉じ半分開けた空間を巧みに利用してコミュニティーが形成されている。あるいは週に何度か立つ市場なども、店の人や近所の人とお喋りする場として機能している。東京の場合なかなかそうは行かない。

子どもがいることで、親もまた新たな集団に参入することになることは、とりわけ幼稚園や小学校などで、「ママ友」という形である種の集団が形成されることで知られている。近ごろでは、意欲的な父親たちが「おやじ会」などと称して子どもたちのためのイベントなどをしていたりもするが、子どもたちにとってはじつは「いい迷惑」なのではないか、と思ったりもする(個人的には、子どものころ親たちが「つるんでいる」のはあまり好きではなかった)。集団ができるとそこがまたいじめの場になったりもする。集団の問題を考えるときには、必ず出てくるのはメンバーの階層化と分業に由来する権力の問題なのだ。

子どもがいると、町内に知り合いが増えるというのはよく耳にすることだが、そのほかによく目にするのは犬の散歩をする人たちのコミュニティーである。そこにもいじめの問題があるかどうかは寡聞にして知らない（ペットカーストというのもあるのだろうか？）。いずれにせよ、何の共通点もなく、とつぜん他の人と話しはじめるのは、少なくとも東京の人間にはなかなかできない気がする。

だが、地縁や血縁を持たない人間こそ、緩やかな形で所属できる集団を必要としているのではないか。[11] 哲学の場合、個人、家族、国家と一足飛びに進み、その間に想定されうる中間的な共同体については語ることが少ないが、もう少し具体的なレベルに留まり、次にアソシエーションという中間的団体について見ていこう。

4　アソシエーションというあり方

コミュニティーが多くの場合、ある地域において営まれる共同生活に対する名称であるとすれば、目的や関心を共有する個人が自由に集まる集団として社会学が定義するのがアソシエーションであり、この点に関してはR・M・マッキーヴァーによる理論化が古典的な参照項とされることが多い。[12] コミュニティーとアソシエーションは社会的結合の二つの類型とされるが、都市部に住む人間、とりわけ単身者にとってはむしろアソシエーションのほうこそ、自らが所属する集団として重要なものではなかろうか。ここでも社会学の常識に依拠するより、もう少し緩い形でアソシエーションをめぐって考えてみよう。つまり、学生のサークルなり、おじさんたちの釣り同好会なり、おばさまたちのフラワーサークルといったものである。ただし制度化され、商業化された趣味やお稽古、フィットネスクラブなどは除いた自由な結合に限ろう。アソシエーションの魅力は、自由意志による参加が可能で、かつ離脱に関してもハードルが低いか、ほとんどないことである。

ここで参考にしたいのは、長いアソシエーションの伝統をもつフランスの例である。[13] フランスには、「一九〇一年法」と通称される「アソシアシオン契約に関する一九〇一年七月一日法〔Loi du 1er juillet 1901 relative au contrat d'association〕」と呼ばれる法がある。この「アソシエーション法」は、「結社を結成する自由」と「結社に加入する自由」が公的に宣言され、かつ保障されている点がきわめて画期的であると言われるが、明文化されたアソシエーションの定義はいたってシンプルである。

「第一条
アソシエーションとは、二名以上の者が、利益の分配以外の目的のために、自分たちの知識や活動を恒常的に共有するために結ぶ合意〔convention〕である」

つまり、企業とは異なり、利益分配以外の目的であれば、新たにグループを立ち上げることができると言うことだ。さらに、設置に際していかなる許可も必要とされないことが第二条で明記されていることも重要である。つまり役所に届出をしなくてもその組織は非合法ではない。とはいえ、その場合には法人格を取得できず法的な権利もなく、税制上の優遇措置が受けられない。言い換えれば、法的な権利の取得を望むアソシエーションは管轄の役所に必要書類を添えて届け出をし、受領証の交付を受けなければならない（公益団体に認定されるためにはさらに内務省による審査などの厳しい手続きが必要になるが、ここでは措く）[14]。要点は、二人いれば届け出の必要もなく、団体が設立できる点だ。活動目的は、スポーツ、文化、趣味の親睦なんでもよい。

留学していたころのことだが、フランスの友人と、ひょんな話からこの一九〇一年法によるアソシエーションを作ろうという話になった。学生の素人芝居をやろうと思ったが、金がないから寄付や助成を募ることになり、その際の受け皿が必要となったためである。個人に寄付を出すのは、企業にとってやりにくいが、相手がアソシエーションであれば可能性が高まる、と友人は説明するのであった。「一番手っ取り早いのは、寄付をおれたちで作るアソシエーションに入れることだ。おれがprésident〔会長〕になるから、おまえがtrésorier〔会計〕をやれ、後はサクラの会員が数人いたほうがもっともらしいが、それはどうとでもなる。規約はそのへんのものを真似して簡単に作れるし、siège〔本拠地〕はおれの家でいいだろう」と言うのである。その時は、なんとも眉唾ものだと思われたのだが、それはけっして非合法ではなかったのだ。アソシエーションを立ち上げる話はけっきょく立ち消えになったが、合意に基づくアソシエーションという観念には大きなインパクトを受けた。

少し補足すれば、「本拠地」はフランス本国に設置しなければならないが、Présidentになる資格としてはフランス国籍を持ち、十六歳以上であること以外になんの制限もない。二人目に関しては、国籍条項もないというユルユルの規則なのである。余談になるが、もう一つ、présidentという言葉が、あらゆる団体の長に用いられる名称であることにも衝撃を受けた。フランスでは、共和国大統領でも、二人きりのアソシエーションの代表でもプレジデントであることに違いはない。逆にいうと多くの組織がこのアソシエーション方式を構造として持っているわけで、共和国も例外ではないのである。

associationという言葉の語源を見ていくと、もともと「結びつける」というイメージがその意味論的核にあることがわかる。というのも、この語は、socius（仲間）にadという接頭辞をつけたうえで動詞化したassociareが名詞化したものだからである。ちなみに、仏和辞書を引いてみると「会、団体、協会、組合、結社、〔非営利〕社団」といった団体を示す意味の他に、「参加、参与、協力、提携、結託」という行為を示す意味があり、さらに、「連合、取り合わせ」といった意味もある。サッカーのことをfootball associationということをふと思い出す（サッカー・ワールドカップを主催する団体ＦＩＦＡとは、Fédération Internationale de Football Associationの略語にほかならない。この団体の名称が英語ではなくフランス語なのは、フランス人のジュール・リメが創設の中心人物だったからだ）。

アソシエーションという語が、結びつけるという行為と、その結果としての団体を示すことは辞書からわかったが、さらに重要なのは、この語の使用が、結びつきが外的な要因によって強制された結果ではなく、自発的に行われる場合に限定される点だ。その意味で、隣接語であるagglomérer（寄せ集める）、assembler（集める）に比べて、仲間や協力のニュアンスが強いのである。そもそも一九〇一年にアソシエーション法がわざわざ制定された背景には、フランス革命が控えている。

フランスのいわゆるアンシャン・レジーム（旧制度）下では、一方で、数多くのギルド（同業組合）が、他方で、貴族をはじめとする特権身分が、中間集団（corps）を形成しており、人々はそれらに心理的にも物理的にも帰属していた。革命は、これらの団体への帰属が個人の自由意思を拘束するものと考え、個人を帰属集団から解放して、権利としては平等である市民からなるnationを創出しようとした。かくして、封建制度下の宗教団体や同業者団体などはすべて解体され、中央集権的な政治体制が確立し、同時に個人と国家の間にいかなる団体の存在も認めないようにしたのである。それは、個人が国家と直接つながるシステムの構築であった。人権宣言にはさまざまな権利が記されたが、結社の自由についての言及がなかったことがこのあたりの事情を端的に示している。だが、このような中間集団の排除には無理がある。そこで、中間団体の回復を目指しておよそ百年後に制定されたのが、一九〇一年法なのだった。

一方、戦後の日本の場合を考えると、中間団体としての会社の存在が長らく大きかったことは間違いない。市民社会の担い手としての強固な個人が確立するのではなく、家族の延長上にある中間集団としての会社は、コミュニティーでもアソシエーションでもないが、両者を併せもつような存在として、きわめてパターナリズム的に機能した。しかし、その疑似家族的な会社がもはや紐帯としてはありえなくなった今、きわめて脆弱な個人は剥き出しで社会に放り出されている。これが現状であろうし、だからこそ新たなアソシエーションが必要だと思われる。

じっさい、先に見た市民的アソシエーションの基盤そのものが政治学や社会学と密接に関連することは偶然ではない。アソシエーションという言葉はルソーにおいて重要な概念であったし、「アソシエーション法」第一条の定義そのものが、きわめてルソー的であったことに改めて気づかされる。じっさい、『社会契約論』においては、何よりも、まず成員間に合意〔convention〕があり、自由意志によって結合するとされていたのであった。

「共同の力のすべてをあげて、各成員の人格と財産を守り、保護できる結合の形式を見出すこと。この結合において、各人はすべての人々と結びつきながら、しかも自分にしか服従せず、それ以前と同じように自由でありつづけること」。これが根本的な問題であり、これを解決するのが社会契約である。

ルソー『社会契約論』第一篇第二章

その前の章で、ルソーは専制政治においては、人々は単なる集合〔agrégation〕であって、結合〔association〕ではないとも述べていたのだが、結合によって新たな集団が生まれるとする有名なくだりはこの直後である。

この結合という行為は、それぞれの契約者の個々の人格の代わりに、一つの精神的で集団的な団体を作り出す。この団体は、集会〔l'assemblée〕において投票する権利のある人と同数の成員からなる。この団体は、結合の行為によって、その統一、共同の自我、その生命、その意志を受け取る。（同前）

これこそ、かつポリス〔cité〕と呼ばれ、現在では共和国〔république〕とか政治体〔corps politique〕と呼ばれるものだと続き、まさに国家〔Etat〕の成り立ちが説かれることは周知のとおりだ。だが、そういった大きな問題に進むのは控え、ここでもきわめて身近な中間集団を見ていこう。私のような大学の研究者の場合、身近な所属集団として考えられるのは大学であり、研究者集団である学会ということになるだろうが、後者はまさにアソシエーションの一形態である。

5　学会と大学

学会は、西欧言語では、社会を意味するsocietyであったりassociationであったりするが、すでに見たように、二つの言葉は類縁関係にある。学会とはそれぞれの関心や研究領域に応じて自分の意志で参加する団体であり、会員は原則的に対等の立場にある。とはいえ、自分たちで立ち上げる場合は別として、ふつうは既存の学会に入会することによって成員になることが多いため、新参者は自分がアクティヴなメンバーであるという意識は希薄なのではないか。そもそも学生が入会するのは、発表の機会を得るためであることが多く、最初のうちはコンシューマー的意識にあることとは、自分が入会したときのことを思い出してもわかる。だが、学生と一般の会費の金額が違う場合であっても、メンバーが個人として同じ資格を有するという点で、学会はきわめて民主的な組織である。とはいえ、集団であるかぎり役割分担は必要であり、会の大小にもよるが、会を仕切る人間が必要になり、会長、副会長、理事会、幹事、委員などが選ばれる。成員の多い団体では合意形成の過程が民主的であればあるほど緩慢になり、執行部の裁量が高いほど迅速になるが、そのぶん一般会員は主体的にかかわることが少なくなる。ただし、企業と違う点は執行部の論理が資本の論理でないことだ。人文社会系の多くの学会は開かれた組織であり、利権とはほとんど無縁である。会社の場合ならば役員には権力とともに巨額の報酬が与えられるが、学会の場合は執行部の人間はむしろ「持ち出し」である。ここには、原始的な共同体の原理である贈与＝鷹揚さ〔générosité〕を見てとることができる。古代の共同体の首長のようにとまではいかずとも、ひたすら与えることが求められるのだ。むろん、そこにも象徴性の物象化が行われるし、そういった象徴性の物象化を嫌って、近年では会長職をおかない会もある。名称からして society や association という固定的な組織を想起させるものを避け、サークルやフォーラムといった名称を選ぶケースも増えている。とはいえ、小なりといえども団体を運営するためには、なんらかの形での執行部が必要になることは、少しでもこの手の集団に係わった経験のある人間なら痛感することだろう。そもそも、あらゆることを総会（Assemblée générale）で決定することは不可能ではないとしても、非現実的だ。問題は、ここでも役割分担と、その固定化なのだ。それを助長するのが、研究学会をもっぱらキャリア形成の場と考える昨今の風潮である。さらに、社会的な流れとして、純粋に学術的な研究発表以外のことを活動として認めないこともある。かつては行われていた学会の翌日のエクスカーションなど、今では想像すらできないだろうし、そのうち懇親会すら不謹慎だと言われる時代が来るかもしれない。だが、世代を超えた交流は懇親会やその後の二次会など、学問を少し離れた際の会話などを下地にしてはじめて可能になっていくのではないか。公式の発表や討議の場だけで人間的な交流が構築できるほど、私たちは器用ではない。学会の場をいかに活性化し、意味のある中間的団体を作るかが喫緊の課題だと思う。

学会よりもさらに身近で生活に密着しているのは、職場としての大学だが、こちらは狭い意味でのアソシエーションとは呼べまい。それでも、ヨーロッパにおける大学がそもそもは組合《ギルド》であったことはよく知られる事実である。Universitas magistrorum et scholarium などと呼ばれた組織は、文字通り、教師と学生の団体であった。ひとつの都市における教師と学生が、市当局なり権力者から距離を取り、自治を行う結社だったという歴史的認識が、大学の理念にはまがりなりにも残されているから、日本の大学でもごく近年までは教員や学生による自治が行われてきた。とはいえ、日本の大学はもともと自発的に発生した組織ではなく、あくまでも国益を念頭に作られた組織だ。そもそも旧国立系の大学教員は公務員であり、公僕である。一方、日本で圧倒的多数を占める私立大学の教員は、雇用形態から見れば労働者、サラリーマンである。ただ、長い間、社会にも教員にもそのような意識は希薄だったし、大学教員は想像上の研究者共同体の一員として振舞ってきた。しかし、いまや資本の論理は大学の隅々にまで行き渡った感がある。学生たちは消費者であり、教育はサービス業だと割り切る教員も増えてきている。学生に何を提供することができるのかといったことが当然のごとく議論される。受験システムの中で育ってきた学生たちは、勉強というものは効率的に良い成績をとることだと考えている。こうしたコストパフォーマンスの原理は、学部のレベルだけでなく、研究者を目指す大学院生やそれを指導する教員の側の意識にも深く入り込んでいる。どうすれば、より効率的に業績が作れるかが当たり前に議論され、それが目的化する。博士号を取得しても研究職に就くのがきわめて困難な状況がそれに拍車をかける。それでも教育や研究はこのような資本の原理とは異なる地平においてこそ意味をもつように思う。教育や研究の物象化からどのように逃れられるのか、それに対する薬は何か。もちろん、簡単な処方箋はないし、顔の見える共同体の基本原理へと単純に回帰することもできないが、それぞれが現場での抵抗を続けることが重要だと思う。[15]

マルクスが市民社会の先にアソシエーションを基本とするあり方を見すえていたことはよく知られるとおりだ。[16]

また、このようなマルクスの考えを出発点として、柄谷行人がアソシエーショニズム、そして世界共和国という考えにたどりついたのも納得できる。(17) だが、私たちとしては、そのような世界共和国の可能性の検討へと羽ばたく前に、いましばらく個人的なレベルでの考察をつづけることにしたい。ここまで駈け足で眺めてきたように、まずは中間団体というさまざまなアソシエーションにおいて、もともとの共同体における重要な要素である贈与性générosité を何らかのしかたで復権させることが、身近な現場でできることの第一歩ではないだろうか。たしかに、国民とは何か、国家とは何か、という大きな問いかけを無視しては共同体のことを考察することはできないが、ここでも大上段に構えるのではなく、帰属集団と、選択および離脱可能性という点について、最後に考えたい。

6 雑種たちの共同体へ向けて

「ひとは自らの共同体を選ぶことができるか」という問いを私は前回の理論編では宿題としていた。本稿はそれに答えるための助走の段階に留まっているが、とりあえず問題を整理しておきたい。まず私たちが複数の集団に帰属する形で自己アイデンティティを形成すること、そしてそれらの中間集団の多くに関しては現在では主体的に選び取ることができることは確認できたと思う。ただし、現在のありかたでは制度的に最も上位に位置する国民国家に関しては選択の可能性の範囲はきわめて狭いと言わざるを得ない。無国籍者が市民という資格すら得ることができないことで被る悲劇的状況を軽視するつもりは毛頭ないが、国籍の選択可能性は、現在、移民問題と関連させてもきわめて重要なトポスだと思う。その一方で理念的には、国籍に縛られない「人間」というカテゴリーがさらに上位にあることも忘れてはならない。私は日本人である前に、まず人間なのであり、倫理的選択を迫られた際には、この上位のカテゴリーが国家への帰属という基準より優先されなければならないだろう。これは戦争が起こる際には必ず突きつけられる問題だ。

ところで国家のあり方を考察するにあたって、フランスが理念とする「共和国」という考えが魅力的であるのは、ルナンの有名な言葉「国民の存在は日々の人民投票」に端的に表明されるように、共和国が記憶の遺産を共有しつつも、現在のあり方の共有に対する主体的同意という点に力点を置くことによって、共同体への帰属の選択可能性に開かれているからだ[18]。ところで、このような共和国の基本的な可能性を担保するのが人権に他ならないことは、憲法学者の樋口陽一が随所で強調している通りだ[19]。あらゆる個人的特性なり差異性を捨象して得られる「人」ないしは「個人」というものを想定すること、つまり市民という理念こそが共和国と密接に結びついている。

その一方で、共同体が畢竟きわめて感情的なレベルでの話であることも多くの識者が指摘するとおりである。自分がどんな集団に属するのかは物理的次元と心理的次元の両面があり、そしてこの帰属は単一ではなく、私たちは同時に複数の集団に帰属しているということがここまで見てきたことであった。図式的に描けば、白人・黒人・カラードといった表徴性の強い集団、エスニックな共同体や宗教的な共同体が、これまた理念的統一性の強い国家のうちにある場合には、深刻なアイデンティティ問題が生ずる。「一にして不可分」をモットーとするフランスが、民族や文化に基づく共同体主義〔communautarisme〕の中間団体を共和国内に認めようとしないのは、その顕著な例である。共和国の原理に従えば、中間集団への帰属性は、最終的には共和国への帰属性によって止揚されなければならないのだ[20]。だが、このようなネーションとしての共和国の原理を、たとえば欧州連合などに拡大することはできるのか。これこそ伝統的なネーション・ステートとしてのフランスと、複数のネーションの統合体であるEUの微妙な関係であり、ネーションに主権を取り戻そうとする人々は国家単位での帰属性を強調することになる。イギリスがEUを離脱したことに象徴されるように、帰属集団を選択することは、個人レベルだけでなく集団レベルでも問題となるのである（沖縄の問題もまた、このような文脈で考えられる必要があろう）。仮に世界共和国のようなものができた場合、それが統一性の強いものであれば、その外部へと離脱することができないことになり、その意味では世界にはむしろ多様な国家が共存することのほうが望ましいように思われる。

さらに言えば、帰属集団が同心円状に形成されている場合以上に大きな矛盾に直面するのは、同じ次元で複数の集団に帰属する場合であろう。とりわけ、複数の民族や、複数の国籍に帰属する場合がそうだ。日本のように法的にも原理的にも、複数帰属を認めないような排他的な集団としての国家の場合はとりわけその傾向が強い。私自身は、日本で生まれ、日本国籍を持つ東京の中産階級の生まれの男性である。だが、どこまで感情的に日本という共同体に親近感を抱いているのかについては心が揺れ動くことがないわけではない。国籍というシステムで保護されていることは自覚しながらも、そこからの離脱の可能性をまったく考えないわけではない。欧州やアメリカにおける人数とは比べものにならないほど少数だが、日本でも今や、複数のネーションにまたがる子どもの数は増えている。それにもかかわらず日本政府は、基本的には二重国籍を認めないのみならず、純粋な日本人という言説を日増しに強化している。これはまことに空恐ろしいことだ。

かつてであれば、bâtard（雑種／私生児）と呼ばれたであろう、由緒正しくない人間が世界中で増えつつあるなか（これはけっして軽蔑的に言っているのではなく、自分も含めて考えている）、そのような雑種を排斥しようという動きもさらに勢力を増していくことだろう。だが、そのような雑種たちの共同体、単一的な帰属性をもたない者たちの共同体こそ、いま検討されるに価するものではなかろうか。[21] このような共同体を考えるとき、エドゥアール・グリッサンが述べた、既存の共同体の言語に根ざさない形での文学は、たいへん重要であり、示唆に富む。

私たちが立ち会っているのは、世界中のすべての共同体によって実現された全体性という、別の種類の共同体の困難な誕生なのです。この全体性は実現されるまでに、衝突、排除、虐殺、不寛容を経てこなければならなかったとはいえ、とにかく実現されたのです。なぜなら私たちはもう全体性‐世界など夢見てはいない、つまりいまや全体性‐世界とともにある、そのなかにいるからです。[22]

このようなグリッサンの言葉に深い共感を覚える一方で、全体化はつねに脱全体化と再全体化とともにあるというサルトルの『弁証法的理性批判』の主張も頭に浮かんでくる。はたして雑種は雑種で留まりつづけるのか、それとも雑種もまたいつかは正統性なり統一性へと収斂するのだろうか。そんな疑問を抱きながらも、来るべき「雑種たちの共同体」の可能性を夢想することで本稿を閉じることにする。

註

（1）モーリス・ブランショ『明かしえぬ共同体』西谷修訳、ちくま学芸文庫、一九九七年。

（2）近年の研究では、フランソワーズ・エリチエ『男性的なもの／女性的なものⅡ　序列を解体する』（井上たか子・石田久仁子訳、明石書店、二〇一六年）が男女の分業が歴史的にどのような意味をもつのかを人類学的見地から検討しており、参考になる。

（3）『存在と無』第三部「対他存在」第三章「他者との具体的な諸関係」。この点については以前に少し論じたことがある。以下の論考を参照していただければ幸いである。澤田直「他者の現象学――プルーストを読むサルトル」『言語文化』（明治学院大学言語文化研究所）第三二号、二〇一五年、七八―九四頁。

（4）アレクサンドル・コジェーヴ『法の現象学』今村仁司・堅田研一訳、法政大学出版局、一九九六年、七五頁。

（5）フランスでは二〇一三年五月一七日、「万人のための結婚」と呼ばれる法によって、同性間であっても、法的婚姻関係を結ぶことが可能になった。かつてのような事実婚ではなく、法的関係が好まれる背景には、もちろん税や相続をはじめ物質的な側面もあるのだろうが、社会的認知に対する志向があるように思われる。

（6）この件に関して、エマニュエル・トッドの家族システムに関する研究は、きわめて示唆的である。絶対核家族、平等主義核家族、直系家族等々に関する個々の実証性はともかく、共同体の問題を考察する際に重要な指摘を含んでいることは間違いない。たとえば『家族システムの起源』（上下巻、石崎晴己監訳、藤原書店、二〇一六年）などを参照されたい。

（7）ここでは近代以前の家族については考えない。古代ギリシャにおけるポリス（都市国家）の経済の最小構成単位であったオイコスは、私たちの考える家族とはちがって、自由市民、女、子ども、奴隷から成り立っていた経済共同体であった。また、近年のフランスでは、何よりも個人の意志が重要視され、再構成家庭（famille recomposée）と呼ばれる、それぞれの子どもをもった男女が新たなパートナーと築く家庭が増え、全体の二〇％を占めている。

（8）スクールカーストといった現象についても考えるべきだろうが、ここではその余裕はない。

（9）ここで、性同一障害などによって、生まれたときの性別から意志的に離脱することについても考察したいが、本題とは離れるので措く。

（10）これも議論をもう少し精密にする必要があるだろう。今では、住む場所の選択そのものが子育てを含め、様々な要因を考慮した結果であることが多い。また、受験は一方的な選択ではなく、他者から選抜されることでもある。

(11) 都会で暮らす地方出身の独身者にとって空間的コミュニティーはおそらく異なる風景として映ることだろう。この点については、メルヴィルの提示するアメリカ社会に関してドゥルーズの語った「独身者の共同体」を入り口に展開したい気持ちが強いが、ここでは果たせない。ジル・ドゥルーズ『批評と臨床』(守中高明・谷昌親・鈴木雅大訳、河出書房新社、二〇〇二年)第十章を参照されたい。

(12) Robert M. MacIver, *Community*, Macmillan, 1928〔1917〕.

(13) フランスのアソシエーションの理念と具体例に関しては、コリン・コバヤシ編『市民のアソシエーション——フランスNPO法100年』(大田出版、二〇〇三年)が明確な見通しを与えてくれる。

(14) 公益性が認定されたアソシエーションは、現在二〇〇〇ほど、そのうち二〇〇団体が休眠状態にあるという。

(15) 個人的には、学会発表や投稿論文のような、形式と整合性だけが評価の基準のような形態に少しずつ背を向けていきたい気がしている。

(16) 「諸階級と階級諸対立をともなう古い市民社会に代わって、各人の自由な展開が万人の自由な展開の条件であるような、ひとつのアソシエーションが出現する」(『共産党宣言』)

(17) 柄谷行人『世界史の構造』岩波書店、二〇一〇年。

(18) この点については、エルネスト・ルナンほか『国民とは何か』(鵜飼哲ほか訳、インスクリプト、一九九七年)が論点を明快に整理したうえで提示していて参考になる。

(19) 例えば、樋口陽一『個人と国家』集英社新書、二〇〇一年。

(20) 中間集団にも至らない、小集団のことも考慮すべきであろう。六八年五月で起爆剤となったのは、既成の政治組織や職能団体とは一線を画す小集団《グルプスキュル》と呼ばれる、頭を持たない集団だった。これは一方で、サルトルが『弁証法的理性批判』で記述していた溶融集団にも通じるが、同時代に、それまでの階級闘争の路線から、より小さな集団を基準にした社会の改革へと路線を変更していくアンリ・ルフェーヴルの見解(cf. Henri Lefebvre, *Introduction à la modernité*, Minuit, 1962.『現代への序説(上・下)』法政大学出版局、一九七二、七三年)とも軌を一にしている。さらにフーコーとの対談で、伝統的な知識人像を批判し、「われわれはみな小集団《グルプスキュル》だ」と述べたドゥルーズのことも思い起こすべきであろう(Gilles Deleuze, « Les Intellectuels et le pouvoir », *L'île déserte et autres textes*, Minuit, 2002, p. 289. ドゥルーズ「知識人と権力」『ドゥルーズ・コレクションII』所収、笹田恭史訳、河出文庫、二〇一五年、一〇頁)。本稿で考えるようなアソシエーションと、政治的運動体としての小集団との関係については、より綿密な考察が必要であろう。とりわけ、小集団が存続するためには分業と権力の集中が必然的に起こるというサルトルの『弁証法的理性批判』における集団論の中核にある見解は、いまなお多くの有効性を保っているように思われる。

(21) 前稿で提起しながら、今回触れることができなかった言語共同体への帰属とそこからの離脱に関しては稿を改めたい。とりあえず、ここでは参考として、日本語共同体からの離脱について、小林秀雄と森有正の例をあげて語った二宮正之の明晰で美しいエッセー「母国語は宿命か——森有正と小林秀雄」(『私の中のシャルトル』ちくま学芸文庫、二〇〇〇年)を挙げるに留めよう。

(22) エドゥアール・グリッサン『多様なるものの詩学序説』小野正嗣訳、以文社、二〇〇七年、四七頁。

坂本尚志

「合理性の共同体」の存続のために

哲学的思考と教育

はじめに――共同体と生の問題へ

ハイデガー、バタイユ、ブランショ、ナンシーたちが連なる共同体論の系譜をたどる時、われわれは「死」の避けがたい影に遭遇する。それが「もっとも固有な、関連を欠いた、追いこすことのできない可能性」としての、他者の死によっては代替不可能な「私の死」であれ[1]、他者と私を「近似させると同時に分離」させるような「限界」としての死、すなわち共同体の起源としての死であれ、共同体の問いは死の問いと切り離すことができない[2]。

このような議論を受けて独自の共同体論を展開したアルフォンソ・リンギスは、「合理的な共同体」の根底には、共同体の他者としての「何も共有しない者」との接触によって現れる「もう一つ別の共同体」が存在していることを指摘している[3]。合理的共同体における実践は、「あらゆる明晰な精神にとって同一であり共通である言説」を作り上げ、その結果、個人の思考や発話は、「普遍的理性からなる無名の言説の一部になる」[4]。「もう一つ別の共同体」は、この合理的共同体の匿名性、脱個人性を脅かす。それは「合理的共同体の分身として、あるいはその影として、合理的共同体を攪乱する」[5]。個人の独自性を消滅させる合理的共同体に対して、「もう一つ別の共同体」は、他者の死に付き添うべしという命令として現れる。それは他者の経験であると同時に、合理的共同体には還元されえない自己の存在を露出させる経験でもある。このように、「もう一つ別の共同体」は合理的共同体と完全に異質なものであり、他者の死という出来事によって、合理的共同体よりも根源的な位置にある。あらゆる共同体の本質は、他者とともにあることとの限界としての死の中に出現する。死は共同体の限界であると同時に可能性の条件でもある。死と共同体のこの不可分の関係は、「共同体がある」ことの驚き、不可思議さ、そして不気味さをわれわれに示している。それは「共同体とは何か」という問いの起源にさかのぼる試みである。

しかし、本章の目的は、こうした死と共同体の関係について考察することではない。これらの共同体論が、死と共同体の不可分にして本質的な関係を明らかにする一方で、異なる視点から共同体の問題について考えることもできるように思われる。それは、共同体と生の問題であり、より具体的には、共同体の中での生が、いかなる歴史的、社会的、文化的諸条件によって規定されているかを考えることである。確かに、「他者とともに生きる」ことは、死と不可分である。しかし、人間の「生」の問題から、共同体について考察することもできるだろう。共同体の中でわれわれが生きるとはどういうことなのか。共同体はわれわれにとってどのような生の地平を提供しているのか。共同体はわれわれの生のあり方をどのように作り出し、またどのように変容させているのだろうか。

こうした共同体と生の問題の出発点には、ミシェル・フーコーが一九七六年に素描した「生政治」の問題系がある。[6]とはいえ、フーコーは生政治の問題を自覚的に展開することはなかった。共同体と生の問題の関係には、ネグリ、アガンベン、エスポジトたちの貢献が大きい。[7]彼らによって生政治の問題は共同体の思想の中に位置を占めることとなった。

そのような状況を十分考慮に入れた上で、本章では、特にフーコーの議論を出発点としつつ、共同体と生の問題を論じることとしたい。それには二つの理由がある。第一に、フーコーにとって重要なのは、「共同体とは何か」という問いに答えることではなく、「共同体とは歴史的にいかなる形式を取りうるか」という、歴史的過程における存在の偶有的諸様態の解明にあったことがある。[8]「共同体なるもの」全体を問題にするよりは、歴史的、地理的に限定された対象としての共同体を思考することの有益さをフーコーの思想は示しているように思われる。

第二に、本章で扱う対象とフーコーの思想の親和性という理由がある。われわれがここで扱うのは、共同体の成員の再生産に関する問題である。ある共同体が存続するためには、その成員の再生産が不可欠である。それは生物学的な意味においてだけでなく、社会的な意味においてでもある。マルクスやブルデューは、労働力あるいは社会的、文化的階層の再生産を理解することを試みた。フーコーにとって再生産の問いは、社会における権力関係の網目の中で理解される。フーコーが定式化した、規律権力と生権力というミクロとマクロの権力行使の形態は、それぞれが個人と集団に介入し、個人の生を組織化し、集団としてのふるまいを可視化し、変容させる。共同体の成員の再生産はこの権力関係の中で行われる。教育制度は疑いなくその特権的な場である。そこでは共同体の存続を支えるための能力を備えた個人の育成が目指されている。それがいかなる意味で機能し、また失敗しているのかを、本章ではフランスの哲学教育という具体例を取り上げ分析する。

共同体の再生産という問いに対して、フランスの哲学教育はあまりに狭いテーマに思えるかもしれない。しかし、哲学教育という実践は、それ自体がわれわれにとって重要な問題を提起する。合理的思考の範型としての哲学を教えることとは、個人の理性を鍛え、合理的に思考する市民として育てることに他ならない。その点において、哲学教育は共同体と密接な関係を持つ。すなわち、共同体の担い手としての、合理的に思考し行動する市民を育てる制度として哲学教育は機能しているのである。その意味において、哲学教育は共同体の存続と発展に不可欠な役割を担っている。

しかし、哲学教育の共同体に対する機能は、合理的思考力を備えた市民の育成によって共同体の存続に寄与するだけにはとどまらない。哲学はまた、共同体とその存立条件を問い直すような批判精神を育むものでもある。極端な場合、批判は共同体の全面的な否定や解体へとつながるものでもあるだろう。その意味において、哲学教育は共同体の内部での抵抗の手段ともなりうる。

本章の目的は、フランスの哲学教育という具体例の分析を通じて、共同体と哲学のこの両義的な関係について、より一般的な考察を行うことである。まず、フーコーの権力論を出発点として、共同体と生の問題が、いかなる意味で共同体の存続と教育の問題へと結びつくかを分析する。次に、共同体の成員の再生産の手段としての教育の問題を、フランスにおける哲学教育の制度と実践を例に考察する。最後に、バカロレア試験の哲学科目のひとつの問題を取り上げつつ、哲学教育が共同体に対して持つ二重の機能について分析する。

こうした作業によって、生の共同体とその再生産の問題を、哲学教育という一つの視点から理解することができるだろう。この視点は限定された射程しか持たないように見えるかもしれない。しかし、同時にそれは、共同体はいかなる関係を哲学と持っているのか、というより大きな問いへと開かれている。共同体の内部における営みである哲学的諸実践は、共同体それ自体の自明性を疑う実践でもある。哲学は共同体を解体へと導く思考であるのかもしれない。ではなぜ、かくも危険な知が教育されるのだろうか。「共にあること」としての共同体と哲学は、決して平和的に共存してはいない。教育はある意味では哲学を「飼いならす」共同体の努力であると同時に、共同体に対する哲学的懐疑を可能にする制度的場でもある。以下では、共同体と哲学のこの緊張関係を詳しく眺めていきたい。

1　フーコーにおける「生の共同体」

われわれが別稿で論じたように、フーコーは共同体について直接的には論じていない[9]。彼の目的は、ある時代、ある場所において特定の共同体が現れるに至った歴史的諸条件の探求であり、歴史性を持った共同体の内部での言説の生産のシステムの分析であった。その意味では、フーコーの思想はフランスにおける共同体の思想の系譜からはいくぶん距離をおいた位置にある。

とはいえ、この距離はフーコーの思想を共同体に関する諸考察と関連付けることが不可能であることを意味しない。むしろ、この距離こそが、フーコーの思想を出発点として共同体の問題を異なる仕方で考える可能性を与えてくれるのである。

上述のように、死との関係において「共にあること」の意味を問うことが多くの共同体論の目的であった。フーコーもまた、特に一九六〇年代に死についての考察を行っている。彼の思想において、死の形象は文学と医学に関する分析の中に現れる。フーコーは死を純粋に言語的な出来事として記述している[10]。レーモン・ルーセルの作品を例に、フーコーは死によって言葉遊びのように置き換えていくこと、ある文字列を音韻的類似性によって言葉遊びのように置き換えていくことで、元の文字列とは意味も形態も異なる文字列を出現させる。たとえば、「J'ai du bon tabac dans ma tabatière（ぼくはタバコ入れにいいタバコを持っている）」という民謡の一節が、「jade, tube, onde, aubade en mat à tierce（硬玉、チューブ、波、ティエルス〔訳註：パイプオルガンのストップの名称〕で演奏されたくぐもった朝の歌）」という、音韻上は類似しているものの、意味上はかけ離れた文字列へと変換される。[11] この手法は、二重の意味で死と関係している。第一に、ルーセルがこの手法を明らかにしたのは、死後出版という条件のもとで書かれた『私はいかにして或る種の本を書いたか』においてであり、その意味でプロセデは作者という主体の死を条件として現れたものである。[12] 第二に、この手法は元の文字列を際限のない変換の中に投げ込むことで、元の文字列を破壊し、最終的には消失させてしまう。プロセデによって、言語自体が言語を死に至らしめる。言語とは、「過去の中でいまだに言葉の中に生きているものを反復し、言われたものの中において沈黙し、死に、隠されたあらゆるものを反復する」、「みずからと韻を踏む言語」であるとフーコーは述べる。そうした生と死の反復の中では、「言語は死であると同時に殺害者であり、復活であると同時に自己の廃絶」である。[13] そこにフーコーは、言語の領域において生起する、いかなる主体とも結び付けられない死を見出している。

医学における死は、『臨床医学の誕生』の中で描き出される。[14] 臨床医学の誕生は、病理解剖学の発展によって可能となった。つまり、生命と病についての科学的認識は、生命の終わりであり外部に存在する死を出発点として形成されたのである。「まさに死の高みから、生体内の依存関係や病理的諸系列を見て分析することができる生命、病気、死が構成する「技術的かつ概念的三位一体」における死の優位性を確認する。[15] 生命の認識は死についての認識であり、しかも、この死は特定の誰かの死ではなく、死体という客体を、臨床医学的認識の主体に与える出来事としての死である。その意味で死は個人性を剥奪され、匿名のものとして現れることとなる。

死についてのフーコーのこうした考察は、他者とともにあることを考える共同体論の文脈からはかなり離れている。一方でそれは人間的ではなく言語的な出来事としての死であり、他方では病める個人や死にゆく個人に相対する契機ではなく、死の瞬間を通り過ぎ、観察の対象となり、医学的認識を可能にする死である。その意味において、フーコーを出発点として共同体について考える場合には、死とは異なる視点が必要となるだろう。それが、「生と共同体」の問題である。

生と共同体の問題は、共同体が歴史的にどのように存在し、存続してきたかを考えるためには重要である。たしかに死は共同体の存続を根源的に規定しているのかもしれない。しかし、近代社会においては、規律権力と生権力という二つの権力行使の形態の中で、人々の生はある時は個別的なもの（身体）として、ある時は集団的なもの（人口）として共同体の中で扱われてきた。人々の生は権力の介入によって組織化される。それによって集団としての振る舞いは可視化され、その変容の可能性が開かれる。フーコーが「生政治」と呼ぶのは、個人の身体への規律と、種としての人間集団の生の諸条件に対する介入という二つの側面を持った権力行使の形態である。[16] 生の共同性は、このような権力行使の結果として生まれる。個人の身体は共同体の中でしかるべき役割を果たせるように訓練され、人々の集団的生は、それが共同体の存続と発展に最適であるような仕方で管理される。それは必然的に歴史的な共同性である。しかも、この生に働きかける権力は共同体の存続を一義的目標とする「死なせない権力」「死を遠ざける権力」でもある。問題となるのは個体の死を避けることではなく、共同体の死を避けることであり、そのために権力は単なる力の行使ではなく、生と生命に対する種々の認識を基礎として働く、合理的諸戦略の集積体となる。医学、公衆衛生、治安、人口統計といったさまざまな手段が、知の活用と構築、そして個人と集団への介入のために用いられる。もちろん、これらの戦略は常に成功を約束されているわけではない。個人の生も集団の生もともに流動的であり、予測不可能である以上、権力の介入は不確実性を必然的にともなう。とはいえ、近代社会に出現したこうした権力行使のあり方を指して、そこに合理的認識に基づく権力の介入をその基礎とする共同体が形成されていると考えることができるだろう。それを仮に「合理性の共同体」と呼ぼう。その目的は個々の生と集団の生を管理することによって、共同体それ自体の存続を保証することにある。共同体の存続のために、最適な解を見つけ、それを実行することが権力の最大の目的であるとするならば、そこには個人や集団の権利、尊厳、そして生命が脅かされる可能性が常に存在する。われわれの生存と密接にかかわっているという意味において、「合理性の共同体」の重要性は、リンギスの「もう一つ別の共同体」に決して勝るとも劣らない。この「合理性の共同体」がいかにして機能しているかを、よりよく理解しなければならないだろう。

では、「合理性の共同体」はその存続と発展のためのいかなる戦略を持っているのだろうか。「共同体と生」という視点から共同体の存続を考える時、そこにはいくつかの考察のレベルが存在するだろう。まず、生物学的かつ医学的な生殖の問いがある。それは単に共同体の成員を増加させるだけでなく、その「正常さ」を保つための医学、公衆衛生などの領域での、個人と集団の双方のレベルにおける一連の介入も含んでいる。出生前診断や遺伝子技術などが提起する生命倫理の問題もここに位置づけられるだろう。それはまた、生の問題だけでなく死のコントロールにも関連する。「いかに生を管理するか」という問題は、「いかに死なせるか」という問いと不可分である。たとえば脳死体からの臓器移植や安楽死に関する倫理的諸問題をめぐる論争は、この生と死の絡み合いが現れる場である。そこでは個人の生の意味と同時に、生命それ自体の本質や意味が問われている。

次に、経済的、政治的な問いがある。共同体の存続と発展のための生産の増大と資本の増大をいかに保証するかという問題は、単なる市場の問題ではなく、政策の問題でもある。また、ある共同体が他の共同体との間で競合あるいは対立関係にある場合には、存続と発展の問題は他の共同体との関係の調整と、極端な場合には他の共同体の消滅を目指すような軍事的対立の危険性と切り離すことはできない。

第一の問いが人間の生命に焦点を当てているとすれば、第二の問いは人間の社会的生にかかわるものである。誕生から死までを扱う生命の領域と、社会的生の領域は、個人レベルでも集団レベルでも複雑に絡み合っている。そこに以下のような問いを立てることは誤りではないだろう。ある共同体に生を享けた個人は、いかにして共同体の成員となるのか。フーコーは生命的なものと社会的な領域の交差点に存在するセクシュアリティの問題を手がかりにこの問いに答えようとした。近代におけるセクシュアリティは、個人としての人間と、種としての人間の双方に共通の対象として構築され、権力の介入の対象となったのである。

しかしわれわれは、フーコーが対象とした生命的な次元と社会的な次元の交差点ではなく、より社会的な次元における再生産の問題を取り上げたい。共同体の成員の再生産の社会的過程のひとつに、教育の問いがある。「合理性の共同体」の存続を保証するような仕方で生きる人々を育てること、つまり合理的に思考し行動する成員を育てていくことは、共同体にとって死活的な問題であり、教育制度はこの問題への対策として成立している。

フーコーの思想において、教育の問題は多様な形式において現れている。たとえば『臨床医学の誕生』においては、臨床医学の誕生が、病を発見する医師の「自由なまなざし」によって実現したのではないということを彼は強調している。観察可能なものが言述可能になるのは、むしろ医学理論の変容とそれに伴う新たな医学の対象の出現によってであり、そうした理論の伝達としての教育によって、はじめて医師は観察可能なものを発見するまなざしを持ちうる、ということをフーコーは示した。[17]

一九七八年の講義『安全、領土、人口』では、キリスト教において、真理を教示する手法のひとつとしての「良心の教導」が分析された。フーコーは古代ギリシャ・ローマにおける良心の教導と、キリスト教司牧権力における良心の教導の目的と技術に関する差異を分析し、後者こそが個人についての真理を生産する人間諸科学の誕生を準備したことを指摘している。[18]

また、一九八〇年代においては、古代世界における「自己への配慮」の問題系やパレーシアの実践の中で不可欠な他者の存在が、師と弟子の関係性の分析[19]によって、あるいは古代ギリシャ・ローマにおいて、個人の魂を動かし、真理へと導く「魂の教導」の系譜の分析によって描き出された。[20]

このようにフーコーにおける教育の問題は多層的ではあるものの、その中でも権力との関係で描かれる教育のあり方に、共同体の成員の再生産というわれわれの問題にとって重要である。『監獄の誕生』において、教育は近代の権力関係を特徴づけている規律権力が作用する一つの領域として分析されている。[21]「監獄が工場、学校、兵営、病院に似通っており、これらすべてが監獄に似通っていても驚くことではない」とフーコーが述べているように、規律権力はさまざまな制度、施設を横断しつつ作用している。[22]そこでは階層化された監視、規範化する制裁、試験という三つの主要な技術が用いられている。[23] 学校を例に規律権力の仕組みを考えてみよう。まず、階層化された監視において前提となるのは、生徒個々人が特定され、可視化されていることである。教室という空間において、生徒は各々の席を決められ、着席する。それによって生徒の存在（あるいは不在）を教師は容易に把握できる。しかも、学校生活の細部にわたって監視を行き届かせるために、監視は生徒の中にさまざまな係を決め、その役割を果たすことによっても行われる。教師の目が行き届かない部分もこうして監視が行われ、それは階層化されていると同時に相互的である。そして監視はただ観察だけに甘んじることはなく、その結果を細大漏らさず記録していく。

この記録をもとにして、第二の技術である規範化する制裁が有効なものとなる。この制裁は、学校空間における生徒の逸脱を矯正するために行われる。それは学業だけではなく、素行も対象とする。到達すべき学習目標への未達や、望ましくない素行に対して制裁が行われる。しかしその目的は単に彼らの失敗や非行を断罪することではなく、あるべき姿としての規範に近づけることである。たとえば計算問題が不得意な生徒に対して課される余分の宿題は、処罰として行われるのではなく、その生徒の能力がある基準に達することを目指している。また、学業や素行の面ですぐれた生徒には褒賞が与えられる。制裁と褒賞の軽重によって個人は差異化され、共通の課程を個人化された仕方で進んでいくこととなる。

第三の技術である試験において、階層化された監視と規範化する制裁はもっとも明白な形で結びつく。試験において生徒は集中的に監視され、その到達度が評価される。規範から逸脱した生徒は制裁され、矯正される。試験は決まった日時、場所で行われるもののみを指すというよりも、学校自体が「その教育的操作を最初から最後まで支える切れ目のない試験装置」となるのである。[24] 試験はこうして生徒の学校におけるあらゆる側面を記録し、評価し、差異化する手段として機能する。

こうした規律権力の技術は、学校以外の機関や制度においても使用されているために、社会のあらゆる領域において人は監視され、規範からの逸脱を発見され、記録され、評価される。こうしてフーコーは近代社会を規律権力によって浸透された社会として描き出す。教育は個人を監視、処罰、試験という手段を用いつつ、社会の中で有用な身体を持つ主体へと変容させていく。それは多くの人々にとって、人生の初期に出会う規律権力の装置である。そしてこの訓練された身体は、教育を終えた後も、規律権力によって掌握され続ける。規律権力は近代社会のすみずみにまで存在し、われわれはそこから逃れることはできない。少なくとも『監獄の誕生』のフーコーにとっては、教育は身体の規律を主要な目的とするものであった。とはいえ、そこで精神や思考のはたらきがまったく無視されていたというわけではない。フーコーにとっては、精神は規律権力の効果として生み出されるものであった。それは決して権力関係から独立して存在する実体ではない。精神とは「ある政治的解剖学の成果であり手段である」。精神は権力関係の中で作られ、身体の細部にまで働きかけるための手段として使用される。その意味で、精神は「身体の監獄」である。(25)

こうして精神は、人間の身体と行動を規範化するための手段としても使用される。規範からの逸脱の原因を、心理的なものの変調の中に求めること、それは精神を媒介として個人を管理することである。心理的な逸脱は権力が個人を差異化する手がかりである。その意味で、それは決して否定的な契機ではなく、権力と結びついた知が形成される装置を形成する動因として機能する。大人よりも子供が、健康な人間よりも病人が、そして正常な人や犯罪者ではない人よりも狂人や犯罪者がより個別化され、規範化の圧力が強められる。そうした異常を発見するのは、精神医学、精神病理学、精神分析など、精神を対象とし、(精神という実体を作り出す)一連の知の領域である。一見正常な人間に対しても、規律権力は隠された欲望や狂気を見出そうとし、そこに権力の介入の基礎を作り出そうとする。(26)

このように精神は権力関係の中で作られるものとして描き出されている。しかし、その一方で、精神と思考の問題を、権力による個人化と異なる視点から考察することもできるだろう。それは、規律権力の中で育つ個人は、いかなる対象について、いかに思考することが可能か、という問いである。フーコーは生を身体との関連で考察したが、われわれは生を思考とその方法との関連で考えてみたい。身体という「鋳型」には、いかなる精神が埋め込まれているのだろうか。これはすなわち、共同体の成員として、個人はいかなる思考の規範を与えられ、それに従属していているか、という問いである。この問いについて、われわれは哲学教育を題材として考えていきたい。

3　合理性と哲学教育

共同体の存続のためには権力の介入が不可欠であり、しかもその権力は共同体の成員によって自覚的あるいは無自覚的に行使されている。近代社会における権力行使は可能な限り合理的に行われなければならないという要請に従っているとすれば、そこには各成員がそれぞれの仕方で、合理的に思考し行動する存在である必要がある。

では、そのような合理性をそなえた人間を育てるにはいかなる方法が有効であろうか。この問題に対する答えは一つではないだろう。近代における教育の目標と内容、方法は、共同体が求める理想的な成員像によっても異なる。そしてそれは各共同体に固有の歴史的、社会的、文化的文脈の中で決定されるものである。その上で、われわれは哲学という思考の形態に決定的な重要性を与えているフランスの社会と教育を例にとり、「合理性の共同体」の存続の問題を考えることとしたい。

哲学教育によって、フランスの中等教育は日本のみならず他の欧米諸国の教育制度ともまったく異なるものとなっている。哲学は高等学校（リセ）最終学年の一年間を通じて教えられる。中等教育修了資格試験であると同時に大学入学資格試験でもあるバカロレアにおいては、哲学は文系理系等のコースを問わず、第一日の最初の試験科目として実施される。試験方式は記述式で、試験時間は四時間である。問題は三問が出題され、そこから一問を選択して解答を作成する。三問のうち二問は小論文（ディセルタシオン）と呼ばれる論述問題であり、残り一問はテクスト説明と呼ばれる、哲学書の抜粋に対する註釈である。小論文の問題は次のようなものである。「欲望を恐れるべきか」。あるいは、「無意識を認識することは可能か」。問題は短いながらも、簡単に解答可能であるようには見えないだろう。ここでいかなる答案を書くことが求められているかは後に見ていくこととして、まず、哲学教育において何が目指されているのかを、フランス国民教育省による哲学教育のカリキュラムを分析することによって明らかにしたい。

二〇〇三―二〇〇四年度から施行された「高等学校普通科最終学年における哲学カリキュラム」は、フランスの中等教育における哲学教育の目的と方法を規定している。[27] 哲学教育の目的は、「判断力の注意深い行使」と「初歩的な哲学的教養の獲得」とされている。そして、この二つの目的が実質的には一つのものであることが強調されている。なぜなら、判断力を注意深く行使するためには、哲学という特定の内容に立脚した訓練が欠かせないからであり、また、哲学的教養が意味を持つのは、単なる知識としてではなく、その使用においてであるからである。

中等教育の最終学年で行われる哲学教育には、初中等教育を通じて生徒が身に付けてきた知識を、哲学という知の領域の中に置きなおし、哲学的問題の分析の中で活用するという目的がある。哲学教育を受ける生徒に期待されていることは、それまでの学校教育を通じて身に付けた知識、能力の反省的振り返りであり、それによって、「現実の複雑さを熟知し、現代世界に対する批判意識を働かせることのできる自律的精神」が育まれる。その意味では、フランスの哲学教育は哲学それ自体についての網羅的知識を持つことや、哲学の専門家を育むことを目指してはいない。それは哲学史についての講義でもなければ、哲学的諸問題についての概観を与えるようなものでもない。目的は、哲学という長い歴史を持つ知の領域が蓄積してきた成果を用いて、生徒たちに共同体の一員として備えるべき知的態度・能力を身につけさせることである。それは、自律した個人として考えるための手ほどきであり、また、「ひとりひとりがしっかりとしたやり方で、自分自身のことばの構成と細部に責任を持つこと」を教えることでもある。哲学教育はこうして、自律的に思考し、その思考を表現する個人を作り出そうとする。

このような分析によって、哲学教育が共同体の成員の再生産という目的に大きな役割をはたしていることが明らかになるだろう。哲学教育は哲学そのものを教えるというよりは、共同体の成員として身に付けるべき思考と表現、そして対話と議論の能力を育てることを目的としている。そのような教育が、高等教育ではなく中等教育の最終学年で行われていることに、フランスの教育制度の特徴がある。フランス社会というひとつの「合理性の共同体」の存続は、このようなシステムによって可能となっていると言える。

とはいえ、カリキュラムに現れる哲学教育の目的と方法は、理想的、理念的なものにすぎない。共同体の成員を育てる過程としての哲学教育を十分に理解するためには、その実践がいかなるものであるかを分析しなければならないだろう。かつて筆者は、そのような問題関心のもと、バカロレア試験哲学科目の小論文に関する研究を行った[28]。そこで分析の対象としたのは、カリキュラムや講義といった形で哲学教育を与える側ではなく、哲学教育を受ける側、すなわち生徒たちが学習に際して使用する方略であった。そうしたノウハウを、バカロレア哲学試験の受験対策参考書の分析によって明らかにすることを試みた。カリキュラムが市民としての思考力、表現力を育てることを謳う一方で、実際に教育を受ける生徒たちは、効率的に試験対策を行い、よりよい成績を収めることを主な目的とする。これを近視眼的であるとして非難することもできるだろうが、彼らにとっては市民としての能力の涵養よりは、試験の点数が重要であることは自明であり、それが間違っているとは言えないだろう。

分析の対象としたのは、小論文の答案作成法である。なぜなら、上記の問いに対する答えを書かなければならない小論文という論述問題は、一見非常に難解であり、かつ解答する方法が見出しにくいように思われたからである。しかし、実際に参考書を分析すると、そこには明確な「解法」があることが明らかになった。参考書には比較的学力レベルの高い生徒を対象にしたものから、学力的に困難を抱えた生徒を対象にしたものまで、さまざまな種類が存在している。とはいえ、小論文問題の答案作成法は、表現に違いはあるものの、本質的な点はそのすべてで共通していた。それは以下の三つの点に要約されるだろう。

第一に、問題文の主題、表現と用語を分析、定義し、それに対して想定しうる答えを最低二つは準備することである。たとえば、先に挙げた「無意識を認識することは可能か」という問題であれば、それが意識／無意識という問いの領域に属する問題であることを確認した上で、「無意識」「認識する」という概念の哲学的定義を行う。そして、「無意識を認識することは可能である」「無意識を認識することは不可能である」という肯定と否定の二つの解答をそこから導き出さねばならない。

第二に、こうした問題の分析、定義を踏まえて、解答を決まった「型」に従って作成しなければならない。小論文は、(一)導入、(二)展開、(三)結論という三つの部分から構成される。導入では問題の分析を行い、展開部分の内容を予告する。展開部分では、問題に対して少なくとも二つの解答の選択肢を検討する。上記の例であれば「可能である」「不可能である」それぞれに一つのセクションを充て、それぞれの立場の長所と短所を論じなければならない。もし双方がともに不十分な点を残すのであれば、弁証法的綜合の役割を果たす第三の選択肢について論じることも可能である。結論部分では、展開部分での議論に基づいて、問題に対して答える。この「型」を遵守することが小論文の答案には求められている。三つの部分の区別が不明確である答案や、展開部分において一つの立場しか論じられていない答案、あるいは結論が展開部分の議論を踏まえていない答案には低い評価しか与えられない。

第三に、小論文の議論が哲学的な意味での説得力を持つようにするため、哲学者の著作の引用を行うことが求められている。引用は可能な限り正確でなければならない。たとえば「アリストテレスは〜と言った」のように、哲学者の主張の要約を述べるだけでは不十分である。「スピノザは『エチカ』第三部定理二備考において「身体と精神は同一物であってそれが時には思惟の属性のもとで、時には延長の属性のもとで考えられる」と述べた」と、典拠の記載と正確な引用を行う必要がある。もちろんこれは哲学書をすべて暗記しなければならないということではなく、頻出する引用を暗記しておけばより高得点が望めるということを示している。その意味では、哲学は「暗記科目」でもある。

これら三つの特徴が示していることを要約しておこう。バカロレア哲学試験における「良い答案」とは、問題の分析、論述の型の尊重、適切かつ正確な引用という三つの手続きを踏んだ答案である。そこで問われているのは自由な思考や哲学的才能のひらめきなどでは決してない。まず評価されるのは、受験者が小論文作成に必要な「思考の型」を習得し、使いこなせているかということである。この「型」は高校での哲学の授業と、そこで行われる小論文作成練習を通じて習得される。その意味で、哲学教育は一種の規律＝訓練の過程として行われ、その中で生徒たちは、初中等教育において獲得した知識を統合しつつ、共同体の成員として求められる思考力、表現力を身に付けていく。小論文という「思考の型」の習得は、規律＝訓練と規範化の場としての教育において行われる。

果たしてこれは真の哲学教育であろうか、と問うことも可能であろう。思考の自由を追求すべき哲学が、「型」の習得を生徒に求め、それに従った答案が高く評価されるということには、哲学という学問の根本的性格との矛盾を見出すこともできるかもしれない。しかし、その一方で、こうした「型」の習得が共同体の成員としての合理的知性を育てていることも事実である。ある問題に対しての賛成意見と反対意見の双方について、それぞれが成立可能であるとの前提で分析をし、その上でどちらか一方の意見を採用するか、あるいは両者を統合することによって結論を導き出すという推論の過程は、自説に固執し、対立意見に耳を貸さないような偏狭さとは対極にある。そうした知的態度を「型」としてまず教え込むことは、生徒たちが共同体の成員となるときに必要な政治的態度でもあるだろう。「型」が共同体において共有されているということは、それに基づいた意見交換や議論の可能性が保障されていることを意味する。その意味で哲学教育は、「自由な市民」であるために不可欠な、共同体におけるコミュニケーションの基礎を提供するものである。[29]

もちろん、こうした「型」はあくまでも初歩的なものであり、それがあらゆる文脈において通用するということではない。しかし、より複雑な思考を展開する基礎として、こうした汎用的な思考の型を身に付けていることが有用であるということは言えるだろう。

このように、哲学は共同体の成立と存続に決定的な役割を果たしている。哲学教育を通じて、「合理的な共同体」はその成員を育て、合理的言説の担い手、生産者としての役割を与えている。フランスの中等教育の最終学年が、哲学教育をその枢要としていることは、「合理的な共同体」の存続における哲学教育の中心的位置を示している。フランスという「生の共同体」は、哲学教育によってその成員に合理的な「思考の型」を与え、それによって存続と発展の基礎的条件を整えているのである。フランスにおける共同体と哲学のこのような結びつきは、極端な事例であることは言うまでもない。しかし、近代のあらゆる社会にとって疑いなく重要である合理性の共同体の存続に対して、この例はそのひとつの解を示していると言えるだろう。

4 共同体の存続と解体――教育という「危険」

このような哲学教育が共同体の存続にとって決定的な役割を果たしていることは容易に理解できるだろう。教育という制度それ自体が、知識とその活用法の次世代への伝達を目的としているが、哲学教育は特に、共同体の成員それぞれの合理的思考力を涵養し、それを表現する能力を鍛えるという意味でとりわけ重要である。

とはいえ、共同体の存続に寄与する哲学教育には、二つの本質的な限界を見出すことができるだろう。哲学教育は共同体の存続のための万能の解決策では決してない。むしろ、それは共同体自体の混乱と崩壊の可能性をも生み出す。哲学教育に対して課される限界は、外部に由来するものと内部に由来するものがある。以下でそれらの限界がいかなるものであるかを見ていこう。

外的な限界は、哲学教育という制度そのものから排除された人々、あるいはそもそもそこにアクセスを持たない人々によってあらわになる。哲学教育は、哲学を通じて誰もが市民としての思考力、判断力、表現力を身に付けることを目指している。しかしこれは理想にすぎない。現実には、哲学教育が目標とするような能力を身に付けることができるのはごく一部であろうし、多くの生徒は苦手意識を持ったまま、なんとか試験をやりすごす術を身に付けるにすぎない。実際、バカロレア合格のためには、哲学科目において必ずしも合格点を取る必要はない。各科目の重要度に応じた係数を乗じたのちの平均点が二〇点満点で一〇点を越えていれば、その生徒は中等教育修了資格を手に入れ、高等教育を受ける権利を得る。そうした生徒たちにとっては、哲学教育は厄介な障害でしかないだろうし、彼らが「合理性の共同体」の成員としての能力を身に付けているかどうかは疑わしい。

しかし、こうした「落ちこぼれ」の生徒も、まがりなりにも哲学教育を受けていることには変わりはない。より深刻なのは、こうした教育を受ける機会を持たない人々の場合である。(30) たとえば、義務教育年限（フランスの場合は一〇年間）を修了し、そこで学業を終える人や、職業訓練を選択する人々は、教育制度の中にありながらも、「合理性の共同体」に属するための訓練を受けないままにそこから離れていくことになる。たとえば、二〇一七年に行われたバカロレア試験の結果からもそうした分断をうかがうことができる。[31] 同世代人口に対してバカロレア試験全体（普通バカロレア、技術バカロレア、職業バカロレア）の合格者が占める割合は、七八・九％である。翌年に再挑戦して合格する受験者もいるものの、同世代の二〇％以上の若者が中等教育を修了することなく教育を終えている。しかも、哲学科目が必修とされるのは普通バカロレアと技術バカロレアのすべてのコースであり、職業バカロレアでは哲学は受験科目とされていない。バカロレアの種別ごとの合格者の同世代人口に占める割合を見ていくと、普通バカロレアは四一・二％、技術バカロレアは一五・七％、職業バカロレアは二二・〇％となっている。哲学教育を受けた割合を普通バカロレアと技術バカロレアの合計と考えると、約五七％の生徒が哲学教育も含めた教育課程を修了しているということになる。共同体の成員を育てるという目標を持つ哲学教育の対象となるのは、同世代の六割にも満たない人々である。その成績がどうであれ、哲学教育を受けること自体がひとつの特権であるということもできるのではないだろうか。

さらに、移民や難民、外国人労働者やその子弟の場合には、教育を受ける機会自体も保障されているとはいいがたい。年齢や社会的地位、家庭環境などさまざまな要因によって、彼らは教育制度から遠いところに位置を占めざるをえない。彼らは「合理性の共同体」の成員が持つべき能力を多くの場合持ち合わせておらず、そのためにそこから排除され、極度に不安定な生のあり方を受け入れる以外にはない。[32] 彼らはまさに「声なき主体」である。[33] ある主体の声が共同体において意味あるものとして受け取られ、反応を引き起こすためには、それは理解可能な形式で表現されていなければならない。声は単なる音声でも文字列でもなく、それが議論の土俵に乗るための前提を共有したものでなければならない。この理解可能性の形式を与えるものが哲学教育であるのならば、彼らの声は発せられた瞬間から、誰にも受け取られることなく消えてしまうか、せいぜい周縁的なものとして存在を許されるか、という可能性しか持たないように思われる。

もちろん、こうした「声なき主体」に向き合う努力は、「合理性の共同体」の内部に属する人々によっても絶えず行われている。フランス社会における移民や難民支援のさまざまな努力についてここで詳細に触れることはできないが、そこに存在する目的は、「声なき主体」の声をいかにして共同体の中に導きいれるかという問題であるように思われる。[34] 理論編における論考でわれわれが検討した、フーコーが封印状に関して行った歴史の領域における作業や、刑務所情報集団における活発な政治参加は、まさに「声なき主体」の声を共同体の中に響かせようとする試みであった。[35] しかもそこで問題となったのは、「声なき主体」の声を翻訳し、代弁する媒介者の必要性ではなく、理解可能性の形式に必ずしも従っていないそれらの声を理解しようとする感受性の喚起であった。「声なき主体」の声を理解するということ、それは完全に不可能な課題なのではなく、「合理性の共同体」がそこで直面するような他者の形象といかに向き合うかという問題である。

このような外的な限界に対して、内的な限界は哲学教育の内容自体に由来する。先に見たように、哲学は合理的思考力を訓練することにより、「合理性の共同体」の成員を育てていく。アルチュセールが述べたように、教育は「国家のイデオロギー装置」にほかならず、哲学教育はその中でも合理性の涵養という共同体にとっての最重要の課題を担っている。[36] その意味において、哲学教育もまたひとつのイデオロギー装置である。

しかし、哲学という知の特性によって、哲学教育は単なるイデオロギー装置とは異なるものとなる可能性を持つ。一見自明なものに対して徹底的な懐疑の目を向ける哲学的思考は、おそらく共同体の存立基盤そのものさえも疑うことができるだろう。とりわけそれは、哲学教育が対象としなければならない諸概念のうち、社会、正義、国家、自由、義務といった、政治哲学の領域で扱われる概念において顕著であるように思われる。社会や国家について、過去の哲学者との対話を通じて考察すること、それは社会や国家が決して自明の概念ではなく、むしろ非常に危うい基盤の上に築かれたまとまりではないかという疑問と向き合うことであろう。そこから、「われわれが属する共同体はいかなるものか」という問いだけでなく、「われわれが属する共同体とは別の共同体はいかにして可能か」という問いもまた正当なものとして生まれてくるだろう。こうして、ある「合理性の共同体」が、哲学的思考によってその自明性を疑われ、その解体の実現可能性が考察されることとなる。フランス革命の母胎としての啓蒙思想は、まさに共同体の解体を準備した哲学的思考の範例であると言えるだろう。つまり、共同体の存続を目的とする哲学教育という制度は、共同体の歴史的、政治的、社会的絶対性に対する哲学的懐疑と、それにともなう共同体の成員間の紐帯の分断を引き起こす可能性を常にはらんでいる。

共同体に対する哲学のこのような両義的関係は、哲学を学ぶ生徒たちにもさまざまな形で提示されている。それを端的に表しているのが、バカロレア哲学試験の問題である。そこでは時として、社会のあり方に関する根源的な問いに対する論述が要求される。たとえば、二〇一五年には、「個人の意識は、その個人が属する社会の反映にすぎないのか」という小論文問題が出題された。

この問いが要求しているのは、個人の意識がいかにして形成されているかを、社会との関係において論じることである。ここではこの問題に対していかに答えることが可能かを、ひとつの解答例を通して考えたのち、その意義について明らかにしていくこととしたい。

【導入】

個人は社会の中に生きている。では、そのことは個人の意識が社会によって完全に規定されることを意味しているのだろうか。そもそも意識とは自分自身あるいは外部の世界についての知覚であり、同時に善悪についての道徳的判断を行うものでもある。確かに、意識はそれが事物に向かうものであれ、自己に向かうものであれ、あるいは善悪の判断を行う場としてであれ、意識の外部としての社会の影響と切り離すことができないように思われる。しかし、それは決して個人の意識が社会の単なる反映にすぎないということと同一視できない。個人の意識は社会に対してある種の独立性を保っており、そこに個人の思考や行動の自由の根拠が存在する。個人はいかにして社会の中で育ちつつも自由であり続けることができるのだろうか。そしてまた、どの程度まで、社会はわれわれの意識のあり方を決定しているのだろうか。果たして、個人の意識はその個人が属する社会の反映にすぎないと言い切ることができるのだろうか。

このように問題を分析した後、展開部分では最低限以下の二つの立場から議論を進めることが要求される。つまり「個人の意識は社会の反映にすぎない（問題の肯定）」という立場と、「個人の意識は単なる社会の反映ではない（問題の否定）」という立場である。場合によっては、両者の立場を総合した第三の立場について議論することも可能である。ここでは、個人の意識の社会に対する独立性を主張する立場（一）と、個人の意識は社会の強い影響のもとに作られるという立場（二）を見た後に、社会的決定論と個人の自由の関係を考察する立場（三）について見ていきたい。[37]

【展開】

（一）意識は社会ではなく個人の内面に支配されている

意識とは、個人が自分自身について、あるいは外部の世界について持つ知覚である。そしてこの知覚はわれわれの内部において経験されるものである。何よりもまず、個人の意識とは自分自身が存在しているという感覚である。そしてこの感覚は、外的な世界がどうであるかに関係なく、われわれの内面に存在する確信に他ならない。デカルトが『方法序説』で「われ思う、ゆえにわれ在り」と述べたのは、そうした外的な知覚からは完全に独立した内面性として意識を描き出すためであった。

さらに、外的な世界の知覚についても、自分自身の存在の知覚と同じことが言える。われわれの意識は外的な世界をそれぞれのやり方で知覚する。つまり世界を知覚する方法を作るのはそれぞれの人間であり、社会ではないということである。メルロ＝ポンティが『知覚の現象学』で述べたように、知覚はわれわれの主観性によるものであり、その多くの部分をわれわれの身体に負っている。その意味においては、知覚は自然の反映であり、社会の反映ではない。

このように、自己と世界についての直接的意識としての個人の意識が主体の内面に立脚している以上、それは単なる社会の反映ではない。しかし、個人の意識は自分自身と世界についての表象を作り出すものでもある。この意味においては、われわれを取り巻く社会や他者を考慮に入れないことが可能であろうか。

（二）個人は所属する社会に従属している

では、個人の持つ表象、趣味、思考がいかなる意味で社会に従属しているかを見ていくこととしよう。社会は特定の時代、文化に属しており、個人は教育や言語を通じて自身が属する社会に影響を受ける。

われわれが自分自身について考えるやり方が他者に依存していることについてまず指摘しておこう。他者とは私を外的な対象として知覚する者であり、私は自分自身の客観的な表象を得るために他者の視線を経由しなければならない。この意味で、サルトルは『存在と無』において、われわれが自分自身について考えるすべてのことについて、他者は重要性を持つと述べている。したがって、個人の意識は他者の視線の反映にすぎないのである。

同じく、個人が属する社会は、個人が社会の中で占める位置を指し示している。社会は均一な実体ではなく、互いに対立する階級によって構成された不均質な総体である。個人は社会の中のひとつの集団に属し、その集団の社会的、経済的、物質的所与において思考、意識、価値観、趣味、表象等が決定される。この意味でも、『ドイツ・イデオロギー』でマルクスとエンゲルスが述べたように、個人の意識は社会の反映にすぎない。

文化についても同様のことが言えるだろう。社会とは歴史の中に組み込まれた共同体であり、ゆえにある文化の担い手としての共同体でもある。教育、言語、道徳的、政治的、宗教的組織を通じて、個人は属する社会に固有の特性に呼応する存在となる。

ゆえに、個人の意識は所属する社会の反映にすぎない。なぜなら、個人は社会の成員としてその影響に従属しているからである。しかし、そこから解放されることは不可能なのだろうか。個人の意識はその社会環境の単なる反映以上のものではないだろうか。

（三）社会的決定論から逃れること

では、いかにして個人は社会的決定論から逃れることができるのだろうか。

まず、社会という語の意味を拡大してみよう。通常、社会とは固有の文化を持った特定の領域であると考えられる。しかし個人は人類という普遍的共同体の成員でもある。個人の他者への関係は、ひとつの社会への所属と同一視することはできない。個人の道徳的、そして倫理的、市民的意識は、所属する社会に固有の価値とは異なる価値にも基づいているのではないだろうか。ここでカントが『啓蒙とは何か』で行った、社会的領域と普遍的な市民の領域の区別を用いることができるだろう。個人はひとつの社会にのみ属しているのではなく、その意識は所属している社会を逃れることもできるのである。

さらに、たとえ個人が社会の中に生きていたとしても、そこにある種の自由を持ち続けることは可能であり、それは社会にとっても必要なことではないだろうか。サルトルが『実存主義はヒューマニズムである』で述べたような完全な自由の観念を支持することはないにしても、個人の行為とそれが社会に対して及ぼす影響について考えることはできるだろう。この点について、カントは『世界市民という視点から見た普遍史の観念』において、人間の非社交的な社交性の存在を指摘している。自己保存という、利己的で時として非道徳的な動機から生じる非社交性は、社会的つながりを忌避しようとする点で、個人にある種の自由を生み出すと同時に、社会にとっての危険となる。しかしそれは同時に、社会に競争や対立をもたらすことによって、社会に発展の可能性を与えるものでもある。個人の意識はこうして所属する社会の単なる反映以上のものとなり、社会の破壊と発展の可能性を同時に提供しうるものとなるのである。

【結論】

ゆえに、個人の意識は所属する社会の単なる反映なのではない。確かに個人は社会の影響を受けており、それは当然でありかつ不可避である。しかし同時に、意識は個人の内面に支配されている。個人が属する社会から自由になることができるのは、個人がひとつの社会にだけ属しているのではないからであり、非社交性という社会から遠ざかろうとする人間の傾向によって、単なる社会の反映としての意識を乗り越える可能性を常に持っているからである。

個人の意識の社会に対する関係を考察させるこの問題は、共同体の成員の再生産の手段としての哲学教育の重大な逆説をはらんでいるように思われる。共同体の成員として合理的に思考し、その思考を表現するための訓練は、共同体それ自体の成立の根拠を疑い、「別の共同体」を模索する試みの可能性を開く。もちろんここで紹介した解答はひとつの例にすぎないが、この問題に答えるためには、必然的に個人と社会の結びつきの自明性と危うさという正反対の立場について、さまざまな視点から分析する必要がある。その中で、社会というまとまりが決して乗り越え不可能な限界でないことを、生徒は真剣に考えることとなるだろう。「合理性の共同体」は、哲学教育によってその存立の基盤を合理的な仕方で疑う機会を次世代の成員に提供する。そこでは新たな共同体の組織の可能性も夢想されるだろう。共同体の成員の生を規範化する規律＝訓練のシステムとしての教育制度は、こうしてそれ自体が抵抗の拠点を作り出す。哲学教育は、共同体に対する根本的懐疑を推論の合理的帰結として導き出すための武器を提供する。哲学教育は、共同体の存続を保証すると同時に、その破壊の可能性をも担保している。生徒たちの精神に刷り込まれる「思考の型」は、それを育んだ共同体を超える自由をも与えるのである。

おわりに――自由のための抵抗はありえるか

仮に共同体の存続を目指す手段としての哲学教育が、共同体の破壊のための手段を提供するものであったとすれば、哲学教育は「失敗」であるということになるのだろうか。しかし、フーコーの監獄についての考察をここで思い出してみよう。自由を剥奪する監獄という刑罰制度は、犯罪の抑止にも再犯の防止にも役立っていなかったという、監獄の「失敗」への批判が絶えず起こっていたことをフーコーは指摘している。[38]しかし、監獄のこのような「失敗」は、監獄が無用の長物であることを意味しないとフーコーは言う。受刑者たちは刑期を終えて再び社会に戻っても、彼らは再犯の可能性を持つ「非行者」として常に扱われる。彼らもそうしたレッテルを受け入れ、非行者たちのネットワークの中で生きることを選択する。それによって再犯の可能性は高まる。しかし同時に、社会の中で形成された非行者のネットワークは、権力が浸透し、監視し、場合によっては介入する、そうした地点としても機能する。たとえばテロを企てる組織の行動を継続的に監視することと、一匹狼的なテロリストの行動を把握し、予測することのどちらが困難であるかを考えてみれば、前者の方が被害を最小化するか、あるいは未然に防ぐ可能性が高いということは明らかであろう。つまり、監獄は社会の外にも監視の網の目を張り巡らせるための装置としての役割も持っている。その意味では、犯罪率や再犯率が低下しないことは、決して「失敗」ではない。むしろそれは、監視の偏在化という過程に随伴する現象であるとも考えられる。

哲学教育が共同体を破壊する、という危険性にも同種の構造がみられるのではないだろうか。合理的に思考し、行動する市民を育てる哲学教育が、共同体自体の存立の根拠を疑問に付すような個人を育てるとすれば、それは共同体の破壊の可能性を高めるという意味においては、「失敗」であるように思われる。しかし、共同体の破壊という出来事は共同体の成員の再生産における究極の失敗である。そのような事態は、フランス革命のような事例を別にすれば、ほとんど起こりえないだろう。むしろ、このような「失敗」の可能性が果たす役割を肯定的に評価することが必要だろう。おそらくそれは、共同体の成員の再生産がある種のダイナミズムを持って行われていることを示している。哲学教育が育てる市民は、共同体の成員であることに甘んじることなく、自分自身を生み出した歴史的、社会的、文化的、経済的諸条件の自明性を疑うことになる。それは合理的な懐疑であり、この懐疑を遂行するための能力は哲学教育によってのみ獲得される。ここにおいて、教育という制度自体が、共同体に抗する力として機能し始める。しかしそれは単に共同体の破壊と終焉の契機であるのではない。同時にそれは、共同体の変容を促すような創造的自由の契機でもありうるだろう。

フーコーから生政治の概念を受け継いだエスポジトの用語を借りるなら、それは免疫化への抵抗ということになるだろう。共同体（コムニタス）と免疫（イムニタス）は、贈与、あるいは他者に対する義務を意味するラテン語「ムヌス munus」にともに由来している。共同体の一員であることは、「相互贈与の義務によって結ばれること、他者に向き合うために自己を離れ、他者のために自己を放棄するほどの原則によって結ばれること」に他ならない。[39] これに対して、munus に否定の接頭辞 im- が付けられた免疫（イムニタス）は、贈与や義務から逃れ、「みずからの所有者たる主体という固有の実体を全面的に保持することができる」ものと規定される。[40] この主体とは個人だけでなく国家をも指すものであり、エスポジトによれば、近代化とはまさに個人や国家が免疫化を推し進めた時代である。[41] 免疫化によって個人や国家は、他者や異質なものから自らを防御し、「感染」を防ぐとともに、内部に侵入した異物を排除し、中和しようとする。エスポジトはこの「免疫化」のプロセスを、共同体（コムニタス）のあり方と対比して以下のように述べている。「コムニタスが、個人を外部に開き、さらけ出し、ぶちまけ、外在性へと放つのにたいして、イムニタスは、外を内へと連れ戻し、外の個人を排除することで、個人をみずからに返還し、自己の皮膜のなかに閉じ込める。[42]」こうして個人や社会はアイデンティティを保証され、存続することができる。

この免疫化の過程は、国家の内部における人間の生を選別し、より「劣った」生を異物として排除することに行きつく。「生政治」はこの点で「死政治（タナトポリティカ）」へと反転する。[43] ナチズムはこの反転の二〇世紀における最も極端な形である。そしてこのような生の「劣った」形式の排除は、ナチズム以降消滅するどころか、生命に対する医学的、遺伝学的な介入や法的、社会的な排除としてより広範に、かつより巧妙な形で広がっている。

こうした生政治のパラダイムへの対抗は、外部からの抵抗ではなく、内部からの転倒によって可能になるのではないかとエスポジトは示唆し、規範、身体の多重性、出生の政治という三つのテーマをその出発点として提示している。[44]

本章で扱ってきた共同体の成員の再生産における教育の問題は、エスポジトの生政治論とは異なる位相を持っている。われわれが分析したのは、エスポジトが重視する生命と身体の次元ではなく、より社会的、文化的な次元での事象であった。しかし、われわれの生きる社会が免疫化によって存続しており、教育がその中で同一性の再生産と差異の排除を担っているとすれば、哲学教育はそうした制度の中心的な位置で、差異の生産を可能にする装置として機能しているように思われる。哲学はそれ自身が属する共同体の自明性を疑問に付すことの重要性を教える知であり、そのような懐疑を行うための方法を身に付けさせる知である。その意味において、哲学は免疫を無効化し、他者や差異へと、そして「声なき主体」へと、個人や国家を開く可能性を与えるとともに、新たな共同体を作りだす契機ともなるだろう。それはリンギスの言うような「もう一つ別の共同体」ではなく、異なる形式、組織における「合理性の共同体」であるのかもしれない。

共同体の存続と発展は、それを破壊しようとする諸力を育てる行為としての教育によって保証されている。それは規律権力と生権力の社会の中で自由はいかに存在しうるのかという問いを提起することになる。権力関係が細部に至るまで浸透した社会の中で、われわれはいかにしてそれが課す社会的、政治的、文化的諸限界から逃れ、フーコーが言うように、「他のやり方で考える」ことができるのだろうか[45]。このような思考と行動の自由の可能性は、共同体の成員を生み出す教育制度の中に逆説的に見出される。おそらく世界でも有数の制度化された哲学教育であるフランスの哲学教育は、共同体と哲学の根本的な緊張関係をもっとも明確な形でわれわれに示しているのである。

註

（1）ハイデガー『存在と時間（三）』熊野純彦訳、岩波書店、二〇一三年、一三五―一三六頁。

（2）ジャン＝リュック・ナンシー『無為の共同体』西谷修・安原伸一朗訳、以文社、二〇〇一年、六一頁。ハイデガーからリンギスに至るまでの死と共同体に関する考察の系譜については、以下の論文が簡潔な見通しを提供している。

黒岡佳柾「「私の死」と「共通の死」――共同体を思考するための試論」『立命館文學』六二一号、一二七三―一二五七頁、二〇一一年。

（3）アルフォンソ・リンギス『何も共有していない者たちの共同体』野谷啓二訳、洛北出版、二〇〇六年、二七頁。

（4）同書、二〇頁。

（5）同書、二八頁

（6）『社会は防衛しなければならない』石田英敬・小野正嗣訳、筑摩書房、二〇〇七年。

（7）アントニオ・ネグリ、マイケル・ハート『マルチチュード』幾島幸子訳、水島一憲・市田良彦監修、日本放送協会出版、二〇〇五年。

ジョルジョ・アガンベン『ホモ・サケル――主権権力と剥き出しの生』高桑和巳訳、以文社、二〇〇三年。

ロベルト・エスポジト『近代政治の脱構築――共同体・免疫・生政治』岡田温司訳、講談社、二〇〇九年。

（8）拙稿「「他者とともにあること」の歴史性――フーコーと共同体の問い」（『共にあることの哲学――フランス現代思想が問う〈共同体の危険と希望〉 1 理論編』岩野卓司編、書肆心水、二〇一六年、二〇九―二四五頁）を参照。

（9）拙稿「「他者とともにあること」の歴史性――フーコーと共同体の問い」参照。

（10）『レーモン・ルーセル』豊崎光一訳、法政大学出版局、一九七五年。特に第二章「撞球台のクッション」、第三章「韻と理」を参照。

（11）『レーモン・ルーセル』五七頁。

（12）Raymond Roussel, *Comment j'ai écrit certains de mes livres*, Paris, Jean-Jacques Pauvert, 1963（A. Lemerre, 1932）.

（13）『レーモン・ルーセル』七三頁。

（14）『臨床医学の誕生』神谷美恵子訳、みすず書房、二〇一一年。特に第八章「屍体解剖」を参照。

(15)『臨床医学の誕生』二四一—二四二頁。
(16)『社会は防衛しなければならない』二四二頁。
(17)『臨床医学の誕生』九〇—一〇一頁。
(18)『安全・領土・人口』高桑和巳訳、筑摩書房、二〇〇七年。特に一九七八年二月二二日の講義を参照。フーコーは一九八〇年の講義『生者たちの統治』(廣瀬浩司訳、筑摩書房、二〇一五年)においても良心の教導の分析を行っている。特に一九八〇年三月一二日、一九日、二六日の講義を参照。
(19)『主体の解釈学』廣瀬浩司・原和之訳、筑摩書房、二〇〇四年。特に一九八二年一月二七日の講義(第一時限)を参照。
(20)『自己と他者の統治』阿部崇訳、筑摩書房、二〇一〇年。古代ギリシャにおける魂の教導については、一九八三年三月二日ならびに九日の講義を、古代ローマにおける魂の教導については一九八三年二月九日の講義を参照。
(21)フーコーと教育に関する先行研究としては、スティーブン・J・ボール編著『フーコーと教育——〈知=権力〉の解読』稲垣京子・喜名信之・山本雄二監訳、勁草書房、一九九九年、Stephen J. Ball, *Foucault, Power and Education*, New York, Routledge, 2013. などがある。なお、日本語で読める近年の研究には田中智志『教育思想のフーコー』(勁草書房、二〇〇九年)があるが、著者の主張を補強する材料としてフーコーの思想がかなり恣意的に使用されており、誤訳や誤読も多いため、信頼性に著しく欠ける。
(22)『監獄の誕生』田村俶訳、新潮社、二二七頁。ただし、日本語訳は仏語原文より筆者が訳した。
(23)同書、一七五—一九五頁。
(24)同書、一八九頁。
(25)同書、三四頁。
(26)精神的なものと権力の関係については、『監獄の誕生』一九五—一九六頁、ならびに『精神医学の権力』(慎改康之訳、筑摩書房、二〇〇六年)一〇四—一〇五頁を参照。
(27)Programme de philosophie en classe terminale des séries générales (http://www.education.gouv.fr/bo/2003/25/MENE0301199A.htm) 最終アクセス日:二〇一七年八月一三日。
(28)坂本尚志「バカロレア哲学試験は何を評価しているか?——受験対策参考書からの考察」『京都大学高等教育研究』

一八号、二〇一二年、五三―六三頁。

（29）自由と「型」の関係については、以下の拙稿を参照。「専門教育は汎用的でありえるか――ジェネリック・スキルとバカロレア哲学試験」『反「大学改革」論――若手からの問題提起』藤本夕衣・古川雄嗣・渡邉浩一編、ナカニシヤ出版、二〇一七年、一七一―一八七頁。

（30）フランスにおいて階層や出自が教育に及ぼしている影響については、以下を参照。園山大祐編著『教育の大衆化は何をもたらしたか――フランス社会の階層と格差』勁草書房、二〇一六年。

（31）DEPP (Direction de l'évaluation, de la prospective et de la performance), la Ministère de l'éducation nationale, de l'Enseignement supérieur et de la Recherche, *Note d'information*, n° 17. 18, juillet 2017.

（32）このような周縁的な生の不安定さについては、以下を参照。Guillaume Le Blanc, *Dedans, dehors. La condition d'étranger*, Seuil, 2010.

（33）拙稿「「他者とともにあること」の歴史性――フーコーと共同体の問い」二三七―二四〇頁。

（34）こうした努力を続けている団体としては、フーコーたちが結成したＧＩＰ（刑務所情報集団）に影響を受けて一九七二年に結成されたＧＩＳＴＩ（Groupe d'information et de soutien des immigrés）などを挙げることができるだろう。ＧＩＰとＧＩＳＴＩの関係については以下を参照。Philippe Artières, «1972 : naissance de l'intellectuel spécifique», *Plein Droit*, n° 53-54, mars 2002, pp. 37-38.

（35）拙稿「「他者とともにあること」の歴史性――フーコーと共同体の問い」二二二―二三一頁。

（36）ルイ・アルチュセール「イデオロギーと国家のイデオロギー装置――探究のためのノート」『再生産について　下』西川・伊吹・大中・今野・山家訳、平凡社、二〇一〇年、一六五―二五〇頁。

（37）展開部分の解答例は主にPhilosophie Magazine掲載のAïda N'Diayeの解答例を参考に、適宜補足を行い作成した。http://www.philomag.com/bac-philo/copies-de-reves/la-conscience-de-lindividu-nest-elle-que-le-reflet-de-la-societe-a（最終アクセス日：二〇一七年八月一三日）。

（38）『監獄の誕生』二六四―二六七頁。

（39）エスポジト「自由と免疫」『近代政治の脱構築――共同体・免疫・生政治』一三三頁。

（40）エスポジト「免疫型民主主義」同書、一一三頁。

（41）Cf. 岡田温司「ナポリ発、全人類へ——ロベルト・エスポジトの思想圏」同書、四—三一頁。
（42）エスポジト「自由と免疫」同書、一三三頁。
（43）エスポジト「生政治と哲学」同書、一七七頁。
（44）エスポジト、同書、一八七頁。
（45）フーコー『快楽の活用』田村俶訳、新潮社、一九八六年、一五頁。

Ⅲ 文学

岩野卓司

宮沢賢治のアセファル共同体

共にあることと宗教

現代において共同体について考えるとき、しかも根底からそれを考えていこうとするとき、無視できないものとして宗教がある。

もちろん、民主主義の国家は世俗のものであり、国によって形は異なるが政教分離の原則が一般的である。経済においても、市場は利益を求める合理的な判断で動いているのであり、「祈り」や「念仏」によって動いているのではない。

また、欧米でも二十世紀と二十一世紀を通してキリスト教の神への信仰は徐々に後退しており、ニーチェの「神の死」の予言は現実のものとなりつつある。わが国でも宗教の教団に属する人の数は新興宗教をふくめて減少の一途にある。

既成の宗教やその教団が退潮の傾向にあるとはいえ、人間の心から宗教感情、あるいは宗教性が消えたわけではない。占いや超能力のようなスピリチュアルなものがブームになったりするのを見れば、それも納得がいくであろう。また、愛国心やナショナリズムのなかにも国家への宗教感情を感じられることもあるし、政治指導者へ人々が抱く疑似的な恋愛感情が宗教的なカリスマに対する熱狂と酷似していることも理解できるであろう。宗教感情や宗教性と言われてきたものは、さまざまな形をとりながら依然として私たちと関わりをもっているのではないのだろうか。

宗教は英語やフランス語ではreligionであり、その語源をさかのぼればラテン語のreligioである。この言葉は「再び」や「繰り返し」をあらわす接頭辞のreと、「集める」を意味するlegere、もしくは「結びつける」を意味するligareを組み合わせたものである。[1] ligereとligareのどちらをとるかは研究者のあいだでも意見がわかれるのだが、これらの語源が示唆しているのは、宗教が人々を「集めたり」「結びつける」ものであり、共にあることのあり方だということである。もちろん、個々の宗教や個々の教団は各々の教義と組織をもっており、その「結びつき」には多くの制約がある。教義は宗教の教えを明文化したものであるが、信者に対してはある種の法としての拘束力をもち、そうであるから信者を結びつけ教団を維持するのに役にたつ。しかし、教義がある限りそれが足かせになって、他の宗教や他の教団とは一線を画してしまい、ひとつの閉域をつくってしまう。だから、それは必ずしも開かれたものとは言えない。さらには、教義の制約が、人と人がつながる宗教感情がどういうものかを、曖昧にして分からなくさせている。というのも、教義がこういった感情を歪めたり、あるいは副次的なものとして捉えるからである。しかしこの感情こそが、あらゆる宗教の共同体が教義の制約から見落としてしまう根本的な人間関係を表現している。それは、人が根本において抱かざるをえない宗教性であり、あらゆる教義や組織に先行する共同性に他ならない。こういった宗教の教義がもつ諸々の制約や限界に疑問をもち、それらを否定したあともなおも存在する共同性を追求したのが、フランスの思想家ジョルジュ・バタイユである。彼によれば、カトリックのカルメル会に属していた聖テレサと十字架の聖ヨハネのあいだにはある種の共同性の意識があったが、この共同性は特定の宗教の教義の下で与えられるものであった。それに対し、バタイユは自分とニーチェのあいだの共同意識は、教義の制約や教団への帰属も必要としない根源的な共同性と考える。これはあらゆる教義の限界を超え出る開かれた共同性と言えるであろう(2)。

バタイユがアセファル（無頭）と名づけるものの原点は、ここにある。それはいかなる宗教も孕まざるをえないが、教義や教団の論理によって抑圧されているような共同性なのだ。それはいったい、どういうものなのであろうか。それは暴力的なものであろうか。

1　モノセファルとアセファル――現代の状況に即して

A　一神教

東西冷戦が終結し共産主義が退潮を迎えると、逆に歴史の流れのなかでクローズアップされ始めたのが宗教である。かつてはアラブ諸国の過激派はマルクス主義の影響のもとで革命をめざしていたが、今ではイスラム原理主義主導のもとでのジハード戦士である。近年メディアを賑わせているのは、アルカイダ、イスラム国、ボコ・ハラムといったイスラム過激派である。9・11にニューヨークのツインタワーを航空機で襲ったアルカイダによる衝撃的な事件、パリやブリュッセルでのイスラム国による同時多発テロ、シリアやイラクでのイスラム国による領土拡大と残虐な処刑、ナイジェリアでのボコ・ハラムによる女子高生の拉致と売買、等々。宗教テロや虐殺の話題は、枚挙にいとまがない。アメリカを中心とした西欧の資本主義諸国と、それらの国々の利権と結びついたアラブやアフリカの国々の政権に、テロという形で攻撃をしかけるのは、共産主義者ではなく、過激なイスラム主義者なのである。「宗教は民衆のアヘンである」[3]と言ったマルクスは、唯物論の科学によって宗教を乗り越えることができると考えた。ただ、現代の状況を考えてみると、マルクスが唱えたような暴力による社会変革を実現しようと企てているのは、皮肉なことに狂信的な宗教なのである。

宗教とテロと暴力を考えるにあたって、イスラム教の場合はしばしば一神教であることが引き合いにだされる。ユダヤ教、キリスト教、イスラム教は、この流動する現実を超越する「一者」を徹底的に追求するものである。モーセの神ヤーヴェは「妬む神」であり、偶像崇拝する者たちにその子孫に至るまで罰を下したり、他の神々を信仰するものを虐殺したりした。イスラム教も、タウヒード（アッラーが唯一神であること）にその原点があり、そこから神学や法体系が展開されているが、偶像崇拝に対しては厳しく、例えばターリバーンによる仏教寺院の破壊や、イスラム国による遺跡の破壊は象徴的である。もちろん、かつて君臨したイスラム帝国はその支配において他の宗教に対して寛容な政策をとり、税金を納めれば信仰の自由を認めたことも忘れてはならない。基本的には、これらの宗教は正しいのは自分の宗教だけだと思っており、他の宗教に対しては無関心なのである。だが何か問題があると、不寛容が前面にでてきて徹底した暴力性を呼び覚ますのである。テロはそのひとつの現われと言えるであろう。しかしそれは呪術的なものと結びついた多神教から遠ざかり超越的な一者を求めるから、生じてくることなのである。呪術的な宗教による「人身供犠」のような暴力から解放された「文明的な」宗教が、逆にその教義から苛烈なまでに暴力的になるのは、何とも皮肉なことである。しかも、キリスト教のような「三位一体」という媒介を経ることもなく、イスラム教はユダヤ教と同じように純粋なかたちで超越的な神を求めるのである。[4]

一神教とその共同体のもつ暴力性を批判したものとして、ここで先ほどのバタイユのアセファルの思想を参照してみよう。この思想家によれば、西欧の人間と共同体についての見方は、モノセファル monocéphale である。モノ mono は「単一の」をあらわす接頭辞で、セファル céphale は「頭」を意味するから、モノセファルとは「単頭の」という意味の形容詞である。西欧の理性的な人間像においては、理性としての「頭」が肉体とその欲望を支配してきたのだ。また、共同体の次元では、家族においては父が権力をもち、政治体制においては長らく君主が統治し、宗教においては神が支配していた。西欧の共同体は、このように単頭構造をもっているのである。一九三〇年代にこの理論を発表したバタイユは、ファシズムとスターリニズムの独裁体制にモノセファル共同体の頂点を見ている。それに対し、否定の接頭辞ア a がついたアセファル acéphale は「無頭の」を意味している。バタイユは雑誌『アセファル』を創刊するとともに、秘密結社「アセファル」を組織したが、その両方に共通しているのは、象徴的な意味で「頭を切り落とすこと」である。「頭を切り落とすこと」は、理性を中心とした発想を捨てることであり、肉体の欲望を解放することである。また、ニーチェが『華やぐ智慧』のなかで宣言した「神の殺害」の肯定、フランス革命における王の処刑の肯定である。バタイユは、神や王を供儀に捧げることによる、共同体メンバーの間の交流を重視する。ただ、厳密にはこういったアセファル共同体を恒常的に維持するのはむつかしいので、彼は妥協してポリセファル（多頭の）polysépbale 共同体を考える。権力を分散させることで、ワントップの頭に権力を集中させないようにするのだ。[5]

バタイユの鋭いところは、西欧の人間像や共同体観の根本にモノセファルな支配があることを見抜いている点である。モノセファルの支配とは、頭という中心の支配であり、これは中心化する思考の産物と言えるであろう。頭という中心による肉体の支配であり、神や王や独裁者という頭が中心になって共同体を支配することである。宗教の次元でバタイユが問題にしている神はキリスト教の神であるが、これはユダヤ教やイスラム教の神にも言える。だから、ユダヤ教、キリスト教、イスラム教といった一神教の宗教共同体はモノセファルな構造をとらざるをえない。そこには、モノセファルな権力と支配があるのだ。そして、こういった中心化する権力の構造を批判して、バタイユはアセファル的な革命を企てる。それは一神教の神を殺し、王や独裁者を打倒し、権力を分散させ、ポリセファルな宗教・政治共同体をつくるということであった。これは一神教の信者から見れば、呪術的な聖なる世界あるいは原始的な魔術の世界への退行であろう。しかも、神や王（や独裁者）を殺すという暴力をもって革命を実現しようとするのであり、宗教テロと同じ解決手段とも言える。だから今ここで必要なのは、バタイユのアセファルの概念をそのまま無条件に肯定することではなく、その概念の内実を深化させ、暴力から切り離すことなのだ。アセファルを殺人の肯定としてとらえるのではなく、モノセファルではない共同体のあり方、脱中心的な共同性として考えていくことが重要なのだ。そうでないと、テロや暴力の問題に遭遇したとき、アセファルも同じ穴のむじなとなってしまうであろう。

ここでひとつ付け加えておかなければならないのだが、一神教だから暴力やテロに走るわけではない。私は一神教に対する多神教の優位を唱えるつもりもない。多神教であるヒンドゥー教によるテロはインドでは頻発するし、神道の狂信的な信者による廃仏毀釈もある種のテロ行為であろう。また、二十年ほど前には、オウム真理教によるテロに震撼した時期もあったが、共産主義が行きづまり、ソ連邦が崩壊し、学生運動も過激派政治セクトの活動も下火になったころ、ある種の「暴力革命」を行おうとしたのは、このカルト教団であった。彼らは「世界最終戦争」というハルマゲドンを信じ地下鉄にサリンを撒き、大量殺人を企てたり、ロシアから武器を購入して蜂起しようとしていた。オウム真理教のような多神教の教団でも、教祖がモノセファルになり独裁的になれば、やはり暴力やテロの可能性は強まる。だから、単に神の次元だけではなく、共同体、教団における モノセファルな構造も問うていかなければならない。教義がポリセファルを肯定するものであっても、教団の権力構造自身がモノセファルであるならば、モノセファルであることとテロリズムは何らかの関わりがあるのではないのだろうか。

B 終末論

今テロによって世界を脅かすイスラム教と、かつて日本をテロで攻撃したオウム真理教には、終末論という共通の特徴がある。イスラム教では、世界の終末に際して、天変地異による災害が生じ、社会秩序も乱れて戦争が起こり、偽予言者が現われたりする。その中で、救世主が現われ、最後には神の裁きがある。イスラム研究者の池内恵によれば、一九九〇年代のイスラム社会では終末意識が高まり、その言説空間は終末論によって覆われていた。そこにはオカルト的なものも流れ込んではいたが、ベースにあるのは古典的な終末論なのである。[6] また、イラクやシリアで領土拡大をはかり、フランス、ベルギー、アメリカ、ドイツなどでテロを引き起こしているイスラム国も、その機関誌『ダービク』で終末論を展開している。そもそもダービクとは終末の時に起こる最終戦争の場なのである。池内はこの終末論について次のように説明している。「第一号「カリフ制の復活」では、巻頭の「雑誌ダービク」で、雑誌の創刊趣旨を明らかにしているが、先に引用したハディースで、ダービクという語の終末論的な象徴としての意味を解説した上で、今現在、ダービクの支配をめぐって、「イスラーム国」と地元シリア人の世俗的反体制勢力との間で行われている戦いを、終末の前兆としての大乱として意味づける。そして、[…]「イスラーム国」は、当初から、このような終末の前の最終的戦乱を勝ち抜く善の勢力として設立されたのだと印象づけようとする。[7]」終末論はイスラム国の戦争やテロに大きな影響を与えているのだ。オウム真理教の場合も、ノストラダムスの人類滅亡の予言、『聖書』の「黙示録」、ヒンドゥー教や仏教の終末論、「宇宙戦艦ヤマト」のような日本のアニメの影響のもとで、ハルマゲドンという核戦争が起こり、地球が放射能で汚染されるなか、オウム真理教の信者だけが超能力によって救われるというシナリオがあった。『終末と救済の幻想——オウム真理教とは何か』の著者ロバート・J・リフトンは、「すべてのオウム信者は、人類をますます支配してきている悪いカルマを克服するためには戦争とハルマゲドンが必要であるという理解を強いられていた」[8]と述べている。さらには、オウム真理教の幹部であった上祐史浩は、二〇一五年二月七日付の自分のブログで、『読売新聞』に掲載されたジャン＝ピエール・フィリユ教授（パリ政治学院）のインタヴューに触発されて、終末論の発想を軸にイスラム国と自分の在籍していた教団との類似を指摘している。それは両方ともカルト的な面があること、終末思想であること、自分たちへの攻撃を終末の時における悪による善に対する弾圧と解釈することである。[9]そう考えると、まさに終末論なるものが、過激な信者たちの暴力やテロの引き金になっていると言えるであろう。

たしかに、終末は私たちの思考と行動に刺激を与えてくれる。切迫した終末に面した逃れられない恐怖、終末の時代に生まれた悲劇の嘆き、「善」の方で闘うヒロイズム、救済への願望、等々。絶対的な終末は、絶対的な平和と理想の実現を約束してくれるのであり、この終末の理想のもとで実に多くの戦いや虐殺が行なわれてきた。かつてキリスト教は、「黙示録」に記載された終末への期待から、十字軍による対イスラムの戦争を引き起こしたし、終末のときにキリストが支配する「千年王国」を求めて、数多くの戦争、反乱、虐殺が引き起こされてきた。また日本でも、日蓮の終末思想の影響のもとで、関東軍参謀の石原莞爾は「世界最終戦争」のための第一歩として満州事変を引き起こした事例が思い浮かべられる。さらには、宗教ではないが、マルクスのプロレタリア革命の思想も終末論であり、そこでは暴力の肯定は否めない。

このように、終末論の探求は、宗教と共同体と暴力との関係の解明に寄与するだろう。しかしながら、ここで断っておかなければならないのは、終末を信奉しているイスラム教徒のすべてが過激な暴力に走っているわけではないということである。むしろ大半のイスラム教徒はテロとは無縁である。また、現代のキリスト教徒やユダヤ教徒に関しても、終末思想を信奉しアメリカのＦＢＩと銃撃戦の末に自爆したプロテスタント系教団ブランチ・ダビディアンの例はあるとはいえ、大半は終末の理想からテロに走ることはない。狂信的なユダヤ教徒の青年によるイスラエルの首相ラビンの暗殺という事件はあったし、堕胎を認めない狂信的なキリスト教徒による中絶医への暴力や殺害という事件もフランスで頻発していたが、終末論とは直接の関係はない。

そのうえ、過激なテロに走るイスラム教徒のすべてが終末を強調するわけでもない。池内恵は、アルカイダは終末論と距離を取っていると述べている。アルカイダの機関紙『インスパイア』は、テロの手法などを述べているが、終末に先立つ戦争についての記述はない。もちろん、イスラム教である限り、終末論は前提になっている。しかし、テロによる聖戦がそのまま終末の大戦争につながるというわけではないのだ。なぜ強調しないかといえば、神の意志で終末が訪れると分かっていたら、人は怠けて行動を起こさなくなるからである。[10]

終末論と深く結びついたイスラム国と、終末論と距離を置くアルカイダ。この二つの傾向をどう分析したらいいのであろうか。私はここで「大きな物語」と「小さな物語」の二つの概念を援用してみたい。これはフランスの哲学者ジャン＝フランソワ・リオタールが提唱したもので、「大きな物語」とは普遍化する語りであり、諸々の「小さな物語」を正当化するものである。例えば、「〜からの解放」のような、人種差別、性差別、階級差別、貧困、隷属、支配からの個々の解放に対して有効で、人類の普遍的な目的による正当化である。彼にとってポストモダンとは、「大きな物語」の衰退によって個々の「小さな物語」が新たな織物をつくっていく時代なのである。[11]

終末論とは、まさに「大きな物語」の典型であろう。キリスト教の「黙示録」は、中世ヨーロッパを通して大きく人々の想像力を刺激していたし、聖地奪還の戦争や、数多くの農民一揆や異端の反抗を正当化するものであった。現代でも、米ソ冷戦時代は第三次世界大戦による世界の滅亡の危機が叫ばれており、一九九九年に人類が滅亡するというノストラダムスの大予言が流行したりもした。ソ連と東欧の社会主義体制が崩壊したとき、アメリカの哲学者フランシス・フクヤマは『歴史の終焉』を発表し、それがブームを引き起こしたし、リーマンショック以降の経済の危機に対しては「資本主義の終焉」が語られたりしている。私たちのなかにはなおも「終末」という大きな物語に魅力を感じる面があるのだろう。イスラム国の終末思想もこういった「大きな物語」であり、この物語が依然として大きな影響力を持ち続けていることをあらわしている。それに対して、アルカイダはこういった「大きな物語」を使わずに、「アメリカ打倒」とか「西欧への攻撃」といった「小さな物語」からテロを行っている。もちろん、こういった「小さな物語」の背後には「大きな物語」が控えている。しかし、彼らは終末の「大きな物語」の魔力もなく武装闘争を行うことができるのだ。

この二つの物語をさらに考えてみよう。「大きな物語」に世界の終焉と神の裁きと大きな終わりがあり、イスラム国の戦争はこの終わりを目的にしていることが分かる。一方、アルカイダのほうの「小さな物語」も、アメリカの敗北という終わりがあり、この終わりが戦争の目的である。つまり、大きさの違いはあるとはいえ、終わりと目的をもった語りの構造はかわらないのだ。さらに踏み込んで考えてみると、この二つの語りの終わりと目的はどちらも、未だ実現してはいないが将来実現できるであろう未来の出来事である。未来の時間と空間のある一点に生起する出来事である。しかし終末の出来事は、それが目的になる限り、私たちの日常の現実を超えでている。というのも、目的として超越した未来の出来事が、現在の暴力やテロを正当化するからである。これは「大きな物語」の終末であろうと、「小さな物語」の終末であろうと構造的にはかわらない。未来に生じるであろう出来事が、目的となり日常の現実から超越すると、信者たちの共同性や行動を縛るものになる。宗教的な言説や宗教化した（あるいは疑似宗教化した）言説の場合、通常の目的論の言説に比べてこの束縛の効果は特に高いと言えよう。結局、「大きな物語」に魅了され世界の終末のために戦う者たちも、反米という「小さな物語」で戦う者たちも、同じように超越的な出来事に支配されているという点では変わらないのだ。[12]

昨今生じている宗教的暴力とテロリズムに対して、終末論であることを強調しようとしまいと、その言説を超越的な出来事――時間と空間に点として現前する目的としての未来――との関係から、根本的に問うていく必要があるのではないのだろうか。というのも、その宗教的な共同体は、この出来事によって正当化され続けているからである。[13]

ここで先ほど引用したアセファルとモノセファルの概念を考えてみよう。というのも、これらの概念装置は、「超越的な出来事」の問い直しにも有効であると思われるからである。バタイユはこれらの概念を人間と共同体に関して適用しているが、私はその適用範囲を広げて、超越的な終末の点もモノセファルとして考えてみたい。というのも、現実を越えた終末の出来事が私たちの行動を縛り、私たちの思考を一点へと集中させていくからである。この超越的な出来事は「頭」として中心化して君臨するのである。終末論は「大きな物語」であろうと「小さな物語」であろうと、モノセファルな構造をもっているのだ。(14)

今、終末に関する「大きな物語」と「小さな物語」と暴力の関係を問題にしたが、この問題において終末のモノセファルな構造を問い直すことが必要ではないのだろうか。この構造をそのまま肯定するのではなく、アセファル的に読みかえることで私たちの思考を変容させて、暴力に駆り立てないシステムを産み出していく必要があるのではないのだろうか。

この問い直しの作業を行うために、私はひとつの先駆的な例をとりあげたい。それは宮沢賢治による田中智学の読み直しである。賢治は智学によって創設された日蓮宗系の在家の団体、国柱会のメンバーであったが、この組織と必ずしも思想的に一致しているわけではない。智学の思想に共鳴しつつも、賢治はその思想を微妙に読みかえている。智学の思想には日蓮の終末思想が色濃く反映されており、終末における世界の統一が実現されるものであった。そして、この思想を現実のものとしようとしたのが、同じく国柱会のメンバー石原莞爾である。彼が作戦立案した満州事変は、世界の統一のための第一歩だった。ここに終末論と暴力のひとつの典型をみることができるであろう。しかし、賢治は智学の思想を違ったかたちで読みかえた。この読みかえが現代のテロや暴力の問い直しのひとつの参考になるのではないのだろうか。

2 「世界統一」と「最終戦争」

現在の日本で一番会員数が多い新興宗教は創価学会である。創価学会は日蓮宗系の団体で、高度経済成長期に地方出身の労働者を中心に信者を増やしていったと言われている。そして、戦前に隆盛を誇った日蓮宗系団体に国柱会があった。創価学会もその布教方法をかなり取り入れたと言われている組織である。国柱会が栄えた理由は、まずは戦前の日本のナショナリズムの風潮に適合していた事実に求められる。その中心的な思想は、日蓮の教えと天皇崇拝を一体化させたものである。こういった思想は今日から見れば過激な右翼思想として糾弾されるかもしれないが、当時としては極めて普通のものであった。というのも、神仏習合を当たり前とし江戸幕府による保護に甘んじていた仏教界は、明治初期の廃仏毀釈で揺さぶられて、天皇制との関係を意識せざるをえなくなったし、さらに世界恐慌による不況、軍部と右翼の抬頭、満州事変以来の戦争の時期には、右翼的な傾向を強めた者も多くいるからである。例えば、清沢満之の高弟であり、師とともに『歎異抄』を再評価した暁烏敏は、浄土真宗のなかに天皇崇拝や国体の問題をもちこみ融合させようとしたことでも知られている。だから、国柱会の創始者、田中智学が国体論に関心をもち、宗教の立場から天皇制を根拠づける著作を発表していったのも、時代の風潮に即したものであった。国柱会の人気のもう一つの理由は、智学のもつカリスマ性による。彼は高山樗牛や姉崎嘲風といった文人や学者との広い交流があり、彼自身も文才があり歌舞伎の脚本も書いたり上演したりした。傘下の企業では牛乳屋を経営し、配達される牛乳には仏の教えや暮らしの知恵のビラが添えられ、人気をはくした。さらには、弁舌がうまく、演説でも論戦でも、多くの者の心を捉えたと言われている。[15]

その智学が始めから強く打ち出した考えとして折伏がある。異説を唱えたり異教を信じたりした者に接したとき、仏教では相手を説得するのに二つの手段がある。ひとつは摂受である。これは相手の意見を受け入れながら相手の立場にたちながら説得していくもので、穏健なやり方である。もうひとつは折伏である。これは相手の意見に合わせずに徹底的に相手を論破して改宗させる方法である。日蓮は生前、時代はすでに末法の世だから布教において折伏がふさわしいと述べていた。しかし江戸から明治にかけては、日蓮宗も摂受を基本とする立場が一般的であった。智学はその傾向に不満で、折伏を中心に据えることで日蓮宗の改革を行ったのだ。折伏は基本的には相手を論破し説得する言語の行為であるが、智学の弟子、石原莞爾による満州事変が明確に示しているように、武力によって相手を叩きのめすことによる「説得」も含まれてしまう危険があるのだ。

一九一〇年の大逆事件のころから、智学は国体論に関心をもつようになり、『日本國體の研究』をはじめ、いくつもの講義や著述で国体について言及するようになる。国体とは、一つの国の政治の原則のことをさすと言われているが、戦前の日本では、万世一系の天皇をいただく日本の国家体制がいかに日本にふさわしいものであるかを説くものであり、その独創性や優秀さを自慢するものが多い。国体論や国体について言及した者は、「尊王攘夷」の思想家から民主主義者まで幅広いが、昭和になり軍部が力をもつと、しだいに右翼的な色彩が濃くなる。有名なのは、美濃部達吉の「天皇機関説」への批判に際して当時の政府が出した「国体明徴声明」や、多くの学者が関わり一九三七年に文部省が刊行した『国体の本義』がある。ところで、智学の国体論の特色は、法華経の真理による天皇制と日本の国体の正当化である。つまり、法華経という普遍的な真理のもとでの「世界統一」という視座から天皇制を根拠づけているのだ。末木文美士が述べるように、通常の国体論は「閉鎖的であり」、ただ日本を美化しているだけだが、智学の場合は開かれており、「世界に向かっての進出」を積極的に肯定している。ただ、そうであるが故に、侵略戦争の根拠となる可能性も否めない[16]。この国体論こそが、まさに彼の共同体論なのである。彼の考えを、その理想の共同体である「八紘一宇」の視点から検討してみよう。というのも、この理想は石原莞爾にも宮沢賢治にも影響を与えているからである。

智学は「世界統一」といったかたちで共同体の理想について語っている。日蓮の教えと天皇制を結びつけた彼は、神武天皇の言葉から「八紘一宇」のスローガンをつくり、世界の統一を正当化していく。『日本書紀』には、「掩八紘而為宇」という文句が記されているが、彼はこれを少し簡略化して「八紘一宇」という言葉を造る。「八紘」というのは、「八つの方位」を指し、「一宇」と言うのは「ひとつの屋根」のことである。だから、「八紘一宇」とは、「世界がひとつの屋根のもとでいっしょになる」ことを示している。神武天皇はこの言葉を述べることで「世界統一」をすることを宣言したのである。たしかに神武天皇の行ったことは、日本の統一であり、「世界統一」ではない。しかし智学によれば、日本を統一することで「世界統一」が可能になると主張する。しかも、この「統一」は武力による世界の征服ではなく、法華経の真理のもとでの道義的な統一なのである。『日本國體の研究』で彼は次のように述べている。

> 神武天皇の世界統一は「八紘一宇」といふこと丶、「六合一都」といふことで言ひ現はされた、倶に天皇の宣言中にある命題だ、その所謂「八紘一宇」は世界統一であるが、それは版圖的な意味の統一ではない、むしろ其れよりも大きい固い明快な意味の統一である。人爲的不自然的統一でない、天意に順ひ自然の法則に従つた、合理にして永久性の統一である。[17]

「八紘一宇」の道義的・精神的統一を基盤として、智学は現実の政治的な統一として「六合一都」という統一も考える。「六合一都」も『日本書紀』のなかの言葉、「兼六合以開都」からの造語である。「六合」というのは、「四方」と「天地」を指しており、これも世界中の意味である。「一都」というのは「中心」である。だから、「六合一都」は、「八紘一宇」のもとでの世界の政治的な統一のことである。智学によれば、それは「祭政一致[18]」の政治体制である。

それでは、どうして日本の統一が世界の統一に通じるのであろうか。それは、日本人が世界で最も優秀な民族だからである。智学には「選民」思想がある。曰く、「おしなべて人類の中で、日本だけ特別の天職を有つた國で、その國民は一種の使命を帯た人民である[19]」。だから、統一の使命を担うのは日本という選ばれし国なのである。そうであるから、日本の統一は「世界統一」につながるわけである。「本化宗學よりみたる日本國體」という講演で日蓮の『開目鈔』の文句「我日本の柱とならん」を解釈して、彼はこう言う。

> 日本といふものは世界の中心である。だから日本の柱になッて居れば、それで世界の柱になるのだ[20]。

さらには身体の比喩を使いながらこうも言う。

> 人間の身體の中心は頭が中心だ。〔中略〕首を切れば直ぐ死んでしまふ、即ち中心だ。この國だッて皇室が中心だ。その中心を喪ッたらどうなる？ そこで日本は世界の中心であるから、大聖人は「世界の柱とならん」といふべきところを、「日本の柱」と言はれたのである。(21)

日本はいわば世界の統一のリーダーとしての「頭」であり「中心」なのだ。バタイユ的な視点に立てば、日本と世界の関係はモノセファルと言えるであろう。この日本の中心にいるのが、天皇である。ここにもモノセファルなものを読み取ることができる。天皇は天照大神らの皇祖につながるのみならず、法華経の真理を体現している。これによって天皇というローカルな存在が法華経によって普遍的な存在として正当化されるのである。そのため、智学は国立戒壇にこだわった。国立戒壇とは、国家が僧侶の授戒を行うことであり、奈良時代に鎮護国家の思想から行われていたものである。がここで智学が考えているのは、天皇が日蓮宗に帰依し、日蓮宗が国教となることである。その結果、世界的な使命をもった日本の国家による戒壇を通して、世界の人々が法華経に帰依するのだ。その際、日本は「世界の中心の日本」(22)であり、天皇は「日本國の領有者ばかりでなく、世界人類の靈的長者」(23)になるという訳である。

こういった「世界統一」こそが「世界の最後の落着」(24)とされる。ここで智学の思想は終末論的になる。彼はこう言う。「人間の最大希望が平和である通り、人間の安住所たるべき世界の最後の落着は、勿論平和といふことに在る。」(25)ここで述べられている平和は、絶対的な平和である。第一次世界大戦という未曽有の大戦乱のあと軍縮とかさまざまな平和への模索がなされていたが、智学によればこういったものは相対的な平和の模索にすぎない。戦争と平和のサイクルが繰り返されるような平和に過ぎないのだ。それに対し、彼は戦争と完全に絶縁する「絶対平和」(26)を構想している。それでは、「絶対平和」たる「世界統一」はいつ実現されるのであろうか。智学は一九一八年の講演「本化宗學よりみたる日本国體」で四十八年後に「世界統一」が実現すると予言している。

［…］眞に國民全體の覚醒を促したならば、日本を統一する位の事は何でもない。予は四十八年かかれば確にやれるといふ算盤を割り出してある。有志の諸君には御傳授申すが、これは決して夢想ではない、予の言ふ通りにすれば、一天四海歸妙法は四十八年で出来てしまふ。［…］

［…］政治運動の方面から、一天四海歸妙法は四十八年間に成就し得られるといふ算盤を弾いてある。所がこれは日本を教化するより、世界を教化するはうが早いかも知れない。日本中の蒙昧なる人間、偏狭なる人間を教化して居るより、ウイルソンや何かの方が或は早く気が附くかも知れない。これは日本國體の宣伝期は最早今日熟して居る、ちやんと柝が鳴ッて幕が開かうとして居る。(27)

一天四海帰妙法というのは、「一天四海」、つまり世界が「妙法」である法華経に帰依することである。世界が統一した姿である。四十八年後に実現される理想の世界は、日本が中心となり世界が統一され、全ての人々が法華経に帰依する絶対的な平和の世界である。これが智学が予言する未来であるが、時間空間上に定められたひとつの点としての未来に他ならない。この終末は実現すべき目的であり、その意味で現実を超越した未来である。だから、一点に集約するこの点としての未来は、まさに深い意味でのモノセファルと言えるであろう。また、神武天皇の宣言が日本国の起源である限り、この起源としての過去、時間空間的に同定できる過去も同じようにモノセファルと言えるであろう。

智学の構想する「世界統一」は、「日本」や「天皇」という「中心」や「頭」を設けること、超越的な未来を設定する終末論であること、この二つの意味でモノセファルな構造をもっている。とはいえ、智学は武力による「世界統一」を考えているわけではない。彼の書いた国体論関係の著述では、戦争や暴力は批判の対象であり、むしろ平和主義者の面が強くでている。しかし、どのように「世界統一」を実現するかになると、彼の叙述は曖昧であり、具体的な方策は述べられていない。その曖昧なところを、武力で解決という解釈を提示して実際の行動に移したのは、石原莞爾であった。石原は関東軍参謀として、一九三一年に起きた満州事変を計画し実行したのであるが、彼の思想背景には智学の「世界統一」の発想に由来する「最終戦争」の構想があった。この構想は後に『最終戦争論』としてまとめられるものであるが、世界が戦争の時代に突入し、それを勝ち抜いた東洋の「王道」の日本と西洋の「覇道」のアメリカが太平洋をはさんで最終決戦をするという構想である。そのために、満蒙を領有し国力を蓄えておかなければならないというのが、石原の満州事変の動機であった。「最終戦争」について、彼は軍事史的な必然性についても説明をしているが、それとともに宗教的な必然性として、田中智学の「世界統一」の予言を挙げている。

［…］私の最も力強く感ずることは、日蓮上人以後の第一人者である田中智学先生が、大正七年のある講演で「一天四海帰妙法は四十八年間に成就し得るという算盤を弾いている」（師子王全集・教義篇第一輯三六七頁）と述べていることです。大正八年から四十八年くらいで世界が統一されると言っております。[28]

智学自身は「最終戦争」とは言っていないのだが、石原の最終戦争の論拠は、さきほどの智学の予言にあるのだ。そして、この「世界統一」を日蓮自身による終末戦争の予言と組み合わせて武力による「世界統一」という主張を正当化している。[29] 彼はこう述べている。「［…］日蓮聖人は将来に対する重大な予言をしております。日本を中心として世界に未曽有の大戦争が必ず起る。そのときに本化上行が再び世の中に出て来られ、本門の戒壇を日本国に建て、日本の国体を中心とする世界統一が実現するのだ。こういう予言をして亡くなられたのであります。[30]」一種のハルマゲドンに近い発想であろう。将来、未曽有の大戦争が起こり、そこで上行菩薩というメシアが現われ、日本を中心に法華経の思想のもとで世界の統一が実現するのだ。この日蓮の予言を補塡するかたちで、大正七年から四十八年後に世界の統一が成就されるという智学の予言がある。また、「日本の国体を中心に」という表現からもわかるように、智学と同じように石原も日本という「頭」や「中心」をもうけるモノセファルの発想をとっている。その上、「悠久の昔から東方道義の道統を伝持遊ばされた天皇が、間もなく東亜連盟の盟主、次いで世界の天皇と仰がれることは、われわれの堅い信仰であります。[31]」とも述べているように、ここでも智学を継承し天皇という「頭」や「中心」というモノセファルな崇拝がある。このように石原は基本的には智学の思想に多くを負っているが、「世界統一」のために戦争と武力を介在させる点で、必ずしも智学とは一致しない。いや、智学を軍事的に発展させたとも言えるだろう。日蓮も智学も、「摂受」より「折伏」を重視するが、石原はさらに「折伏」のなかに武力による闘争もふくめ、こう述べている。「折伏を現ずる場合の闘争は、世界の全面戦争であるべきだと思います。[32]」このようにして「世界統一」という絶対平和は、最終戦争という暴力を通して実現する。これは戦争をなくすための戦争であり、暴力を廃絶するための暴力なのだ。しかし、この戦争と暴力の思想は、四八年後に成就される智学の「世界統一」に依拠している限り、超越的な未来の思想であり、それだからモノセファルな終末の点を目標とする思想であろう。このことを考えると、智学を継承する石原の「最終戦争」の構想は、構造的に終末論のテロリストたちの発想とかわらないと言えるであろう。終末のモノセファルの未来に促されて、現実を変革すべく暴力を肯定するのだ。[33]

3　イーハトヴの共同体

A　暴力と自己犠牲

宮沢賢治の思想にも、暴力やテロの可能性があることは否定できない。しかしそれは、石原のように智学の「世界統一」を軍事力によって実現しようというものではなかった。賢治は智学の影響をうけつつも、石原のような発想とは無縁である。しかし大澤信亮が指摘するように、彼の暴力的傾向は智学の日蓮主義の影響のもとでの徹底した折伏の考えから呼び覚まされたのである。[34]それではこの暴力性は、例えばどこに見出されるのであろうか。

それが分かりやすいかたちで示されているのが、「注文の多い料理店」という童話である。この作品は次のように展開する。二人の紳士が山で狩猟をするが獲物が一匹もとれない。一緒にいた猟犬も疲れて死んでしまい、彼らは空腹をかかえながら山のなかをさ迷っていた。そのとき不思議なことに、山猫軒という名の西洋料理のレストランが見つかる。だが、そこには「注文の多い料理店」という断りが書かれてあった。紳士たちはこの文句を彼らの「常識」から自分たちに都合よく解釈し、流行っているレストランだと勘違いして喜んで入店する。ところが、この注文は注文でも自分たちへの注文だった。身に着けている金属製のものを取り外せとか、クリームを顔や手足に塗れとか、塩を体に塗りこめとか、自分たちが山猫に食べられるための注文だったのである。[35]

賢治は「注文の多い料理店」で何を言いたかったのであろうか。それは殺生と肉食への批判である。クリームを塗られて塩を塗りこめられて食べられる動物の気持ちを考えてみろという主張である。紳士たちが趣味で行う狩猟にしても、私たちがふだん食べる肉にしても、犠牲になっている動物がいるのである。しかも狩猟を楽しむ紳士たちは、「鹿の黄いろな横っ腹なんぞに、二三発お見舞まうしたら、ずゐぶん痛快だらうねえ。くるくるまはつて、それからどたつと倒れるだらうねえ。[36]」と言い、動物の生命などまったく顧慮していない。架空の話を通して賢治は、紳士たちや私たちを恐怖に陥れることで自分たちが知らず知らずのうちにいかに酷いことを行っているかを悟らせようとしているのだ。

もうひとつこの作品から読み取れることは、貨幣による交換への賢治の嫌悪である。猟犬が死んだとき、紳士たちはその命が失われたことを悼むどころか、「二千四百円の損害」とか「二千八百円の損害[37]」とか、金銭的な損失を嘆いている。ここで価値としてあらわれているのは、命の尊厳ではなく、金銭的な交換における価値なのだ。命の価値は本来何物によっても置き変えられないかけがえのないものなのに、それを簡単に金銭に置き換えている。動物の肉や毛皮が相応の価格が設定されて商品として市場で流通可能になっているのと同じである。

このように「注文の多い料理店」のメッセージは、動物の命を奪ったり、食べたりすることの弾劾であるとともに、命をも金銭的な交換の対象にしてしまう資本主義への批判でもある。この作品で示されている弾劾や批判は、賢治の童話ではいろいろなかたちで登場している。「フランドン農学校の豚」では、人間の言葉が分かる頭のいい豚が食肉用として殺されていく悲劇が描かれており、「ビヂテリアン大祭」では、肉食主義と菜食主義が論争する祭りが描かれ、菜食主義に軍配をあげている。また、「なめとこ山の熊」では、苦労してとった獲物を商取引で買いたたかれている情けない猟師の姿が描かれ、「黄色のトマト」では、貨幣経済が子供の夢を壊すという悲劇が語られている。

人間による動物の支配と暴力、動物の側からの報復、資本主義の横暴、こういった構図はどこかイスラムのテロリストと資本主義先進国との関係に似ていないだろうか。歴然とした力の差と暴力の応酬。中沢新一はここに圧倒的な「非対称」見て、この作品を山猫による紳士たちへの「洗練された報復テロ」[38]と言う。鋭い見方である。山猫側からのテロは、猟犬がかけつけ、話のうえでは失敗に終わるのだが、もし動物側からのテロが成功していたら、人間のほうは山猫討伐隊を組織して大規模な山狩りを始めるであろう。しかも、相手が人間でないから、扱われ方は通常のテロリストよりひどい。人権や裁判など関係なく山猫は見つかりしだい射殺される。かくして、暴力の連鎖の端緒になるのだ。

報復テロを考えるにあたって参考になるもうひとつの作品は「二十六夜」である。この童話では、梟の坊さんが地元の梟たちを集めて松林で「疾翔大力」という菩薩になった梟について三夜連続で講義をしている。この梟が「疾翔大力」という菩薩になったのは、飢饉のとき餓死しようとしていた人間の親子のために我が身を投げ捨てて食となり彼らの命を救った功徳による。その講義の二日目の朝、穂吉という子供の梟が人間の子につかまり、紐をかけられ閉じ込められたあと、翌日に足を折られて解放されるという事件が起きる。穂吉は二本の足を折られてもう飛べない状態であった。この仕打ちに対して、梟たちのなかには、人間への報復を唱える者も少なからずいた。「あんまりひどいやつらだ。こっちは何一つ向ふの為に悪いやうなことをしないんだ。それをこんなことをして、よこす。もうだまってはゐられない。何かし返ししてやらう。[39]」「火をつけようぢゃないか。今度屑焼きのある晩に燃えてる長い藁を、一本あの屋根までくわへて来よう。なあに十本も二十本も運んでゐるうちにはどれかすぐ燃えつくよ。けれども火事で焼けるのはあんまり楽だ。何かも少しひどいことがないだらうか。[40]」「戸のあいてる時をねらって赤子の頭を突いてやれ。畜生め。[41]」こういった報復論は、山猫による「報復テロ」と同じである。無法な暴力に対しては暴力によって報いるという発想である。それに対して、梟の坊さんは報復を口にする者たちをたしなめる。

いやいや、みなの衆、それはいかぬぢゃ。これほど手ひどい事なれば、必ず仇を返したいはもちろんの事ながら、それでは血で血を洗ふのぢゃ。こなたの胸が霽れるときは、かなたの心は燃えるのぢゃ。いつかはまたもっと手ひどく仇を受けるぢゃ。この身終って次の生まで、その妄執は絶えぬのぢゃ。遂には共に修羅に入り闘諍しばらくもひまはないぢゃ。必らずともにさやうのたくらみはならぬぞや。[42]

相手に報復すれば、相手もまたこちらを恨み再び攻撃をする。報復の連鎖と恨みの感情は消えることがないのだ。これを「修羅」という。坊さんは穂吉にも「恨みの心は修羅となる。かけても他人は恨むでない[43]」と戒めている。賢治の詩集の題名が『春と修羅』であったのを思い出そう。彼は詩のなかでも「修羅」という言葉を繰り返し使っている。「おれはひとりの修羅なのだ[44]」というのは、代表的な表現である。賢治の激しさは、この「修羅」の姿と無縁ではないだろう。彼は「山猫」や多くの梟たちのように理不尽な暴力にたいして立ち上がる気持ちをおさえられない人物なのだ。しかし、「二十六夜」ではそれをおさえようとする。梟の坊さんはいきりたつ者たちを諭し、「南無疾翔大力」とみなで拝む。菩薩になった「疾翔大力」に帰依することが大切なのだ。迷いつつも賢治が向かおうとしているのは、「修羅」ではなく、「疾翔大力」のような自己犠牲の精神であろう。山猫や多くの梟が考える暴力ではなく、「自己犠牲」による平和の実現であろう。

こういった「自己犠牲」は、どう解釈したらいいのだろうか。「修羅」の感情は簡単に消し去ることができるのだろうか。「修羅」の暴力が、ここでは敵とみなされる他人にではなく、自分に向かってきているのではないのだろうか。賢治は他者を処罰するかわりに自分を処罰しているように思われる。ここにもうひとつの暴力性を読み取れるであろう。ただ逆説的なことだが、この暴力性が、彼に暴力から離れるように促しているのだ。

賢治の童話では、「自己犠牲」はひとつの重要な主題である。例えば、「グスコーブドリの伝記」はまさしく「自己犠牲」の物語である。ひどい冷害にあったイーハトヴでグスコーブドリの父と母は幼い子供たちに食料を残すために家を出て森に入ったことから物語は始まり、立派に成長して技師となったグスコーブドリがイーハトヴを冷害の危機から救うために自分の命と引き換えに火山を爆発させた場面で物語は終わる。[45]

こういった「自己犠牲」の精神は、平和な世界をつくるための祈りにも現れている。「烏の北斗七星」では、軍人である烏の大尉は戦争のない世界を願ってこう祈っている。「あゝ、マヂエル様、どうか憎むことのできない敵を殺さないでいゝやうに早くこの世界がなりますやうに、そのためならば、わたしのからだなどは、何べん引き裂かれてもかまひません。[46]」また、「銀河鉄道の夜」では、ジョバンニは親友のカンパネラにこう告白する。「僕はもうあのさそりのやうにほんたうにみんなの幸のためならば僕のからだなんか百ぺん灼いてもかまはない。[47]」多くの小さな虫の命をうばった蠍が死に瀕して罪を悔い「まことのみんなの幸」のために自分の命を捧げたいと神に祈り、暗闇を照らす火になった。それをふまえてジョバンニも「みんなの幸」のために自分を犠牲にすることを望む。賢治には「自己犠牲」の願望があるようである。有名な詩「雨ニモマケズ」を読んでみてもそれは分かるであろう。ただこの「自己犠牲」は、ただの奉仕活動では終わらない。死を要求するまでにエスカレートするのだ。ここには反転した「修羅」の暴力が潜んでいるのではないのだろうか。

B　脱中心的な共同体

この潜在的な暴力性が、共同体の構想において「中心」や「頭」を抹消しようとすることにもつながる。論を進めよう。

賢治の作品における共同体といえば、イーハトヴである。童話集『注文の多い料理店』の副題は、「イーハトヴ童話集」であった。それでは、イーハトヴとは何であろうか。賢治は次のように説明している。

イーハトヴは一つの地名である。強て、その地点を求むるならばそれは、大小クラウスたちの耕してゐた、野原や、少女アリスガ《ママ》辿った鏡の国と同じ世界の中、テパーンタール砂漠の遥かな北東、イヴン《ママ》王国の遠い東と考へられる。
実はこれは著者の心象中に、この様な状景をもって実在したここにドリームランドとしての日本岩手県である。（この行赤刷り）
そこでは、あらゆる事が可能である。人は一瞬にして氷雲の上に飛躍し大循環の風を従へて北に旅する事もあれば、赤い花杯の下を行く蟻と語ることもできる。罪や、かなしみでさへそこでは聖くきれいにかゞやいてゐる。[48]

イーハトヴは賢治が生活していた岩手県がモデルになっているが、それは「ドリームランド」としての「岩手県」である。彼の心に浮かぶ風景、つまり「心象風景」である。それは心に浮かぶ空間であるから、どこにもない場所という意味でのユートピアと言える。だが、ユートピアとはいえ必ずしも理想郷ではない。「注文の多い料理店」や「鳥の北斗七星」には、残酷さを孕んだ情景もあり、不条理な現実の告発もあり、必ずしも理想の世界とは言えない。「あらゆることが可能である」とことわっているものの、理想にまで至らない現実の残酷さが彼の心象には浮かんでくるのであろう。だから、賢治は続けてこうも述べている。「正しいもの、種子を有し、その美しい発芽を待つものである。[49]」あるいは「これらは新しい、よりよい世界の構成材料を提供しやう《ママ》とはする。[50]」理想をはらんだ種子、その途上にあるものが、この童話の世界にはばらまかれていて、それが理想へと開花するのが、賢治の望みである。そして、この世界は彼の心象に現れたものであるから、架空の絵空事ではなく、「心の深部に於て万人の共通[51]」なものなのである。イーハトヴは、理想の種子をはらんだ深層の共同体ないしは共同性なのである。

それでは、この共同体はどういうものであろうか。『注文の多い料理店』以外の作品も交えながらこの問題を考えていきたい。

まずは、田中智学との関係について触れておこう。国柱会に入会した後、賢治は友人の保坂嘉内に智学賛美の手紙を送る。そこにはこう記されている。「田中先生に、妙法が実にはっきり働いているのを私は感じ私は信じ私は仰ぎ私は嘆じ　今や日蓮聖人に従ひ奉る様に田中先生に絶対服従致します。ご命令さへあれば私はシベリアの凍原にも支那の内地にも参ります。乃至東京で国柱会会館の下足番をも致します。それで一生をも終ります。(52)」このように賢治は、当初は熱狂的に智学を崇拝していたのだ。しかし時が経つにつれて、書簡で智学や国柱会への言及がみられなくなってくる。彼は国柱会の会員であり続けるのに、智学の思想に直接触れようとはしないのだ。とはいえ、智学の「世界統一」は賢治のイーハトヴに影響を与えている。両方とも法華経に基づく平和な共同体を夢見ているからである。しかし、「頭」と「中心」をめぐって両者には決定的な違いがある。智学は日本人が天から選ばれた民族であることを強調し、日本を中心とした「世界統一」を構想する。また、国立戒壇にこだわり、日蓮宗に帰依した天皇が世界の中心になるのである。それに対して、智学に影響を受けつつも、賢治が考えるイーハトヴの共同体では「頭」や「中心」が不在である。イーハトヴは「ドリームランドとしての日本岩手県」であるが、アリスの鏡の国、「テパーンタール砂漠の遥かな北東、イヴン《ママ》王国の遠い東」であり、岩手県はすでにして夢の国としてコスモポリタンのイメージとなっている。しかも、イーハトヴ共同体の登場人物に関しては、日本人が中心を占めているとは言えない。もちろん童話の登場人物には、日本人もいる（例えば、「鹿踊りのはじまり」の嘉十や「なめとこ山の熊」の小十郎）。しかし、それだけではない。西洋の人を思わせる固有名詞の人物が主人公の場合もある（「セロ弾きのゴーシュ」のゴーシュや「銀河鉄道の夜」のジョバンニ）。中国の西域を彷彿させる者の場合もある（「雁の童子」の須利耶）。だから、イーハトヴの住人は特定の国民や民族に限定されない。また特定の国や民族を称揚しているものでもない。「八紘一宇」というかたちで統一された世界とイーハトヴはコスモポリタンという点で一見すると似ているのであるが、そこには法華経の真理の実現ために選ばれた中心となる民族はいない。智学の思想で強調される日本という「中心」や「頭」はそこには見られないのだ。また、天皇に関しても同じことが言える。国柱会の信行員でありながら、書簡にも文学作品にも彼は天皇賛美の言葉を書いていないのだ。この点で、ナショナリズムにも天皇中心の体制にも無関心な賢治が構想する共同体は、アセファル的と言えるのではないのだろうか。コスモポリタンである賢治は、エスペラント語を学び、その言葉で詩作すらしている。[53] イーハトヴは、特定の国や国民が優位にたつような場所ではないのだ。コスモポリタンの徹底は、智学の構想したモノセファルな秩序を破壊してしまっている。「世界統一」は「頭」を失い、脱中心的に変質していると言えるであろう。テロリストにも軍人にもならなかった賢治の暴力性は、本質的な次元で「頭」や「中心」を破壊していくのだ。

しかも「頭」の破壊は「日本」や「天皇」の次元にはとどまらない。さらに根本的に、「頭」として君臨する人間もアセファル的に問い直されている。イーハトヴの共同体では、人間も中心的な場所を占めているわけではないのだ。彼の童話では、主人公が人間以外の場合も多くある。動物の場合（山猫やよだか）もあれば、植物の場合（ダァリヤ）もある。鉱物の場合（火山弾）もあれば、異界の者（ペンネンネンネンネン・ネネム）の場合もある。こういった者たちのうち、中心に位置する者はいない。彼らはヒエラルキーを形成するのではなく、脱中心的な形でそこに存在しているのではないのだろうか。このように述べると、童話はある寓意であり、人間の考えを子供のために動物などに仮託して述べたものだという反論があるかもしれない。たしかに彼の文学は法華文学と呼ばれ、仏教の教訓を述べた作品もある。ただ、彼の作品はこういった作者の意図を超えた面があるのではないのだろうか。『注文の多い料理店』の序で、彼はこう述べている。「これらのわたくしのおはなしは、みんな林や野はらや鉄道線路やらで、虹や月あかりからもらつてきたのです。〔中略〕ほんたうにもう、どうしてもこんなことがあるやうでしかたないといふことを、わたしはそのとほり書いたまでです。[54]」言ってみれば、自然が彼に書くように要請し、こころに浮かぶがままに彼は書いたわけである。彼にとって、書くことは彼の意図を超えたものを孕んでいる。動物や植物を描く場合も、人間の世界の寓意だけではなく、それを超えたものと関わっていると言えるであろう。だから賢治の文学作品は、自然との共同作業なのである。例えば、オノマトペ（音喩）の多用は、単に彼の幼児性を示しているだけではなく、彼の自然との共同作業をあらわしているのではないのだろうか。[55] イーハトヴでは、人間ですら「頭」や「中心」になれないのである。[56] この意味で、賢治の世界は徹底的にアセファル的と言える。アセファルに関してバタイユが人間と動物のあいだのヒエラルキーについての問いを向けているが、それは人間と動物の地位の逆転であり、人間の野獣化である。それに対し、賢治の作品は脱中心化というかたちでバタイユ以上にアセファルが徹底されていると言えるのではないのだろうか。人間も「中心」でなければ、動物も「中心」ではないのだ。

　このように人間中心の発想をとらない彼はさらに、肉食を放棄して菜食主義の立場をとる。動物を食べることは、ある意味で共食いなのである。前世で人間であった動物を食べると彼は考えるからである。彼は「ビヂテリアン大祭」で、「我々のまはり生物はみな永い間の親子兄弟である」とまで述べている。

> 総ての生物はみな無量の劫《カルパ》の昔から流転に流転を重ねて来た。流転の階段は大きく分けて九つある。われらはまのあたりその二つを見る。一つのたましひはある時は人を感ずる。ある時は畜生、則ち我等が呼ぶ所の動物中に生れる。ある時は天上にも生れる。その間にはいろいろの他のたましひと近づいたり離れたりする。則ち友人や恋人や兄弟や親子やである。それらが互にはなれ又生を隔ててはもうお互に見知らない。無限の間には無限の組合わせが可能である。だから我々のまはりの生物はみな永い間の親子兄弟である。[57]

　ここにあるのは、仏教の輪廻転生の考えである。ただ、輪廻転生にはヒエラルキーがある。もちろん、賢治の思想にも、ヒエラルキーがないわけではない。しかし、それは天界とこの世のあいだの差異である。例えば、「雁の童子」では、天の眷属が罪を犯して雁になり、その償いをして再び天に召されるという話がある。[58]「二十六夜」では、梟が肉食の罪からまた梟に生まれ苦しみを味わわなければならない輪廻が語られている。[59]また先ほど指摘したように、この「二十六夜」で、餓死しようとしていた人間の親子のために我が身を投げ捨てて食となり彼らの命を救った梟が「疾翔大力」という菩薩になったことが語られている。[60]さらには、「よだかの星」では神がよだかの願いを聞き入れ天の星になる話が述べられ、「銀河鉄道の夜」では、自分の罪を悔いた蠍が天の星になって地上を照らしている話が語られている。[61]このように天界とこの地上の世界とは明らかに差があり、罪や功徳を通して地上の者と天界の者は入れ替わりがある。しかし賢治の童話では、人間と動物のあいだにヒエラルキーが見いだせない。つまり、罪を犯すことで人間が動物に変身するという考えはでてこないのだ。保坂嘉内に宛てた書簡で、彼は食卓にのぼる魚に同情し自分の前世が魚ではないかと推測するのだが、そこではかつて罪を犯して魚になったとは述べられていない。[62] 彼にとって、人間と動物の間には大きな隔たりはないのではないのか。罪を通しての人間と動物のあいだのヒエラルキーはそこには見いだせない。[63] 先ほどの「ビヂテリアン大祭」からの引用にも、罪によって動物になったという記述はない。動物と人間は「長い間の親子兄弟」であり、動物を食べるべきではないということが述べられるだけである。ここにあるのも、罪を通しての人間と動物のヒエラルキーではなく、両者の平等な関係なのではないのだろうか。ここでも彼の考えは、人間が「頭」という発想からはほど遠い。

とはいえ、犯した罪と贖罪という発想は賢治にも強く存在する。それは殺生をする者に如実に現われている。例えば、「貝の火」の主人公の子兎ホモイは、ひばりの子の命を助けたお礼に「貝の火」という玉をもらうが、多くの鳥を網にとって食べようとしている狐を前に逃げだしたことで、最後に玉は割れホモイは失明する。犯した罪は何らかの形で償わなければならないのだ。[64] 自然界の食物連鎖の場合も例外ではない。虫を食べるよだかは次のように嘆く。「あゝ、かぶとむしや、たくさんの羽虫が、毎晩僕に殺される。そしてそのたゞ一つの僕がこんどは鷹に殺される。それがこんなにつらいのだ。[65]」生き物を食べる罪を犯した者は、これまた殺されるというかたちで償われる。因果応報というかたちで、罪とその償いにおいて差別はない。賢治の童話に自己犠牲の物語がいくつも登場するのも、彼自身の罪の償いに由来しているのではないのだろうか。彼はある時期から菜食主義になったが、肉食に罪悪を感じているからである。「中心」であり「頭」である人間は動物を支配しその肉を食べるが、そうであるが故に罪を背負わざるをえない。賢治が罪悪感から自己犠牲をするのは、人間であることへの攻撃、「中心」や「頭」であることへの攻撃ではないのだろうか。内面化した彼の暴力性は、こういったところでもアセファル的に働いているのではないのだろうか。いずれにせよ、今ここで私たちにとって重要なことは、罪と贖罪の関係の連鎖は、人間も動物も関係なく平等に続いていることなのだ。

そして、こういった脱中心的な関係は天台の本覚思想の影響のもとで賢治の思想のなかで徹底されている。輪廻の苦しみから解脱した者について書簡で触れながら、友人の保坂に彼はこう書いている。

一一人成仏すれば三千大千世界山川草木虫魚禽獣みなともに成仏だ。(66)

あらゆるものが「仏」に成りうる。人間だけでなく、動物さらには植物・土地にも「仏」は開かれており、ここに賢治の理想とする世界がある。彼の脱中心的な思想の背景には「草木国土悉皆成仏」の発想があるのだ。(67)もともとインドの仏教では「有情」(意識をもつ)と「無情」(意識をもたない)の間に境界が設けられ、前者に属する人間と動物は食べてはいけないが、植物は後者に属するので食べてよいという菜食主義が唱えられていた。しかし、仏教が日本化するとこの境界は曖昧になってくる。かくして、成仏できる者の範囲は広がっていくのだ。人間と動物だけではなく、植物、鉱物までが「仏」に成りうる。ここにイーハトヴの共同体の理想があるのだろう。あらゆるものが、平等でヒエラルキーのない関係なのである。智学の「世界統一」では、人間と神しか問題にならなかったが、賢治の世界では人間、動物、植物、鉱物までもが参加できる。しかも、ここには「中心」も「頭」もない。日本化した仏教の影響を受けた賢治の思想には、日本という中心もなければ、人間という中心もない。逆説的なことだが、日本という中心が不在のこの空間にこそ、日本的思惟の深層が開けているのではないのだろうか。(68)また、人間という中心が不在の世界に、人間の思惟の深層が隠れているのではないのだろうか。(69)

C　四次元

最後に、「超越的な出来事」と私たちが呼んだものとイーハトヴ共同体の関係をどう扱ったらいいのかを考えてみよう。

まずこの共同体の基本的な性格についてもういちどまとめてみよう。

（1）イーハトヴは「ドリームランド」としての「岩手県」であるが、賢治のなかの「心象風景」である。だから、どこにもない場所という意味でのユートピアと言える。

（2）ユートピアではあるが理想郷ではない。そこには、残酷さを孕んだ情景や不条理な現実の告発もあり、必ずしも理想の世界とは言えない。

（3）「正しいものの種子」や「新しい、よりよい世界の構成材料」が童話のなかにばらまかれていて、それらが理想へと開花するのを賢治は待っている。

（4）この世界は架空の絵空事ではなく、万人に共通の深層の共同体ないしは共同性なのである。

イーハトヴの共同体は理想としての世界ではなく、理想への途上のものと言える。賢治は「種子」が発芽するのを待っているのだ。しかも、理想の世界は「作者に未知な絶えざる警《ママ》（「驚」の誤植）異に値する世界自身の発展」[70]とも言われる。どう「種子」が発芽していくかは、作者にも必ずしも分からないのだ。

この理想の世界については、先ほどの自己犠牲の分析において触れたように、「烏の北斗七星」では、烏の大尉は「憎むことのできない敵を殺さない世界」が生まれることを祈っていた。また、「銀河鉄道の夜」では、ジョバンニはカンパネラに「みんなの幸」のために自分を犠牲にしたいと告白し、カンパネラも同じ思いだと言った。こういった幸せで平和な世界は、智学や石原が抱いた理想の世界によく似ているし、その意味で時空上で点として定められた未来とも言えるだろう。しかしその一方で、ジョバンニは「けれどもほんたうのさいはひは一体何だろう」とも言い、カンパネラも「僕わからない」[71]と答える。「みんなの幸」について問い直されて、結論はでないのだ。理想は、智学や石原の場合と違い、明確なものではなく、どういうものか、またどうなるのか、よくわからないものなのではないのだろうか。だからこれは、「作者に未知な絶えざる警《ママ》（「驚」の誤植）異に値する世界自身の発展」なのだ。ましてや、智学のように大正八年から四十八年後に実現するというような予測は不可能なのだ。この理想は実現を目指すべき最終目的であり、その意味で私たちを支配し束縛する「超越的な出来事」であろう。しかしながら、その内実はよく分からないし、いつどのようなかたちで生じるかもまったく分からないのだ。ジョバンニによる問い直しをふくめて考えてみれば、賢治にはふたつの傾向があるのではないのだろうか。ひとつには、理想という「超越的な出来事」を設定し、それを追求していく。しかし、それについて確信がもてず、それを絶えず考え直す。「超越的な出来事」自身が終わることなく問いにさらされるのだ。イーハトヴの共同体も、一方で理想の世界の「種子」がばらまかれているが、残酷で不条理な現実も描かれており、「種子」がどう芽を出していくかは分からない。理想は、その対局にあるものと並存しているのだ。

こういった幸せな理想世界の追求は、「農民芸術概論綱要」でも語られている。彼は「世界がぜんたい幸福にならないうちは個人の幸福はあり得ない」という立場から、「世界のまことの幸福[72]」を芸術を通して探求していこうとしている。彼は「宇宙」や「銀河」と交流し、それらの規模の視点から芸術をとらえていき、「個人」から「集団社会宇宙」と「進化[73]」していくものとしている。ところが、『綱要』の結論部でこうのべている。

われらの前途は輝きながら嶮峻である
嶮峻のその度ごとに四次芸術は巨大と深さとを加へる
詩人は苦痛をも享楽する
永久の未完成これ完成である[74]

「四次芸術」というのは、「第四次元芸術[75]」とも言われている。宇宙や銀河の次元での芸術の意味であろう。これが「永久の未完成」という「完成」の姿をとるのだ。理想を求めるものの、それは永遠に「未完成」に終わり、「完成」しえないのではないのだろうか。イーハトヴ童話にしろ、農民芸術にしろ、賢治の芸術は「未完成」であることを宿命づけられているのではないのだろうか。たとえ終末の理想が設けられ、そこに向けて努力をしても、そこには至らないということがここで示されているのではないのだろうか。賢治の複雑さは、彼の語るもののなかに設定された理想を裏切るものが含まれているということにあるのだ。

この「四次芸術」であるが、彼は「近代科学の実証と求道者たちの実験とわれらの直観の一致」のもとで「農民芸術」を考えている。つまり、科学、宗教、芸術の一致させることが、賢治の野心でもあった。鈴木貞美によれば、賢治の四次元時空についての知識はチャールズ・スタインメッツの一般向けの講演集『相対性と空間』を読んだ程度だそうだ。また、有名なミンコフスキーの名を自身の作品「花壇工作」の梗概メモに書きこんでいたという。[76]もちろん、賢治は「四次元」の理論に関心を示し多少の勉強はしたが、「第四次元」は彼の「宗教」と「芸術」のなかで問い直されたものである。彼は「四次元」を一方で「宇宙」や「銀河」と結びつけているし、もう一方で「無意識」[77]とも関係づけている。それは「無意識」という心の深層を通して、神秘的に交流できる「宇宙」のこと、あるいは異次元の時空のことではないのだろうか。

さらに、この「四次元」は詩集『春と修羅』の「序」でも語られている。この「序」は詩というかたちをとっているが、彼の芸術の方法論を述べている。「序」の最後で彼は次のように書いている。

すべてこれらの命題は
心象や時間それ自身の性質として
第四次延長のなかで主張されます[78]

入沢康夫はちくま文庫の全集第一巻解説で、この「序」を「仏教的な輪廻転生・生成流転の思想」と「当時の科学思想の最先端である四次元時空の考え方」[79]を合体させたものと述べている。たぶん賢治流に融合させたものであろう。だから、「人や銀河や修羅や海胆は宇宙塵をたべ」と言ったり、「新生代沖積世の巨大に明るい時間の集積」、「修羅の十億年」[80]といった表現で、宇宙的な規模の時間と空間について語っている。これがミンコフスキーやアインシュタインの「四次元」と本当に重なるかどうかは措くとして、この法外な時空こそが賢治の「第四次延長」であろう。彼は「記録や歴史」、あるいは「地史」の資料よりも根本にある異次元の時空のことを語っている。これは賢治に言わせれば、通常の「因果の時空的制約[81]」を超えたものなのである。この時空は智学や石原が語る四十八年後の終末のときとも違えば、「大きな物語」や「小さな物語」を問わず実現すべき目的として設定される「超越的な出来事」の時空とも異なる。それは時空の制約を超えた、時間なき時間であり、空間なき空間であろう。彼は自分のことを「有機交流電燈」とか「因果交流電燈」と述べ、「風景やみんな」と交感しながら明滅するものと語っているが、これを「透明な幽霊の複合体[82]」とも見なしている。詩を作る彼も幽界に準えられる異次元にいるのであろう。だから、この「第四次延長」の時間なき時間、空間なき空間は常に私たちとともにあるが、私たちはふだんは気づいていないのだ。

イーハトヴの共同体について賢治が記したもののなかには、「四次元」という言葉は使われてはいない。しかし、彼は「イーハトヴ童話」を『春と修羅』と同じように「心象スケッチ[83]」と言っている。彼にとって「心象スケッチ」とは、今みたように宇宙規模の「四次元」であった。そこで描かれる「心の深部で万人に共通の」共同性や共同体は、終末の「超越的な未来」のモノセファルな支配構造すら問い直すものではないのだろうか。超越的な理想も「四次元」の時間なき時間や空間なき空間のなかで解体される可能性を孕んでいるのだ。「種子」は発芽の途上にあるが、いつどのように発芽するか分からない。結局、それは「四次元」の「世界」の動きに委ねられ、私たちは発芽を待つことしかできないのだ。永遠の「未完成」を宿命づけられながら。

宮沢賢治は田中智学の「世界統一」の考えを受けついでいる。日蓮や智学の「折伏」の考えによって、賢治の暴力性は呼び起こされたのであるが、この暴力性が逆に彼を暴力から遠ざけてしまう。彼は「世界統一」のために戦争や暴力という手段をとらない。むしろ「世界統一」を踏まえた共同体から、「日本」、「天皇」、「人間」、「私」という「中心」ないし「頭」を抹消したり破壊していく。また、終末の理想というモノセファルな未来を志向しつつも、これも「四次元」の「時空」に解消していく。イーハトヴの共同体は、アセファルというありかたのひとつの展開を示してくれるのだ。この脱中心化は、これからの共同体にひとつのモデルを提供してくれるのではないのだろうか。このようにして、彼はテロや戦争の暴力に走らずにすんだのである。智学の理想を石原のように軍事的に継承するのでなく、賢治のように読みかえることは、暴力やテロを前にした私たちにも十分に示唆的ではないのだろうか。

註

（1）E. Benveniste, *Le vocabulaire des institutions indo-européennes 2. povoir, droit, religion*, Éd. de Minuit, 1969, pp. 267-263.『インド＝ヨーロッパ諸制度語彙集 Ⅱ王権・法・宗教』言叢社、一九八七年、二五八―二六四頁。

（2）G. Bataille, *Œuvres complètes*, VIII, Gallimard, 1976, p. 225.『〈非‐知〉閉じざる思考』西谷修訳、哲学書房、一九八六年、九四頁。

（3）K. Marx, « Zur Kritik der Hegelschen Rechtsphilosophie. Einleitung», Karl Marx / Friedlich Engels, *Gesamtausgabe*, I, Bd. 2, Berlin, Dietz Verlag, 1982, p. 171.「ヘーゲル法哲学批判序説」『ユダヤ人問題によせて ヘーゲル法哲学批判序説』城塚登訳、岩波文庫、一九七九年、七二頁。

（4）この論文では「テロ」とか「テロリズム」という用語をそのまま使うが、私はこれらの言葉を、例えばアメリカとイスラム国との「戦争」に使うことに警戒している。敵を罵倒するための言葉を理解の中心に据えると、たとえそこに厳密な定義を施そうとも、事態の本質が見えなくなってしまう恐れがあるからである。宗教、国民国家、西欧中心主義、国連、資本主義などの多くの問題の絡み方が、ある種の権力が欲するがままにしか理解できなくなることを警戒しながら、これらの言葉を使う必要があるだろう。イスラム・テロについての言説が孕む隠蔽構造については、中田考『イスラームの論理』筑摩書房、二〇一六年、五九―七一頁を参照。

（5）G. Bataille, *Œuvres complètes*, I, Gallimard, 1979, pp. 442-558,『無頭人』兼子正勝・中沢信一・鈴木創士訳、現代思潮社、一九九九年。三権分立の考えに立脚しているとはいえ、民主主義の大統領制もやはりモノセファルな「頭」や「中心」を免れてはいないのではないのだろうか。

（6）池内恵『現代アラブの社会思想――終末論とイスラーム主義』講談社現代新書、二〇〇二年、一五〇頁―二四二頁。

（7）池内恵『イスラーム国の衝撃』文春新書、二〇一五年、一九六―一九七頁。

（8）ロバート・J・リフトン、『終末と救済の幻想――オウム真理教とは何か』岩波書店、二〇〇〇年、五九頁。

（9）http://ameblo.jp/joyufumihiro/entry-11986890938.html

（10）池内『イスラーム国の衝撃』前掲、一九四―一九五頁。

（11）J.-F. Lyotard, *Le Postmoderne expliqué aux enfants*, Éditions Galilée, 1988, pp. 33-40.『こどもたちに語るポストモダン』管啓次郎訳、ちくま学芸文庫、一九九八年、三七―四四頁。

(12) 私はリオタールに全面的に賛成ではない。彼は「正当化」を「大きな物語」に割り振るが、多くの物語はなんらかのかたちで「正当化」を孕んでいるのではないのだろうか。少なくとも、物語が目的を持つ限り正当化と無縁とは言えない。

(13) もちろん、正当化するものは未来における「超越的な出来事」だけではない。起源のような過去における「超越的な出来事」の場合もある。時間や空間に位置づけられないかたちで現前する「理念」や「理想」の場合もある。さらには、神の権威、聖典の権威による正統化も多々見られる。正統化や根拠づけについては抜本的に考えてみなければならないだろう。

(14) 同じことが起源としての出来事にも指摘できる。

(15) 田中香浦『田中智学』真世界社、一九七七年。

(16) 末木文美士「国家・国体と日蓮思想1——田中智学を中心に」『シリーズ日蓮5　現代世界と日蓮』春秋社、二〇一五年、一二三頁。

(17) 田中智学『日本國體の研究』天業民報社、一九二二年、六六〇頁。

(18) 同、六七〇頁。

(19) 同、一六四頁。

(20) 田中智学「本化宗學よりみたる日本國體」『師子王教義篇』師子王全集刊行会、一九三一年、四八頁。

(21) 同、四九頁。

(22) 智学『日本國體の研究』前掲、四八九頁。

(23) 同、四九六頁。

(24) 田中智学『日本とは如何なる國ぞ』天業民報社、一九二八年、二三六頁。

(25) 同。

(26) 同。

(27) 智学「本化宗學よりみたる日本國體」三六七頁。

(28) 石原莞爾『最終戦争論』中公文庫、二〇〇七年、六一頁。

(29) 「立正安国論」と「撰時抄」（渡辺宝陽・小松邦彰編『日蓮聖人全集　第一巻　宗義1』春秋社、二〇一一年、一五

三─二一四頁、二七五─三七八頁）を参照。なお、日蓮の終末論については、中尾尭「日蓮の終末論」、中尾尭編『日蓮宗の諸問題』雄山閣、一九七五年、三─二〇頁を参照。
(30) 石原、前掲、五八頁。
(31) 同、四四─四五頁。
(32) 同、六〇頁。
(33) 石原莞爾は戦争は有史以来「決戦戦争」と「持久戦争」が繰り返すというユニークな軍事史研究をおこなっており、そこからも最終戦争の必然性について説明している。その理論を紹介しながらその限界について私は論じた。岩野卓司「「最終戦争」は可能なのだろうか？──石原莞爾「最終戦争論」の思想的限界」『日本語言文化研究第二輯（下）』吉林省延吉、延辺大学出版社、二〇一二年、五七七─五八三頁、同「石原莞爾から宮沢賢治へ──古層をめぐって」、金山秋男編『日本人の魂の古層』明治大学出版会、二〇一六年、一〇一─一一六頁。
(34) 大澤信亮「宮沢賢治の暴力」『神的批評』新潮社、二〇一〇年、一六頁。
(35) 「注文の多い料理店」『宮沢賢治全集8』ちくま文庫、一九八六年、四〇─五一頁。
(36) 同、四〇頁。
(37) 同、四〇─四一頁。
(38) 中沢新一「圧倒的な非対称──テロと狂牛病について」『緑の資本論』ちくま学芸文庫、二〇〇九年、二三頁。9・11の事件の後この論文を書いた中沢は「注文の多い料理店」よりも「氷河鼠の毛皮」のほうを重視し、この作品に「非対称」を克服していこうというメッセージを読み取っていく。ここから彼は暴力やテロの克服を考えていく。
(39) 「二十六夜」『宮沢賢治全集5』ちくま文庫、一九八六年、四五四頁。
(40) 同、四五五頁。
(41) 同。
(42) 同。
(43) 同、四五四頁。
(44) 『宮沢賢治全集1』ちくま文庫、一九八六年、二九頁、三〇頁。
(45) 「グスコーブドリの伝記」『宮沢賢治全集8』前掲、二三〇─二七一頁。

(46)「烏の北斗七星」『宮沢賢治全集8』前掲、六〇頁。
(47)「銀河鉄道の夜」『宮沢賢治全集7』ちくま文庫、一九八五年、二九二頁。
(48)『宮沢賢治全集8』前掲、六〇二―六〇三頁。
(49)同、六〇三頁。
(50)同。
(51)同、六〇三―六〇四頁。
(52)『宮沢賢治全集9』ちくま文庫、一九九五年、二四二―二四三頁。
(53)『宮沢賢治全集3』ちくま文庫、一九九六年、五七七―五八四頁。基本的には日本語で書いた自分の詩をエスペラント語に翻訳したものである。
(54)『宮沢賢治全集8』前掲、一五頁。
(55)矢野智司は「逆擬人法」というタームで賢治の表現を見事に分析している。矢野によれば、賢治の擬人法は、人間の気持ちを動物や植物に仮託して述べる人間中心主義的なものではなく、それによって動物や植物の声が聞かれる脱人間化された生の技法である。だから「脱擬人法」なのである。そして、それがよく現われているのがオノマトペ(音喩)とされている。(矢野智司『贈与と交換の教育学――漱石、賢治の純粋贈与のレッスン』東京大学出版、二〇〇八年、一二〇―一五〇頁。『動物絵本をめぐる冒険――動物‐人間学のレッスン』、勁草書房、二〇一二年、四三―九九頁。)
(56)そこでは「頭」や「中心」になろうとする者はその傲慢さから身を亡ぼす。「洞熊学校を卒業した三人」(『宮沢賢治全集7』ちくま文庫、一九八五年、七〇―八八頁)を参照されたい。
(57)「ビヂテリアン大祭」『宮沢賢治全集6』ちくま文庫、一九八六年、一〇四頁。
(58)「雁の童子」『宮沢賢治全集6』同、一五三頁。
(59)「二十六夜」前掲、四三八―四三九頁。
(60)同、四三七―四三九頁。
(61)「よだかの星」『宮沢賢治全集5』前掲、九一―九二頁、「銀河鉄道の夜」『宮沢賢治全集7』前掲、二八七ページ。
(62)『宮沢賢治全集9』前掲、九〇―九一頁。
(63)鶴田静は、賢治の輪廻転生についての考えは、業を重視する仏教ではなく、ピタゴラスの影響であると指摘している。（鶴田静『宮沢賢治の菜食思想』晶文社、二〇一三年、五五―五八頁。）興味深い説であるが、賢治はピタゴラスについて言及しているものの、その輪廻思想についてはまったく触れていない。

（64）「貝の火」『宮沢賢治全集5』前掲、四九―七七頁。

（65）「よだかの星」『宮沢賢治全集5』同、八七頁。

（66）『宮沢賢治全集9』前掲、九二頁。保坂宛ての別の書簡では、「わが成仏の日は山川草木みな成仏する」と書いている（同、一二〇頁）。

（67）「山川草木悉皆成仏」が仏典にないという事実、日本の仏典にある「草木国土悉皆成仏」の本来の意味については、末木文美士『草木成仏の思想』（サンガ、二〇一五年）を参照。また、鈴木貞美は、仏典のどこにもないのに一九七〇年頃から急速に流布している「山川草木悉皆成仏」という言葉は、宮沢賢治に由来するのではないかという仮説をたてている。賢治は一九一八年五月一九日の書簡ではじめてこの言葉を使っている。鈴木貞美『宮沢賢治　氾濫する生命』左右社、二〇一五年、五六―五八頁。

（68）宮沢賢治を高く評価する梅原猛は、仏教が日本的に変容したのは古来の狩猟採取文化が日本文化の基層に残っているからと述べ、賢治の童話にもこの縄文的世界観の反映を見ようとしている（梅原猛『日本人の「あの世」観』中公文庫、二〇一二年、三三八―三五二頁）。縄文文化が日本文化の基層に残存しているとしても、それが一枚岩なものなのか、よく考えてみるべきであろう。

（69）今回は触れなかったが、もうひとつの脱中心化として、都市と田舎との関係がある。イーハトヴの共同体は、「田園の新鮮な産物」（『宮沢賢治全集8』前掲、六〇四頁）である。賢治はこの共同体が「田園」で生まれることを強調している。「農民芸術論要綱」でも、「都人よ　来ってわれらに交れ　世界よ　他意なきわれらを容れよ」（「農民芸術概論綱要」『宮沢賢治全集10』ちくま文庫、一九九五年、一九頁）と述べている。都市という「中心」を抹消して、脱中心化しようとするのが賢治の狙いではないのだろうか。

（70）『宮沢賢治全集8』前掲、六〇三頁。

（71）「銀河鉄道の夜」前掲、二九二頁。

（72）「農民芸術概論綱要」前掲、一八―一九頁。

（73）同。

(74) 同、二六頁。
(75) 同、二四頁。
(76) 鈴木、前掲、七五頁。
(77) 「農民芸術概論綱要」前掲、一八―二五頁。
(78) 「春と修羅」『宮沢賢治全集1』ちくま文庫、一九八六年、一八頁。
(79) 入沢康夫「解説」『宮沢賢治全集1』前掲、七三三頁。
(80) 「春と修羅」前掲、一六―一七頁。
(81) 同、一七頁。
(82) 同、一五頁。
(83) 『宮沢賢治全集8』前掲、六〇三頁。

郷原佳以

「すべて」をめぐる断片の運動

ブランショにおける共同体の（非）実践的射程

「二人の作家が会った場合、彼らはけっして文学の話などしない（幸いなことだ）、彼らが口にする最初の言葉は、いつだって政治に関するものである。」

ブランショ『来るべき書物』

1　一九八〇年代から二〇一〇年代、共同体をめぐる現状

バタイユの共同体探求を共通の参照項とした二つの共同体論、ジャン＝リュック・ナンシーの『無為の共同体』（初出一九八三、単行本一九八六）とモーリス・ブランショの『明かしえぬ共同体』（一九八三）が相互に応答し合う形で相次いで発表されてから三十年が経った。共同体の根底的な再考を促す彼らの問題提起はフランスのみならず世界中で注目を集め、一九九〇年代にはさらに谺を返す形で、アガンベン『到来する共同体』、アルフォンソ・リンギス『何も共有していない者たちの共同体』、ロベルト・エスポジト『コムニタス』といった共同体論も現れた。そして二〇一〇年代現在、ブランショは世を去ったが、ナンシーは再び精力的に共同体の問題に取り組んでいる。それは相変わらず、当初から彼が盟友ラクー＝ラバルトと共に問題にしていた「神話と共同体」という枠組みにおいて、しかも驚くべきことに、なおもブランショへの応答という形においてである。ときに、「神話」に関する三十年前の自らおよびラクー＝ラバルトの見解を修正しながら、また、ブランショに対する応答の姿勢は三十年前よりも厳しいものにしながら、であり、そこには、近年再び注目されるようになってきたブランショの一九三〇年代における右派雑誌への時評寄稿の問題も絡められている。[1] とはいえ、ナンシー自身も第三版（一九九九）で註記する通り、[2]『無為の共同体』の元になる論文を一九八三年にジャン＝クリストフ・バイイの雑誌『アレア』に寄稿し、それを一九八六年に加筆して単行本化し、さらに一九九〇年に再加筆した後も、彼はバイイとの共著『共出現』（一九

九一）や『単数複数存在』（一九九六）で同書の問題を引き継いできたのであり、「神話と共同体」はこの三十年間変わらずナンシーの主題であり続けてもいる。本稿は、ナンシーが視点を更新しながら現在まで続けているブランショへの問いかけを参照しつつ、ブランショの共同体論、あるいはむしろ、一見すると共同体論どころか政治的にも見えないテクストのうちに、問いかけへの応答を探り、その政治的思考の特異性を掘り起こす試みである。しかし、ナンシーについては「実践（プラクシス）」の独自の措定が指摘されているが(3)、ブランショの共同体論に、今日の「政治的実践」はどのように関わりうるのだろうか。そもそも、『明かしえぬ共同体』は、何らかの共同体を志向する者が「実践」に移すべき、また移しうる提言として差し出されているのだろうか。まずは、一九八〇年代から二〇一〇年代現在までに至る「共同体」をめぐる状況を確認しながら、この点を探ってみよう。

一九八〇年代からの三十年間、「共同体」もしくは「共同性」をめぐる状況、すなわち、異なる生活手段や出自をもつ者同士の「共生」のありようは、フランスはもとよりヨーロッパ、アメリカ、またアジアを見渡しても、改善されるどころか悪化の一途を辿っているようにしか思われない。正規労働者と非正規労働者の格差、移民・難民への様々な差別など、共生をめぐる問題は山積しており、ギリシアの危機、イギリスの離脱決定に示されるように、ヨーロッパを繋ぐ希望であったはずの欧州連合（EU）の存続さえ危うくなっている。立場の異なる者を排除しようとする「ヘイトクライム」も後を絶たない。なるほど、ナンシーとブランショは一九八九年の「ベルリンの壁」崩壊および一九八九年のソヴィエト連邦解体の「予兆をすでに感じ取っていた(4)」と言えるかもしれない。彼らの共同体論は、全体主義に至る「共産主義」を批判しつつ、従来の共同体論、すなわち、構成員間の共通性に基づいて構成される共同体を前提とした議論を離れ、共約可能性をもたない者同士の間の共同体という別の「共産主義」を思考する議論であった。しかし実際には、共産主義諸国の崩壊は「共産主義」の問い直しに繋がるどころか、アメリカの資本主義の世界的覇権を強めるばかりとなり、フランスでは共和国の「統合」政策の綻びが折々に露出し、二〇一五年のシャルリ・エブド社襲撃事件およびパリ同時多発テロにおいてはそれがマグマとなって押し寄せている。この三十年間は、弱小政党にすぎなかった国民戦線が支持を伸ばしてきた時代とも重なっており、移民二世・

三世に対する差別は抑えられるどころではない。二〇〇〇年代には九・一一の心理的影響によって反ムスリムの空気が一挙に高まり、宗教シンボル禁止法成立、二〇〇五年の郊外暴動に対する内相サルコジの強硬弾圧等々が見られ、その末に二〇一五年一月のシャルリ・エブド社襲撃事件、それを承けての一月十一日の各国首脳を一列に揃えた──世界への写真配信のための──挙国一致デモ、ライシテ強化の宣言、そして同年十一月のパリ同時多発テロ、それを承けての戦争および非常事態宣言、と続いている。イスラーム政党の党首が大統領になる未来を描いたウェルベックの『服従』が怖いもの見たさを煽ってベストセラーになるにしても、実際には、またその効果としても、支持率を上げているのは国民戦線の方である。いかに共和主義者が多文化主義を共同体主義として斥け、ライシテによる自らの統合原理を誇ろうと、それが現実に機能していない限りにおいて、共和国フランスにおいても共同体主義と変わらない分離が生じているのが現状である。別の視角から見るなら、この三十年間、人と人を繋ぐメディアやネットワークのありようはインターネットの発達によって劇的に変化した。しかし、それによって多様で寛容な共同性が可能になったかと言えば、事態はむしろ逆であり、インターネットは使えば使うほど個人の指向に合った仕様になるばかりで、そこで会話を交わすのはすでに何かしらを共有した者同士でしかなく、真に差異を有する者との出会いが起こることはない。立場、信条を異にする者に対してはその発言が目に入らないようにされ、結局、無名性の仮面のもとで共同体主義が増長されてゆくのみである。

このような状況は、ナンシーやブランショの共同体論が出された一九八〇年代よりもよほど憂慮すべきものである。というのも、一九八〇年代初頭のフランスはミッテランによる社会党政権が誕生し、「共生」に関してはむしろ希望が持たれた時代であった。しかしながら、そのような過信をしなかったのがナンシーと盟友ラクー＝ラバルトであり、二人はちょうどこの頃「政治的なものについての哲学的研究センター」を立ち上げ、「政治的なものの退引」を問題視すると同時にその必然性を説くところから「政治的なものを再開始する」方途を探ったのであり、その三年後にナンシーは「無為の共同体」（初出版）を発表することになる。他方で近年、欧米において、かつてのナンシーらとはまた別の視角から、第一線の左派哲学者たちがグローバル資本主義の席巻へのオルタナティヴを求めて積極的に「共産主義」の問い直しを行っている。今日と三十年前とに接点があるとすれば、それは、したがって、私たちが避けて通ることのできない「共にある」ことの危機を、社会主義国の共産主義の挫折を間に挟んで、哲学者たちが喫緊の問題として認識し、「共産主義（communisme）」や「共なるもの（le commun）」の問い直しを行っているということである。[5] 今日、その中心にいるアラン・バディウは一貫して「共産主義」をプラトンから思考し直すことを提案しており、二〇〇九年と二〇一〇年にはロンドンとベルリンで「共産主義の理念」と題した大規模シンポジウムを開催した。そこにはネグリ、ランシエールやジジェク等、多様な哲学者がそれぞれの視角から講演を行っているが、「共産主義」の問い直しという点では先達であるナンシーも議論に加わっている。そこでは自らのかつての立場を維持し、ハイデガーの「共存在（Mitsein）」を元に「共産主義」をあくまで存在論の問題として捉え、「私」の固有性＝本来性はそれが「共なるもの（le commun）」のうちにあり関係に参与する限りで担保されるのであり、「共なるもの」は存在者たちの属性や特性としての「共通性（communité）」とはいかなる関係もないのだと論じている。[6] バディウやランシエールらはまた、「共産主義」再検討の延長線上で、新たなる集合的な抵抗の主体としての「人民（peuple）」をめぐる議論をも推し進めている。[7]「人民」とは、バディウの議論においては「ひとつの政治的カテゴリーであり、それは、権力が存在を禁じているが将来創設が望まれる国家の存在の手前に位置づけられるか、あるいは、公認の人民に対して同時に内的であり、かつ外的であるひとつの新しい人民によって消滅が要請される既存の国家の向こう側に位置づけられる」[8]という。オルタナティヴとしての「共産主義」の活用という点では、雑誌『ティクーン』に発し、アガンベンらに依拠して『到来する蜂起』を刊行した、蜂起の実践と共に集団的執筆活動を行う「不可視委員会」[9]も見落とすことはできない。事実、哲学者らによるこうした議論の背景に、現実の抵抗運動における世界的な変化があるのは言うまでもない。「アラブの春」を始めとする抵抗運動が世界に波及し、南米では新左翼の抵抗運動が国を動かした。日本でも二〇一一年三月十一日以後の反原発運動から始まり、特定秘密保護法反対運動、反安保法運動によって約四十年ぶりにデモが復権している。二〇一五年九月十五日の参議院特別委員会公聴会意見陳述でSEALDsの奥田愛基が「二〇一五年、もはやデモなんてものは珍しいものではありません。路上に出た人々が、この社会の空気を変えたのです[10]」と述べたのは象徴的ではある。日本におけるこの流れは、しかし、たとえ学生が呼びかけの中心になったとしても、その運動形態においても革命性の欠如においても「一九六〇年代の再来ではない[11]」。そのSEALDsが、多分にナンシーやブランショの共同体論の導入者である西谷修の影響であるとはいえ、今日において『明かしえぬ共同体』を主要な思想的拠りどころとしていたことは、ひとまず注目に値するだろう。その代表メンバーは、座談会において、自分たちの前身グループに関して、グループとしての意見はなく個人としての意見があるだけだったと述べながら、『明かしえぬ共同体』を参照させている[12]。それを承けて作家の高橋源一郎も、「コール」に唱和せず沈黙のまま運動に参加するあり方を示唆しながら、ブランショが同書で、アルジェリア戦争でのＯＡＳ〔秘密軍事組織：アルジェリア独立を阻止しようとしたフランスの武装地下組織〕のテロに抗議するために行われたデモ（シャロンヌ事件）で警官隊に殺された者を悼むために民衆が集った集会（一九六二年二月）に触れていることを指摘し、「ブランショにとって理想の政治的共同体はそれだった」、「何も固定されない、いっさい法が囲い込めない存在。「主権」とは、そのことなのだ」と述べている[13]。ブランショにおけるシャロンヌ事件への言及については後に戻るが、前者の参照について言えば、ブランショの共同体論は確かに統一的な閉じた集合を求めるものではないが、そのことは個を際立たせるためではいささかもなく、むしろ逆に、個の権威を徹底的に解体するためにこそある種の集団性ないし複数性を求めるものである。ましてや、集団としての意見がないことが、SEALDsメンバーがスピーチの最後に自分の名前を言う、すなわち「個人の署名」を残すことに結びつけられているのは[14]、『明かしえぬ共同体』の背景にある「政治的実践」においてブランショが、いわゆる署名文書には署名をしたにせよ[15]、文章そのものからは徹底的に個人色を消すために集団執筆を繰り返し試みた[16]――したがって彼の志向した集団性はシュルレアリスム的集団性の延長線上にある――ことを考えれば、その対蹠点にあると言わざるをえない。これに対しては、権威のない一参加者だからこそ個人名を出すのだという反論がありうるだろうし、また、誤読であろうと運動の活性化として作用すればよいという考え方もあるだろう。しかし、本稿で後に示すように、ブランショの共同体論と呼ばれるものの淵源は彼の言語論にあり、その理念においては、無名性およびそれによる無責任性が担保されなければ共同性を志向するのは本末転倒である[17]。先取りして言えば、たとえ『明かしえぬ共同体』の冒頭で、「けっしてとだえることはなかった〔…〕考察を続けてみたい[18]」と述べられているにせよ、ブランショが「共同体論」に辿り着いたのは、ハイデガーの「共存在」を転位させて「存在するとは共に《クム》あることである〔*Être c'est être cum*〕[19]」と考える——その「共に」が「分有」であり、絆を結ぶと同時に解体させるものだとしても——ナンシーとは異なる道筋によってであって、彼にとっては、普通の意味での他者と共にあることが第一に重要なのではなく——「共同体論」という呼称はこの点について誤解を招く——、誰もが「私」の解体において見知らぬ他者に出会うからであり、他者によって異議提起に晒され「外に‐置かれる」という形で現存する〔ex-ister〕[20]」その「私」なき「私」、他者としての「私」に言葉を与えるために、ある局面において共同体が必要とされるからである。ゆえに彼の共同体はつねに言葉の、執筆《エクリチュール》の共同体でしかない。『明かしえぬ共同体』が書かれたのはナンシーに合流するためではなく、ナンシーとは異なる道を指し示すためである。

2　『明かしえぬ共同体』の理念的有効性

共同体をめぐる現状を概観したうえで、ここで改めて、ナンシーとブランショの共同体論の基本的な意義を確認しておこう。それは、従来型の共同体に具わる全体主義化の陥穽を逃れるところにしか「共に‐あること」の意味はないということを指し示した点にあった。ナンシーの共同体論が「無為の共同体」と題されたのは、生産活動に結びつく有用な集団ではない結びつきとしての共同体が思考されているからであり、ブランショの著作が「明かしえぬ共同体」と題されたのは、そこで思考されているのが国家や家族、宗教的共同体等のような公的な集団ではなく、崩壊を前提とした共同性だからである。そしてナンシーがブランショの鍵語である「無為」をその共同体論に導入したとすれば（「共同体は、ブランショが無為と名づけたもののうちに必然的に生起する。営み‐作品の手前あるいはその彼方にあって、営み‐作品から身を引き、生産することとも何ごとかを成就することとももはや関わりをもたず、中断と断片化と宙吊りのみをこととするもの[21]」）、ブランショの「明かしえぬ共同体」という発想もまた彼自身によるものではなく、親友であったバタイユの「瞑想の方法」に由来するものである。そこでバタイユは、「**本質的なものは明かしえない。**隷従的でないものは明かしえない。〔…〕役に立たないものは隠れなければならない[22]」と述べていたのであった。「隠れなければならない」「本質的なもの」、「役に立たない」ものこそ、バタイユからナンシーとブランショが受け継いだ共同性探求の対象であり、ナンシーとブランショの共同体論の淵源にバタイユの共同体論がある――そしてその淵源にはニーチェがいる――のは疑いえないことである。バタイユにとっては、共同体の問題は新しい主題であるどころか、彼が著作を発表し始める以前の二〇年代後半から存在していた根本的な問題であり、彼は紛れもなく「共同体の思想家」としてその活動を開始していた。その思想は宗教性の起源にある祝祭としての死をめぐる儀式、すなわち「供犠」をめぐる彼の思索と切り離しえないものであり、その「共同体」とは他人の死への模擬的な同一化としての「供犠」においてかろうじて可能となる共同体に他ならない。ナンシーおよびブランショが引き継ぐのも、他人の死という根本的に同一化不可能であるがゆえに共有も不可能なものを共同体の根源に置く思考であり[23]、とりわけブランショの場合は、このいわば不可能な喪における模擬的な死の共有――デリダがモンテーニュから借用した語で言えば「共に死につつある者〔commourans〕[24]」となること――を、「死ぬことの不可能性」の問題として、共同体論に三十年以上先立つ文学言語論において追究していた[25]。ただしバタイユは、単にそれについて思索をめぐらすのみならず、いくつかの政治的共同体に参加した後に、一九三七年に「アセファル《アセファル》（無頭）」という共同体を立ち上げることによって、そうした共同体の成立を実践的に確認しようとした[26]。その「実践」とは、指導的人物を首長（「頭」）として頂く形の共同体――この形式が極まるとファシズムとなる――を忌避し、首長を人身御供に捧げることで共同体を醸成することを計画するといった秘密結社的なものであった。こうした「実践」への志向は四〇年代には終息を見せ――一九四〇年末のブランショとの出会いがそのきっかけとなったという見方もある[27]――、バタイユは以後、より「内的」な「交流」の探求を進めることになる。しかしこのアセファルこそ、二部構成の『明かしえぬ共同体』の第一部で中心的に参照される「実践」に他ならない。他方、

第二部は、ナンシーがバタイユにおいて注目した「恋人たちの共同体」を表題に冠しているが、そのなかで論じられるのは前年に発表されたマルグリット・デュラスの物語『死の病い』（一九八二）における「恋人たちの共同体」である――ゆえにこの書はナンシーとデュラスという二人の友人への迅速な応答となっている。しかし『死の病い』における「恋人たち」とは、ある同性愛者の男性と、彼が試しに呼び、「契約」を交わし、彼に「死の病い」――致死的な病気のことではなく、「かつて一度も現前したことのなかった生の放棄である以上、すでにはるか以前に過ぎ去った死[28]」――を見て取り告知する女という、いかなる「「融合や合一のような」睦み合い[29]」とも無縁で「非対称的[30]」な、擦れ違うほかない二人のことである。この「恋人たちの共同体」が第一部での供犠やアセファル共同体と共に「明かしえない」のは、「契約」によるこの特殊な関係が、けっして現前しない死の引き受けを条件としているからである。ブランショの共同体論が参照するのは、かくして、供犠によるアセファルや『死の病い』における「恋人たちの共同体」のように、不可能な自己の死としての他人の死を前提条件とすることにおいて明かしえない共同体である。

こうした参照項によって織りなされるブランショの共同体論について、たとえばエティエンヌ・バリバールは「完全にアポリア的」であり、提示される方途は「可能ではない[31]」と述べ、市田良彦はナンシーとブランショの共同体論について、政治的なものを社会的なものから取り戻して哲学的なものとの本質的共属関係、すなわち市民社会でも主権国家でもない「主権共同体〔communauté souveraine〕」のうちに「後退」させようとする思想であり、その共同体は「どこにあるのか分からない共同体（ゲマインシャフト）の思想として、書物とともに移動するここ――どこにあってもよく、どこにあるのか分からない場所――に存在していなくてはならない」ものだと指摘している[32]。さらにその「場所」をめぐっては、「公共的でも私的でもなく、はっきりしない（両方である）ことを「本質」とする」として、次のように、ナンシー、ブランショの先にアガンベンが位置づけられる所以としている。

――そこは共同性の「本質」だけに許され、共同体が「現実に顕現」してはならないところであるから、アガンベンは『来るべき共同体 *La communauté qui vient*』（一九九〇年）という書物を書くことになる。共同性があくまで「来るべき」なにかに止まる「共同体」である。「明かしえぬ共同体」と「無為の共同体」の次に、「来るべき共同体」が来るのだ。(33)

同書ではこの後、アルチュセールやバディウにおいてはいかにこうした政治的なものと哲学的なものの「共属関係」が存在しないか、あるいは忌避されているかが論じられており、(34)右記の一節は、「無為の」「明かしえぬ」「来るべき」といった、いずれもブランショになじみ深い措辞による「本質」論的な共同体論に対する批判的な観点から書かれたものである。しかしながら、私たちとしては、ハイデガー的な本質主義を称揚するのではないが、ここで提示された整理を否定する代わりに進んで受け入れ、「現実に顕現」しない、その意味で実践的でない共同体について語ることの政治的意義、あえて実現可能性の枠内で語ろうとしないことの政治的意義をこそ見極めたい。なぜなら、この次元を担保することにこそ、市田が「デリダ派」と呼ぶ(35)彼らがあえて「共同体」を論ずる意味があり、結局のところ、ナンシーとの近年の係争におけるブランショのありうべき応答もそこに関わっていると思われるからである。あるいは、『明かしえぬ共同体』を今日の「実践」に活かすために受け取るべきは、その理念的な側面だと思われるからである。

このような主張は即座に、しかし、『明かしえぬ共同体』は共同体の「実践」の提言とけっして無縁ではないという反論を受けるだろう。というのも、ブランショの共同体論にはアセファルに加えて二つの「実践」への参照があり、そこには現実に著者自身が関わっていたからである。そのひとつは「六八年五月」であり、もうひとつは、先述の通り、シャロンヌ事件追悼集会での「民衆＝人民〔peuple〕の現前」(36)である。ブランショの共同体論の第二部はこれらを回顧しつつ前年に出た『死の病い』を読解するという一風変わった試みとなっており、そこにはすでに、一九六二年に亡くなったバタイユには知りえなかった状況をめぐる考察が付け加えられている。確かに、第二部は初出時には『死の病い』のみをめぐるものであり、「共同体」という語は現れていなかったが、第一部と接続するために加筆された冒頭部分により、ブランショが「六八年五月」およびシャロンヌ事件追悼集会を「共同体」の問題として捉えていたことは疑いえない。言い換えれば、一九八三年の時点で思考すべき「共同体」としてブランショが第一に思い浮かべたのは、自らも積極的に関わった「六八年五月」であり、自らが目にした追悼集会の民衆、すなわち他人の死を悼み抗議するためにのみ集った人々のあり方だった。このうち後者については、それがまさしく第一部で論及された「他人の死」の不可能な共有としての供犠に通じる自然発生的な共同性であるがゆえに、存在論的な「共存在」の現れと考えうるだろう。それについてブランショは次のように述べている。「そのときそこには、私たちがすでにその性格は定義ずみだと考えていたものとは異なる共同体の一形態があり、共産主義と共同体とが結びついて、ふたつながら実現されるやたちまち消滅していくことをそれら自身が知らずにいるのを受け容れるという、稀有な瞬間があったのだと思う。持続してはならない、何であれ持続に加担してはならない[37]」。追悼集会を「共同体」の現出として捉えることの意味は、逆説的にも、それが「持続してはならない」と考えることにのみ存する。なぜなら、いかに同一化しえず共有しえない「他人の死」であっても、それを核とした共同体が「持続」するならば、それ自体が個人の同一化の対象たる神話的形象として機能し、閉じた全体性を形成しうるからである。ブランショの共同体論というものがあるとすれば、それはそうした全体性の拒否のためでしかなく、ひいてはそれこそが四〇年代に始まる彼の無神論的言語思想の一貫した目的である。ただし、前者の「六八年五月」に関しては、ブランショ自身がデュラスらと共に主導的役割を果たしたと言われる「作家‐学生行動委員会」でいかに無為の集団的エクリチュールの実践を試み、無名の一人として街路を行進したにせよ、むしろそれゆえに、その出来事が事後的に次のように語られるときには、一過的であるべき「運動」の美化をそこに懸念せざるをえない。「六八年五月は、容認されたあるいは期待された社会的諸形態を根底から揺るがせる祝祭のように、不意に訪れた幸福な出会いのなかで、爆発的なコミュニケーションが、言い換えれば各人に階級や年齢、性や文化の相違を超えて、初対面の人と彼らがまさしく〈親しい‐未知の人〔le familier-inconnu〕〉であるがゆえにすでに仲のいい友人のようにして付き合うことができるような、そんな開域が、企ても謀議もなしに発現しうる（発現の通常の諸形態をはるかに超えて発現する）のだということをはっきりと示してみせた。［…］各人を昂揚させ決起させることばの自由によって、友愛のなかですべての者に平等の権利を取り戻させ、あらゆる功利的関心の埒外で共に在ることの可能性をおのずから表出させることこそが重要だったのである」[38]。「六八年五月」は、確かにその渦中に書かれたテクスト群の「運動」性においては注目に値するが、それが『明かしえぬ共同体』（一九八三）『問われる知識人』（一九九六）『友愛のために』（一九九六）といった二十―三十年後の回顧的テクストにおいて共同体のモデルに鎮座していることは、「〈五月〉についての書物はない」[39]という「作家‐学生行動委員会」の言明にも、共同体は目的論的であってはならないという『明かしえぬ共同体』の基本理念にも背馳しかねない。「六八年五月」が現実に起こった「革命」とも呼ばれる出来事であり、それがブランショをも含む無数の人々の「連帯」を引き起こした限りで、たとえそれが「ひと（on）」と呼びうるような無名の人々の匿名の言葉を放散させ、それゆえに『文学空間』に読まれるブランショの文学理論と親和的だとみなされるにせよ、むしろそれゆえに、それが回顧的に「理想的な政治的共同体」として固定されるときには、何らかの陥穽があるのではないだろうか。そして事実、当時の文脈に近づいてみるなら、ブランショがいかなる意識で参画していたにせよ、「六八年五月」において無数の群衆と共に「われわれはみなドイツ系ユダヤ人だ」と叫んでいた彼は、当時、「ユダヤ性」概念の追求に足を取られて現実のユダヤ人をも絶対化し、第三次中東戦争でアラブ諸国が壊滅的な打撃を受けているときにもイスラエルを支持していた[40]。「連帯」がある限り、「連帯」による「昂揚」がある限り、参画者の意識にかかわらず、そこに何らかの排除が生まれる可能性は否定できない[41]。ブランショが共同体論に至る原点には、そうした構造への眼差しがあったはずなのだが。

　とはいえ、一九八三年において、すでに十五年前の出来事であった「六八年五月」への参照が一定数の読者にとって今日的に見えただろうことは確かである。それはこの時期、戦後四十年を経て初の社会党政権が成立し、フランス社会が変わるかもしれないという萌しが見え、既成の共同体の前提が再考される可能性がわずかでも見えてきていたからだろう。では、現在はどうか。今日のフランスにおいて、六八年はモデルになりうるだろうか。サルコジが「六八年的なもの」の一掃を求めたことはよく知られるが、社会党政権の現在〔本稿執筆時〕において、「六八年的なもの」の位置づけは却って微妙となっている。「テロとの戦争」の大義のもとに、「抵抗」や「革命」といった概念そのものが国家への同一化のための歴史的神話として機能させられているからである。二〇一五年のテロ事件およびその対処をめぐっては、多くの知識人が発言を求められたが、六八年五月に参加し、八〇年代に共同体問題を思考したブランショは、たとえば二〇一五年一月十一日の挙国一致デモに対していったいどのような反応を示しただろうか、という疑問は立てずにはいられないものである。ただし、繰り返せば、この場合、「ブランショ」とは、何らかの共同体を理想的と位置づける回顧的なブランショではなく、『明かしえぬ共同体』の第一部において主権と至高性の接近を何よりも警戒するに至ったブランショである。それはすなわち、『火の部分』から『文学空間』を経て『災厄のエクリチュール』に至る文学言語論において、経験のいかなる権威化をも避けようと細心の注意を払ったブランショ、それゆえに、レジスタンスの英雄ド・ゴールが一九五八年に政治舞台に復帰し、アルジェリア問題を解決してくれるのではないかと人々に期待されたとき、彼にカリスマ性を見出して国家の主権と宗教的至高性を一致させ、彼を「救国の力として聖別する」[42]という時代の神秘的な空気にけっして加担することなく、それをむしろ政治の「本質的倒錯」[43]として警鐘を鳴らしたブランショである。そうしたブランショならば、六八年五月の闘士であり体制への抵抗の塊であった「シャルリ・エブド」が「表現の自由」の大義の下に国家的に顕揚されるなどという事態が、「共和主義者」としての誇り（「テロに屈しない」）をくすぐって国民を統合しようとするための、レジスタンス神話と同様の神話であることを喝破したのではないだろうか。挙国一致デモは実際、オランドとヴァルスが推進する「テロとの戦争」、すなわち空爆参加の直接的な契機となった。そこには「共同性」の再考どころか、共和主義が斥けるはずの共同体主義による分離しか見られない。その後も、事態が改善する兆しは見られない。ブランショの共同体論の理念が今日において「実践」に結びつく形で読まれうるとすれば、それは、このような文脈においてこそである。すなわち、「テロとの戦争」や「レジスタンス」という概念が私たちをそれらの孕む排除の構造に対して盲目にし、共同体主義による分離へと導きかねないとき、ブランショの思想は私たちに警鐘を鳴らしてくれるはずである。したがって、ナンシーやブランショらの共同体論は結局のところ中身のない共和主義に収斂する、といった診断[44]は誤解にすぎず、少なくともブランショの共同体論の徹底的な警戒は、今日顕著となっている共和主義の盲目性に対してこそ効力を発揮するものである。このような意味で、私たちは『明かしえぬ共同体』を理念的に読むべきであるし、さらに言えば、同書以前に連綿と展開されてきた文学言語論にこそ共同体論を読むべきである。それゆえ、「一九六八年」を知るための読本のブックガイドにおいて、絓秀実が『明かしえぬ共同体』ではなく『文学空間』を選び[45]、それを「きわめて政治的な文学批評」とのコメント付きで「政治思想」の項目に入れているのはもっともであり、事実、同著者の『革命的な、あまりに革命的な』ではブランショの文学論がいかに日本の「一九六八年」革命——宮川淳、天澤退二郎——に影響を与えたかが鋭く分析されている[46]。

いささか脱線になるが、一般に文学者として認知されている者が、時局に関わる「政治的」とみなしうるテクストを発表したとき、それはどのように読まれるべきなのだろうか。政治の専門家ではない一素人による素朴な見解として、割り引いて読めばよいのだろうか。ブランショに関しては、幸いにも、彼が書いた「政治的」テクストはそのような仕方で軽視されてはいない。一九三〇年代の極右雑誌への寄稿記事についてはその限りではないが、一九五八年から一九九三年までに書かれた時局に関わるテクストは、『グラマ』誌（一九七六）や『リーニュ』誌（一九九〇）に再録された後に『政治論集』（二〇〇三）としてまとめられ、読解の対象となっている。そうした読解において行われているのは、しかし、大抵の場合、この時期の「政治的」テクストがいかにその文学論と同型であるかを証明することに終始する比較分析である。つまり、書くことは「私」が「彼」または誰でもない「ひと」となり、そこでは「私」ではなく「ひと」が語り、言い換えれば言葉が自律しており、そこでは時間の不在の魅惑が支配している、という『文学空間』（一九五五）のテーゼを、一九五八年以後にブランショが参画した政治的行動、すなわち、アルジェリア戦争に反対する署名文や『国際雑誌』計画、そして何より六八年五月での作家−学生行動委員会における集団的執筆による起草者の匿名性は反映しており、また、六八年五月の自然発生的な街路行進や壁に貼られたビラやステッカーにブランショが見出したのもそうした無名性の現出であり、だからこそ彼は後々まで六八年五月を肯定的に語ったのだ、というわけである。言い換えれば、文学論において理念的に文学および芸術創造の様態として述べられていたことを、彼の政治的行動および六八年五月は、ハイデガー的な「日常性」や「おしゃべり」の肯定として、現実世界において実現した、ということになる。そしてそこに現出する無名の者たちの共同性は、さらに、ブランショが一九六〇年代に親友バタイユとの関係を念頭に置きながら書いた「友愛」論や「対話(entretien)」論を傍証として肯定されるだろう。もちろん、政治的テクストと文学論を結びつける作業自体が無効だと言いたいわけではなく、私たちも一九六〇年前後に興った『国際雑誌』計画が彼の文学論と地続きであることを重視している。しかしながら、その作業が政治的テクストと文学論の一致を証明することに終始するならば、それは循環論に陥るだけであり、「政治」についても「文学」についても何ごとかを明らかにすることにはならない。もし、文学者の時局に関わる行動やテクストがその文学論の反映であり、彼にとってありうべき政治とは文学的理念の実現であるとするならば、そのことが意味しているのはむしろ、彼はその文学論において一貫して「政治」について語っていたということだろう。そして、その政治的行動やテクストの読解がその文学論の参照を要請するとすれば、そのことが意味しているのはまた、文学論の方がその政治的理念としての精度が高いということである。つまり、ブランショはしばしば政治に関する「沈黙」[47]と呼ばれる一九四〇―五〇年代の二十年間においてこそ、一貫して「政治」を語っていたと言えるのではないか。『踏みはずし』『火の部分』『文学空間』『来るべき書物』といった文学論の主著に加え、『白日の狂気』『死の宣告』『至高者』『望みのときに』といった物語を次々と世に問い、紛れもなく文学者としてもっとも豊穣であったその時期にこそ。ブランショの「政治」を知るには政治的空白とされる二十年間に書かれた文学論を読むに如くはないとさえ言える。その意味については後ほど述べるが、その前に、この文学論の政治性という点とも深く関わってくるため、「共同体論」をめぐるナンシーとブランショの間の「係争」について概観しておこう。

3　ナンシーとブランショの係争

共同体論をめぐってブランショとナンシーとの間に「係争」があったこと、それはナンシーが近年の著作においてたびたび明言していることである。しかしその係争は、少なくともナンシーの理解によれば、ナンシーが開始したのではなく、ブランショがナンシーへの応答である『明かしえぬ共同体』（一九八三）において開いたものである[48]。まずはナンシー自身の説明を聞いておこう。「彼〔ブランショ〕は一九八三年に前述の『アレア』誌の〔私の〕テクストに一冊の書物によって応えたが、その命題は私のテクストの命題といくつかの本質的な点で乖離していた。そしてこの対立は――よく見るならば――「共同体」および／または政治の性質に関する（またバタイユ思想に関する）深刻な係争を引き起こしていた[49]」。ナンシーはこの「応答」に対して、まず『無為の共同体』第二章以降において（一九八六、一九九〇）応答し――この段階では、とりわけ神話の問いをめぐる第二章「途絶された神話」においては、ナンシーはブランショと同じ方向を向いたうえで、発展的な対話を行っているように見えた[50]――、さらにその二十年後に『対決された共同体』（二〇〇一）において、またその十年後に、ブランショの一九八四年のロジェ・ラポルト宛て書簡を含む『モーリス・ブランショ　政治的パッション』（二〇一一）において、さらには『否認された共同体』（二〇一四）において、応答を繰り返してきた[51]。発端となった『無為の共同体』から三十年を経て満を持して出された最新の応答は、ブランショへの容赦ない批判となっている。その後も数々の対談等でこの件について発言しているところからすると、応答はまだ終わっていないのかもしれない。その間、ブランショが二〇〇三年に亡くなっていることを言い添えておこう。本稿冒頭の註で挙げたように、以上の経緯とその「係争」の内容をめぐっては、各段階で研究者による整理が行われてきているので、以下ではそれらを参照しつつまとめることとしたい。ただ、その前に確認しておけば、以上の事実だけからでも見えてくるのは、ナンシーにとってブランショの最初の批判的応答が予想外で、かなりの衝撃をもたらすものであり、それに対しては、何度応答を繰り返しても自分で納得のいくものとはならなかった、ということである。予想外で衝撃的だったのは、おそらくそれが、彼が他ならぬブランショから借り受けた「無為」という概念の使用に関わっていたからである。ブランショは、「無為の共同体」をめぐるナンシーの問題提起に大きく二点において違和を覚え、それまでの四十年にわたる文芸評論においてあまり用いてこなかった「共同体」という措辞を引き受けて、筆を執ることにした。その二点とは、第一に、三〇年代バタイユの共同体探求、とりわけアセファル共同体の解釈、第二に、「無為」の捉え方である。第一の点は『明かしえぬ共同体』第一部、第二の点は第二部に表れている。

「無為の共同体」を志向するナンシーにとって何より重要だったのは[52]、内在主義的共同体を拒否するために、第一に、共同体を宗教的な「内在性や合一的融合〔fusion communielle〕[53]」から遠ざけること、第二に、「神話」から遠ざけることである。バタイユの共同体探求はその第一の点に関わっており、ナンシーは『無為の共同体』第一章でそれについて具体的に論じた。しかし、たとえ「バタイユは間違いなく共同体の現代的経験をした最初の人物、あるいはもっとも鋭敏に経験した人物であり、その共同体とはすなわち、生み出すべき作品でもなく、失われた合一でもなく、外の、〈自己の外〉の経験の空間それ自体であり、その空間化に他ならないものとしての共同体である[54]」としても、「バタイユ自身はいわば脱自と共同体との二つの極の間で宙吊りにされたままにとどま[55]」り、その思考モデルとしては合一が残り続ける限り、ナンシーにとってバタイユは「無為の共同体」探求のための出発点にすぎず[56]、「「さらに先へと進むほかない[57]」」。

対してブランショは、「無為の共同体」（初出版）を「糸口に[58]」筆を執っていながら、自らに由来するこの概念そのものを展開することはない。なるほど彼は第一部でバタイユの「神は仕事をしない」という断言を引き、バタイユの「友愛」概念に「「無為の共同体」の形態そのものである」と述べているが、その後に次のように続けている。「ジャン＝リュック・ナンシーは私たちに、それについて考察するよう呼びかけているが、いまはそこに立ち止まることはできない。とはいえ、いつかそれを論じてみよう（いつか）。しかしその前に、読者は自分の読むものに関して自由な、単なる読み手ではないということを指摘しておかねばならない[59]」。ナンシーがバタイユの探求から出発して「先に進」もうとしているのに対し、ブランショが『明かしえぬ共同体』第一部で企てているのはむしろ、バタイユに戻ること、しかも三〇年代のアセファルなどの共同体探求を見直すことである。ナンシーとは異なり、ブランショはそこに融合的合一への郷愁どころかむしろその「排除」を見出す。実のところ、彼はここで一九四〇年代からバタイユに言及するたびに取り続けてきた態度を再び取っているのである。すなわち、バタイユに被せられた誤解を解くことである。「合一？」と題された節で彼は述べている。

> なじみの薄い読者の多くにとっては、ジョルジュ・バタイユの名は恍惚の神秘神学や恍惚体験の世俗的探求を意味するものだが、その彼が「何らかの集合的位格における融合の実現」（ジャン＝リュック・ナンシー）を排除している（いくつかの曖昧な文を除いては）ということは、きわめて印象深いことである。彼はそれに深い嫌悪さえ抱いている。彼にとって重要だったのは、すべてを（自己自身をも）忘れ去る忘我の状態であるよりも、不充足でありながらその不充足性を放棄できない実存が、危険に晒されて自らの外に投げ出されること、まさにそのことによって貫かれる困難な歩みであり、超越の通常の諸形態をも内在性をも崩壊させてしまうこの運動であったということ、このことを忘れてはならない（この問題については『終わりなき対話』所収の諸論文を参照されたい[60]）。

このようにブランショは、他人の死によって開示される共同体が回避すべきものをめぐるナンシーの文言を引きながら——ただし引用は正確ではなく、「実現」は「昇天」の誤りである[61]——、バタイユの探求がそれを確実に免れているばかりか「排除」していることを明言している。確かにナンシーもバタイユに「融合」を見出しているわけではないが、「排除」の強調や「嫌悪」の指摘はナンシーに向けられたものだろう。そしてこのバタイユの探求に対するブランショの確信は、アセファルのある仕方での踏襲[62]である「内的経験」についても同様である。「死、すなわち他者の死が、友愛や愛と同じく、親密さの空間、あるいは内部の空間を解き放つ、とはいえそれは（ジョルジュ・

バタイユにおいては）けっして主体の内部ではなく、限界の外への滑りゆきである。「内的経験」とはこのように、その見かけとは反対のことを言っている」[63]。そして「内的経験」に関して、「恍惚＝脱自は、もしそれが交流されず、またそもそも交流の底なき底〔le fond sans fond de la communication〕として与えられるのでなければ、それだけでは何ものでもなかったのだ」[64]と言われるとき、「底なき底」という措辞を受けて、ジョナタン・ドゥジュネーヴが、デリダによって指摘された「XなきX」というブランショに頻出するレトリックにして思考形式を想起するのはもっともである[65]。ドゥジュネーヴの指摘する通り、ここにはブランショとナンシーにおける「共有＝分有〔partage〕」の差異が表れていると言えるだろう[66]。先述の通り、ナンシーは共同体から合一的融合と神話を遠ざけるが、遠ざけたところに彼が見出すのは、全体性を形成しない、「共同で在ること〔être en commun〕」、「共存在〔être avec ; Mitsein〕」である。対してブランショにおいては、「共存在」は「底」として存在しない。「底」は抜けており、「共同で生きられる」ものがあるとすれば、それは「孤独＝孤立」[67]だけである。ところが、数年後、ナンシーは「関係なき関係」という措辞をめぐって、それは「私にはいつも、ラカンのものであれブランショのものであれ、安直な弁証法的かわし方〔facilité en forme d'esquive dialectique〕に思えます」[68]と言うことになる。バタイユをめぐる以上の第一のブランショの留保は、第二の留保、すなわち、ナンシーがその後繰り返し自分への呼びかけとして指し示す、『明かしえぬ共同体』掉尾における「無為」への言及と繋がっている。

ここでもまた最初にナンシー自身の説明を聞いておこう。

ともかく、それ〔最終頁の一節〕はナンシー〔ママ〕への最後の教えであり、きわめて厳しいものでしたが、同時に、少なくとも大部分は私の認めていることです。つまり、ナンシー、あなたは無為が生ずるためには作品＝営みがなければならないことを理解していない。これが最終頁でほとんどきわめて明瞭に言われたことです。［…］ブランショが完全にフェアプレイとは言えないのは、それでも私は作品＝営みの代わりにエクリチュールについてはかなり語っていたからです。何にせよ、とにかく、ブランショは私に言ったのです。

気をつけなさいよ、あなた、作品＝営みなしに無為はありませんよ、と。作品、文学作品でしょう、とはいえ私はずっと以前から思っているのですが、ブランショのようにカトリックで人格形成をしてきた人が、肉の交わり〔œuvre de chair〕を念頭に置いていなかったわけがないのです。[69]

以上は二〇一二年の発言だが、二〇〇一年に刊行された『対決された共同体』でも、ナンシーはすでにほぼ同じことを述べている。[70]では、はたして『明かしえぬ共同体』最終頁には何が書かれていたのか。

明かしえぬ共同体、それは、この共同体が自らを明かすことがないという意味なのか、それとも、この共同体にはその実態を明らかにするようないかなる告白もないという意味なのか〔…〕それならば、黙っていたほうがよかったのだろうか。〔…〕あまりに名高く繰り返し語られてきたヴィトゲンシュタインの「語りえぬものについては沈黙しなければならない」という教えは、そう言表した彼自身が自分に沈黙を課すことができなかった以上、結局のところ、黙っているためには語らなければならないことを示している。しかし、いかなる言葉で語るのか。それはこの小著が他の書物に委ねる問いのひとつである。だがそれは、他の書物がそれに答えるためというよりは、それらがこの問いを担い、それを引き継ぐためである。そうすればやがて人は、その問いがまたひとつの逃れえぬ政治的意味をもつことを見出すだろうし、その問いは私たちが現在という時から関心を失うことを許さないということを悟るであろう。現在、それは未知の自由の空間を開きながら、私たちが営み＝作品と呼ぶものと無為と呼ぶものとの間の、つねに脅かされつつねに期待されている新たな関係についての責任を、私たちに担わせるものである。[71]

『無為の共同体』単行本版以降のナンシーの「応答」はすべて、ここでの「他の書物」として、「いかなる言葉で語るのか」という問いを「担い」、「引き継ぐ」ものであると言える。しかしながら、「応答」のために読解を重ねるにつれて、『明かしえぬ共同体』はナンシーの目に、徐々に違った相貌を現してきたようである。二〇一四年には、この一節に関するナンシーの説明は、二年前や十三年前のものと同じであるかに見えて、ある確信を伴ったものに変化している。

> 私は、自己から作品＝営みを生み出したり共通の実態を分け合うことで自己に形象を与えたりすることを放棄した共同体を「無為の共同体」と名づけました。ブランショは私に次のように強く反論してきました。すなわち、作品＝営みなしに無為はない、そして、ここで問題になっている作品＝営みとは、文学作品であると同時に、デュラスによって物語られた肉の交わり〔œuvre de chair〕でもある。結論としては、あらゆる共同体の基礎は、それが明かしえない、もしくははかなく、本質的に創設しえないものであるにせよ、バタイユによって（次いで私によって）社会政治的共同体から遠ざけられた恋人たちの共同体のうちにあるのだ。[72]

この読解が、ナンシーをしてブランショへの最新の応答『否認された共同体』を書かしめたものである。すなわち、「無為」は「作品＝営み」なしに生じえないと主張するブランショは、その共同体論の核心に、キリスト教的な肉の交わりをもつ「恋人たちの共同体」（第二部のデュラス論において論じられたもの）を「明かしえないもの」として保持しており、それゆえ、「明かしえぬ共同体」とは「否認された共同体」に他ならず、さらにこの姿勢は、ブランショ自身が一九三〇年代に極右雑誌に寄せた国粋的な記事の姿勢と通じるものがある、[73]ということになる。つまり、ナンシーは『明かしえぬ共同体』第二部における『死の病い』論を、「無為の共同体」ではなく神秘的な「営み」をめぐるものとして読み、[74]ブランショは「愛の関係のうえに共同体を創設する」[75]ことを提案しているのだと理解しているのである。ナンシーによれば、結局のところ、『明かしえぬ共同体』のブランショは神話的、さらには否定神学的な共同体論から逃れていないのであり、「明かしえぬものの告白は神話への依拠の告白なのだ」[76]とさえ述べられることになる。二〇〇三年の論文「ブランショにおける神の名前」[77]においてはブランショの深い無神論を洞察していたナンシーが、「キリスト教の脱構築」を長年のプロジェクトとしながら——あるいはそれゆえにだろうか——、最終的にはブランショを「カトリックで人格形成をしてきた人」という枠に収めて了解しようとしている、それが「係争」の現在である。

4　政治と文学

ナンシーはとりわけ第二部の「恋人たちの共同体」論のうちにブランショの共同体論のカトリック的で神話的な性格を読み取ろうとしている。しかし、第二部は『死の病い』というデュラスの短篇の読解である。そしてブランショはナンシーにおける「無為」に対して、「無為」は「作品」を前提とすることを思い出させた（と少なくともナンシーは理解している）。ナンシーがそこから最終的にブランショにおける政治性の欠如を導くのだとすれば(78)、問題が政治と文学の関係であるのは明らかである。つまり、ブランショが二十年間沈黙していたとみなされているものである政治に、彼がもっぱら関わっていたとみなされている文学は本当に無縁だったのか、という問題である。もし本当にそうであるならば、書くことにおける「無為（désœuvrement）」を唱えながら、ブランショは結局のところ、「無為」を追求することで完成に至るものとしての「文学作品（œuvre littéraire）」に満足していたことになるだろう。その場合には、その「作品」が閉じた純粋な全体性であり、外部を孕んでいないという意味で、そこには政治性はない。けれども、実際には、ブランショは一度としてそのような文学論を展開したことはない。筆者がこれまでに発表したブランショ論はひとえにこの一点をめぐるものだったと言ってもよいのだが——それゆえ詳細な分析は過去の拙論に送り返させていただく(79)——、彼の文学論はまさしくその対極にある。一言で言えば、文学作品はそれ自身を犠牲にしなければ存在しえないという矛盾の塊であり、自らの不純性に葛藤しながらかろうじて存在しているものにすぎない、というのが彼の文学論の根本である。なぜ矛盾であり不純であるかと言えば、文学作品が言語でできているからである。というのも、言語はそれ自体が形象であり、そこから何らかのイメージが広がること、すなわち形象化を免れないからである。なるほど神話は全体主義に繫がりかねない共同体の形成を導く形象化の起源であるが、しかし、私たちが言語を必要とする存在である限り、形象化の完全な回避は不可能である。文学の営みとは、形象化を回避しようとして逆に形象化に訴えてしまうという自己矛盾の行為＝無為であり、それゆえ、それは一見ひとつの作品として閉じているかに見えても、実際には完結しておらず、つねに自己と格闘している運動である。しかし、そこでは、「運動」が起こるためにこそ、最低限の形象――私たちがかつて「文学のミニマル・イメージ」と呼んだもの(80)――は避けることができない。逆に言えば、ブランショの議論はつねに、ある言語論なり文学論――それはつまるところ、表象＝代表論であることにおいて政治の問いに繫がっている――に対して、そのオルタナティヴを提示し、そちらのみを正しいものとして選び取る、という方法を取らない。これは、たとえばランシエールのようにブランショを単純な文学絶対主義者として理解したい者には誤解されていることであるが、ブランショは、前述の通りナンシーが確かに気づいたように、「作品」を否定して「無為」を取るのではないし、「書物」を否定して「作品」を取るのでもなく（『文学空間』）、日常言語を否定して文学言語を取るのでもなければ、散文を否定して詩的言語を取るのでもなく（「文学と死への権利」『火の部分』）、さらには、この点はまさしく形象の問いに関わるのだが、現実物の反映という意味での通常のイメージ概念を否定して、自己自身に類似するイメージという独自のイメージ概念を取るのでもない（「想像的なものの二つのヴァージョン」『文学空間』）。「想像的なものの二つのヴァージョン」という決定的なイメージ論のタイトルに「回転」を意味する「ヴァージョン〔versions〕」という語が入っており、その最終節が「両義性の諸水準」と題されていることからも窺われるように、ブランショにおいては、二重性は最後まで維持される。上田和彦は、一九六二年――ブランショが再び政治に関わり始め、「匿名の共同体」を構想していた時期――に書かれたバタイユ宛て書簡のうちに、「可能なものを名づける」弁証法的言語と「不可能なものを名づける」非弁証法的言語という二つの運動がともに必要だと述べられていることに着目し、この時期になって初めて、「政治的行為」を可能にするために、「「文学的」な要請にしたがった「応答」のほうをことさら重視していたブランショが、弁証法的な要請にしたがった「可能なものを名づける」要請も同じように重視[81]」するようになったのだと述べているが、実際にはそうではなく、ブランショは、政治的沈黙に入ったとみなされている四〇年代から一貫して、二つの運動の二重の要請を説き続けている。むしろ、六〇年代になってから、弁証法的言語を非弁証法的言語（「中性的なもの」としての言語）から切り離して思考することが提起されるのである——とはいえその場合でも、上記の通り、二つの運動は共に必要とされる。では、それはなぜか。

　なぜなら、第一に、ブランショのそれぞれの議論を追えば明らかなことだが、彼が示そうとしているのは、一見するところ二項対立と見えるもの（たとえば作品＝営みと無為）において、後者は前者の可能性の条件となっており、かつ、それゆえ、後者は前者から事後的に垣間見ることしかできないということであり、そうであれば、前者と後者を切り離すことはできないからである。そして第二に、真の「無為」が生じるためには、それは「作品」の対蹠点として位置づけられ、完成されるものであってはならないからである。そのときそれは、完成されるものとして「作品」になってしまうからである。「無為」が生じるためには、「作品」が、形象が、さらに言えば、物語が、神話がなければならない。したがって、ブランショは偶像破壊主義者ではない。少なくとも、偶像崇拝と偶像破壊の対立において後者を選ぶのではなく、カフカ論における彼自身の言葉を借りれば、「形象化の幸福と不幸[82]」を文学言語のうちに見出している。ブランショが、政治時評から手を引いて文学論に専心したとされる一九四〇年代に集中して取り組んだのは、カフカ、ジッド、パスカル、ランボー、マラルメ、等々の作家や詩人において、もっぱら、形象化を回避しようとして形象化に訴えるという、文学が避けられない二重化の運動を、そしてそれをめぐる彼らの葛藤を取り出すことだった。それらは『火の部分』（一九四九）にまとめられ、その掉尾には、文学を革命後の恐怖政治に準えるという驚くべき一節を含み、政治的であると同時に、ブランショの文学論を方向づける決定的な論文「文学と死への権利」（一九四七—四八）が収められている[83]。そしてその後、五〇年代に『文学空間』や『来るべき書物』で展開されるのは、全体性ではなく「無為」が生じるためにこそなければならない「物語（récit）」とは、ある種の神話とはどのようなものか、という探究であった。本稿ではもはや、関係の深いテクストのごく一部に触れることしかできないが、ブランショが、不純であるがゆえの文学のたえまない二重化の「運動」を取り出そうと粉骨砕身していたことをいささかなりと示しておきたい。その二重性そのものにおいて、ブランショの文学論は同時に政治的であるし、そのことはナンシーへの応答ともなるだろう。その二重性、二重化の「運動」を見極めるためのキーワードは二つある。ひとつは、逆説的だが、「すべて＝全体（le tout）」であり、もうひとつは、「断章＝断片（fragment）」ないし「断片的なもの（le fragmentaire）」である。

5　「すべて＝全体へのパッション」——弁証法的エネルギーの必要性

先に、ナンシーが「関係なき関係」という措辞について「安直な弁証法的かわし方〔facilité en forme d'esquive dialectique〕」だと述べていたことに触れた。しかし、もし「XなきX」を求める思考が「弁証法的かわし方」だとみなされるならば、ブランショの思考は一貫して、その意味で「弁証法的」であることになるだろう。なぜなら、前述の通り、彼はX（関係、共同体、作品、形象、イメージ、神話、等々）と非X（たとえば、無為）の二項対立において非Xを選び取るという議論の仕方を取る代わりに、Xと非Xの二重性を果てしなく維持し続けるからである。言い換えれば、Xにぎりぎりのところまで接近したところでXを脱構築するからである。止揚されることのないその二重化の果てなき運動をこそ「弁証法」と呼ぶのであれば、それはこの語が散見される『終わりなき対話』でのブランショ自身の用語法とは異なるけれども、彼は積極的に「弁証法」を選び取っていたのだとさえ言える。そしてその淵源が、根本的な次元でのヘーゲル受容にあることは、「文学と死への権利」から明らかである。

バタイユと同じく、ブランショはコジェーヴのヘーゲル講義における「否定性」をめぐる考察にきわめて強い感化を受け、それを明確に言語の問いとして引き受けた。「文学と死への権利」の前半で展開されているのは、門間広明の論文において明らかにされているように、「文学とヘーゲル－マルクス的な労働とのアナロジー」であり、文学は「否定性の労働」だということである。[84] しかも、文学の否定性は「すべての現実をわれわれのものにする」[85]のだから、それは究極の否定性であり——フランス革命や恐怖政治への言及が現れるのはそれゆえである[86]——、そうした否定性を体現している作家がサドだとされる。[87] この否定性は、上田が注目している後の用語で言えば、むしろ「可能なものを名付ける」弁証法的言語の方だろう。「文学と死への権利」後半に入っても、その冒頭で、ヘーゲルはその否定性の考察において「ヘルダーリンの隣人であり友人」[88] であるとされるのだから、ヘーゲルの否定性は詩人たちの要請に矛盾するものであるとはみなされていない。詩人たちの否定性への眼差しがヘーゲル的な否定性から逸脱してゆくのは、ただそれが、否定をなした人間の悟性の力に向けられるのではなく、否定作用の只中に言語によって入り込もうとする――否定自体が言語によってなされた以上それは原理的に不可能なのだが――ことにおいて、すなわち、否定性そのものにより執着することにおいてのみである。ヘーゲルを承けて否定作用そのものに執着するという点においては、バタイユとブランショの方向性は完全に一致しており、バタイユは否定作用のさらなる探求によって、ヘーゲルが『精神現象学』において正面から向き合わなかった儀礼、すなわち供犠において露わになる「（自己の）死の不可能性」という問いに逢着したのであり（「ヘーゲル、死と供犠」）、ブランショもまた別の道を辿って同じ問いに逢着したのである。そして、しかし、言語の物質性を一種の武器として「死の不可能性」そのものに入り込もうとする文学言語は、否定性を行使するという言語活動から離れるわけではない。両者は切り離せないのである。このような二重性に注意を促すことでブランショが企てているのは、言語によって――存在者の共同体によってではない――「すべて（le tout）」へと向かうことである。「すべて」とは悟性によって切り取られた結果としての全体性ではなく、その作用過程をも含んだ、したがって沈黙をも含んだ「すべて」である。したがってそれは、原則的に想像的なものであり、運動としてでなければ現出しえない。余白を可視化したマラルメの『賽の一擲』は、その実現というのではないが、それをイメージするのにわかりやすい例であろう――ブランショにとってマラルメが特権的な詩人であった所以である。「文学と死への権利」において部分的に確認したように、ブランショにおいて、「すべて」への関心は四〇年代から存在する。

　前述の通り、上田が着目している一九六二年のバタイユ宛て書簡には、「二重の運動」の要請が明言されており、そこでは確かに、「きわめて大雑把に単純化して述べれば」という留保のうえで、一方の運動は、「弁証法的な完成における、すべて＝全体への情熱、その実現、その言葉〔la passion, la réalisation et la parole du tout〕」であり、他方の運動は、「本質的に非弁証法的で、統一性をいっさい気にかけず、能力（可能なもの）を目的としない[89]」と述べられている。実のところ、弁証法的な運動と非弁証法的な運動のこのような対比は、後者を「中性的なもの」（あるいは「第三類の関係」）として追求するこの時期の他者論およびエクリチュール論に一貫して見られる構図であり、そのことは『終わりなき対話』（一九六九）のとりわけ第一部と第三部所収論文に顕著である。たとえば、同書巻末論文「書物の不在」では、全体的な図式としては、「〈書物〉〔Livre〕」と、「自己を無為にする＝脱作品化する」「〈作品〉〔Œuvre〕」が、それぞれヘーゲルとマラルメに仮託して語られ、「書物とは全体である〔Le livre est le tout〕」のに対し、「〈作品〉は全体ではなく、すでに全体の外部にある〔L'Œuvre n'est pas le tout, est déjà hors du tout〕[90]」として、「全体〔le tout〕」を軸にその対比が示されている。とはいえこの対比は一見してそう思われるほど単純なものではなく、前者を斥けて後者へ直接赴くことが求められているわけでもなければ、そのようなことが可能だと考えられているわけでもない。この「書物の不在」論文において展開される「作品＝営みの不在」あるいは「脱作品化＝無為」概念は、後のナンシーの共同体論およびブランショの応答における「無為」概念と突き合わせて十分に検討される余地がある。しかし、それは別稿を期すことにして、本稿でさしあたり注目したいのは、政治情勢とそれへの参画という文脈において、「すべて＝全体への情熱」という上記の表現が、バタイユ宛ての私的書簡だけでなく、同時期に書かれた『国際雑誌』計画のための匿名の準備文書――現在『ブランショ政治論集』に収められている――のなかに実際に見られるということである。そしてそこではいささかニュアンスが異なっている。「すべて＝全体への情熱」は、複数性、匿名性、国際性を譲れない原則とする来るべき批評雑誌を支えるものとして、前面に出ているのである。よって、この一節を検討することにするが、その前に、『国際雑誌』とは何だったのかについて押さえておかねばならない[91]。

「国際雑誌」とは最終的な名前が決まるまでの仮名であったが、この雑誌は、ブランショが、アルジェリア戦争における不服従の兵士を擁護する〈一二一人宣言〉（一九六〇年六月）の起草に携わった後、ディオニス・マスコロやルイ・ルネ＝デ・フォレらと共にきわめて真剣かつ入念に構想を練った批評雑誌であり、その構想においては「国際」的であること――少なくとも、フランス、ドイツ、イタリアから執筆者が参加し、各国同時出版となること――と「雑誌」であることが不可欠だった。彼らが共著などではなく「雑誌」という形態にこだわったのは、それが「最終的な、閉じた、荘厳な」書物と違って、「はかなく、続きに開かれていて、したがって、それを読むことには「終わりがない」（続く号で引き継がれることになる）[92]」からである。言い換えれば、書物の全体性を持たないからである。そしてこの雑誌の雑誌性、すなわちその全体性なき、終わりなき性格を高めるものとして、執筆者の共同性、国際性はもちろんのこと、その匿名性、すなわち、読まれる言葉の非人称性が不可欠とされた。そして、国際性ゆえに翻訳は不可欠となるが、翻訳の問題は準備文書において枢要な位置を与えられている。通念からすれば逆説的にも、「翻訳者は、ある意味で、この雑誌の真の作家となるだろう[93]」と言われている。なぜか。それが「文学活動の根源的形態[94]」とみなされているからである。さらに、このような非人称的な性格を実現するためにもっとも適切な形式として、雑誌の核となる欄においては、「短形式〔forme courte〕」、すなわち、「断章＝断片〔fragment〕」を採用することになっていた。ブランショの道程において言えば、断章形式は、『期待・忘却』（初出一九五八、単行本一九六二）や『終わりなき対話』所収テクストで部分的に採用された後、『彼方への一歩』（一九七三）と『災厄のエクリチュール』（一九八〇）という二冊の断章集で全面的に採用されることになる形式である。この「短形式」について、準備文書は次のように述べている。

> この欄では、短形式というもの（現代音楽で言う意味において）が試みられることになる。その意味は、各テクストが短いというだけでなく（半頁から三、四頁ほど）、断章＝断片のようなものを構成し、必ずしもそれだけで十全な意味を担うことはないが、むしろ以後来るべきいっそう広範な意味に開かれていたり、あるいは本質的な非連続性〔*discontinuité*〕の要請を受け入れたりする、ということである。[95]

「短形式」の採用にあたっては「現代音楽」が参照されたことが示唆されているが、事実、数頁後にはピエール・ブーレーズの『プリ・スロン・プリ』への言及がある。(96) では、この雑誌の内容はいかなるものなのか。それは「全的な批評〔*critique totale*〕」であるという。雑誌計画をめぐるサルトル宛て書簡でブランショは述べている。

> 私が考えているのはむしろ、全的な批評の雑誌であり、そこでは、文学がその固有の意味で捉え直され（テクストの力も借りて）、きわめて不明瞭に引き合いに出されることの多い科学上の発見が総体的批判に晒され、この世界のすべての構造、この世界のすべての実存形態が、一律に、試験や探求や異議提起の運動に投じられるような雑誌です。(97)

以上に見たような構想を持った雑誌の基本精神として準備文書で語られるのが、先に予告しておいた、「すべて＝全体への情熱〔passion du tout〕」である。

> さらに言えば、すべてが問題となっているような場合には、私たちはすべて＝全体〔le tout〕にのみ関心を向けるべきであり、またつねに、こうしたすべて＝全体への関心と情熱〔passion du tout〕を抱いておかねばならない。ついで、私たちは、本質的な関心がすべて＝全体の外部にあるもの〔ce qui est en dehors de tout〕にも向かいはしないかどうか、自問せねばならない。(98)

なるほど、上記の最後の一文では、「本質的な関心」は「すべて＝全体の外部にあるもの」に向かうことが示唆されている。けれどもそのことは、「すべて＝全体への情熱」が、文学的な言語に割り当てられる非弁証法的な言語から根本的に区別される弁証法的な言語の運動を否定的に指していることを意味するだろうか。そうは言えないように思われる。なぜなら、この「すべて＝全体への情熱」が支えているものこそ、『火の部分』や『文学空間』、『来るべき書物』での探求を経てブランショが辿り着いた言語の共同体の理念としての、全体性を持たない複数的な匿名の言語による雑誌計画だからである。それは、しかし、理念にとどまった。準備文書の提案は各国の執筆予定者の賛同を得られることはなく、雑誌は正式な名前が付くことのないまま、幻となった。しかし、ブランショはおそらくそれを予感していただろう。なぜなら、準備文書には次のように述べられていたからである。

> 他方で、合議による編集体制が実現不可能な場合もあるだろう。大いにありうることだ。その場合には、私たちは計画を放棄することになるだろうが、その放棄を一旦は経験によって確証しなければならないし、もしそれがユートピアというのであれば、ユートピアとして挫折することを受け入れなければならない。(99)

したがって、ブランショにおける言語の共同体は、「経験によって確証」されたうえで、「ユートピアとして挫折」した。それが六八年五月に実現したのだという考え方もあるだろうが、おそらくそれは「実現」されるものではないのだろう。非人称性を全体性に固定させないようにするための言語の共同体は、理念として、「ユートピア」として、「来るべき」ものとしてとどまるしかなかったのではなかろうか。

一九八二年、すなわち、「無為の共同体」(初出版一九八三)に少し先立つ時期に、ナンシーはラクー゠ラバルトと共に、ブランショにおける断片的エクリチュールをめぐるテクスト「ワレヲ分割スルナ〔*Noli me frangere*〕」を発表した。このテクストはそれ自体が断章およびドイツロマン主義を思わせる架空の人物による対話体となっており、かつ、二名による共同執筆であるから、それ自体が断片的エクリチュールの実践である。先述の通り、ナンシーが『無為の共同体』における「無為」概念の参考にしたのがブランショのドイツロマン主義論「アテーネウム」(一九六四、『終わりなき対話』)であると考えられ、また、ブランショが一九八〇年に二冊目の断章集『災厄のエクリチュール』を出したところであるから、一九八二年にこのテクストが書かれていることは注目に値する。ただし、このテクストはその形式のために、ブランショへの言及が批判を含むものなのか中立的な指摘なのか判断がつかないところがある。いずれにせよ、その断章のなかで、『災厄のエクリチュール』のある断章が引かれ、それへの注釈が行われている。まず、問題となっている『災厄のエクリチュール』の断章とは次のようなものである。「断片は、断片としては、それが前提としている全体性を解消しようと、そこからは（厳密に言えば）断片が形作られないような解消の方へと全体性を持ち来たらし、その解消に自らを晒し、あらゆる自己同一性において消滅しつつ、消滅するエネルギーとして自己を維持する〔se maintenir〕……」[100]。ナンシーとラクー＝ラバルトによるテクストは、この一節の「消滅するエネルギーとして自己を維持する」という箇所に注目し、次のように結論づける。

したがって、ここでもまた、断片の代補的弁証法〔une dialectique supplémentaire du fragment〕が作用していたのである。おそらく否定弁証法と名付けても間違いではないだろうし、ブランショとアドルノの間に密かな照応を求めたとしても間違いではないだろう。しかし、このことが意味するのは、それでもやはり弁証法——言説——は破壊しえないということである。ワレヲ分割スルナと、弁証法はあらゆるテクストで命じているのであり、断片的なテクストにおいても断片についての断片的言説においても同様である。我を壊すな、我を分割するな[101]。

ここでラクー＝ラバルトとナンシーが「代補的弁証法」や「否定弁証法」と呼んだものと、前述の通りナンシーが「関係なき関係」という措辞について批判的に「弁証法的かわし方」と呼んだものとは、おそらく通じ合っているだろう。ブランショの思考には終わりなき二重性の運動としての弁証法的なエネルギーがある、ラクー＝ラバルトとナンシーが『災厄のエクリチュール』のうちに炯眼にも読み取ったことは確かなのであり、むしろそこにこそ、ブランショの思考の特異性にして政治性があると考えるべきである。

註

（1）ブランショの共同体論への応答を含んだ二〇〇〇年代以降のナンシーの著作や対談には以下のものがある。Jean-Luc Nancy, *La Communauté affrontée*, Galilée, 2001. Id., « Fin de colloque », *Maurice Blanchot. Récits critiques*, dir. Christophe Bident et Pierre Vilar, Farrago, 2003. Id., *Maurice Blanchot. Passion politique. Lettre-récit*, Galilée, 2011. Id., « Passion de la communauté » (Entretien avec Danielle Cohen-Levinas), *Cahiers Maurice Blanchot*, n° 2, hiver 2013/2014. Id., *La Communauté désavouée*, Galilée, 2014. Id., « Reste inavouable » (Entretien avec Mathilde Girard), *Lignes*, mars 2014, « Les politiques de Maurice Blanchot », 2014. Id., « Entretien avec Jean-Luc Nancy : Quand le sens ne fait plus monde », *Esprit*, mars-avril 2014. Id., « Discussion entre Étienne Balibar et Jean-Luc Nancy », *Cahiers Maurice Blanchot*, n° 3, Automne 2014. Mathilde Girard et Jean-Luc Nancy, *Proprement dit. Entretien sur le mythe*, Lignes, 2015. Id., « Réponse de Jean-Luc Nancy et dialogue », *Penser en commun? Un « rapport sans rapport? »*, dir. Isabelle Ulliern et Pierre Gisel, Beauchesne, septembre 2015. Id., « Entretien avec Jean-Luc Nancy sur *La Communauté désavouée*», *Cahiers Maurice Blanchot*, n° 4, Hiver 2015/2016. このうち、『カイエ・モーリス・ブランショ』第二号および第三号の対談は『モーリス・ブランショ　政治的パッション』を受けて二〇一三年三月十四日に行われた対談および二〇一二年三月二七日に行われたワークショップ記録の一部であり、同誌第四号の対談は『否認された共同体』と『リーニュ』誌「モーリス・ブランショの諸政治」特集を受けて二〇一四年九月十二日に行われたワークショップを元にした「ナンシーへの公開質問」という特集の一部である。ナンシーの一連の著作がいかにブランショ研究者の間に物議を醸しているかが窺われるだろう。皮肉なことに、このナンシーのブランショに対する「係争（différend）」は、一九三〇年代の政治時評を掘り起こすことによって文学者ブランショの価値を矮小化しようとする一種のネガティヴ・キャンペーン（*Lignes*, n°43, «Les Politiques de Maurice Blanchot 1930-1933», mars 2014, la première partie ; Henri de Monvallier et Nicolas Rousseau, *Blanchot l'obscur ou la déraison littéraire*, Éditions Autrement, 2015 ; Michel Surya, *L'autre Blanchot*, Gallimard, 2015 など）と並行して起こっているため厄介である。他方で、より広い文脈では、ナンシーとブランショの共同体論はただ同種のものとみなされ、そこに対話や係争があることはあまり知られていない。

（2）Jean-Luc Nancy, *La Communauté désœuvrée*, Christian Bourgois, 1999, p. 5.『無為の共同体』西谷修・安原伸一朗訳、以文社、二〇〇一年、第三版への註記。

（3） 柿並良佑「存在論は政治的か？」『思想』二〇一四年二月号、七六、八八頁。

（4） 岩野卓司「問われる共同体――ナンシーとブランショによるバタイユの共同体から出発して」『別冊水声通信　バタイユとその友たち』水声社、二〇一四年、一〇〇頁。

（5） 実際、バリバールは述べている。「ブランショは、いまでは優勢となった考え、すなわち、一九六八年において重要だったのは、想像上であれブルジョワ社会からの脱却ではなく、共同体において在ること、ないし共同体において共に在ることだ、という考えの端緒を付けた。これは、結局のところ、今日、アラン・バディウが〈アラブの春〉に関して私たちに説いていることだ。歴史は繰り返す［…］」（« Discussion entre Étienne Balibar et Jean-Luc Nancy », *Cahiers Maurice Blanchot*, nº 3, Automne 2014 », art. cit., p. 27）。

（6） Jean-Luc Nancy, « Communisme, le mot », *L'Idée de communisme. Conférences de Londres 2009*, dir. Alain Badiou et Slavoi Zizek, Lignes, 2010, p. 207, 214.「共産主義、語」『共産主義の理念』コスタス・ドゥズィーナス＋スラヴォイ・ジジェク編、長原豊監訳、水声社、二〇一二年、二四一―二四二頁、二五〇頁。本稿の引用訳文は、既訳がある場合は頁数等を記すが、適宜変更させていただいている。なお、強調はすべて原文のものである。

（7） Alain Badiou et al., *Qu'est-ce qu'un peuple?*, La Fabrique, 2013. アラン・バディウ他『人民とは何か』市川崇訳、以文社、二〇一五年。

（8） *Ibid*., p. 21. 同前、二二頁。

（9） Comité invisible, *L'insurrection qui vient*, Fabrique, 2007. 不可視委員会『来たるべき蜂起』『来たるべき蜂起』翻訳委員会訳、彩流社、二〇一〇年。

（10） SEALDs『民主主義ってこれだ』大月書店、二〇一五年、一二四頁。

（11） 小熊英二（×奥田愛基×ミサオ・レッドウルフ）「〈官邸前〉から〈国会前〉へ」『現代思想』二〇一六年三月号、三四頁。

（12） 高橋源一郎×SEALDs『民主主義ってなんだ？』河出書房新社、二〇一五年、四八―四九頁。

（13） SEALDs『民主主義ってこれだ！』大月書店、二〇一五年、一四〇―一四一頁。

（14） 『民主主義ってなんだ？』、四九頁。

（15） ブランショが主導的に関わった知識人署名文書における「権力なき権力」の発動については以下を参照。上田和彦

「モーリス・ブランショの「政治参加」（一九五八—一九六八年）」『現代思想と政治』市田良彦・王寺賢太編、平凡社、二〇一六年、一六〇—一六六頁。同論文は、反アルジェリア戦争運動から一九六八年五月に至るブランショの「政治参加」の「政治性」について鋭く問うている。

(16) 『明かしえぬ共同体』邦訳所収の集団執筆テクスト「ビラ・ステッカー・パンフレット」への「訳者註記」には、同テクストの再録を申し込んだ『グラマ』誌編集部へのブランショの次のような応答が訳出されている。「たとえ私がそれを書いたとしても、あなたがこのテクストの作者だとして指摘する私を、私自身再認することができません。[…]私が言いうることのすべてては、私が「委員会」誌の編集に参加したこと、それもほんとうに名前がないかのように無名の何人かのうちの一人として参加したのだということです」（西谷修訳、ちくま学芸文庫、一九九七年、一三二頁）。

(17) 上田和彦は次のように論じている。「「無責任」な「発語」にまで訴えようとしたのは、既成の市民社会において是認されている「語った内容に責任も持つ」市民主体の義務を問い直すことによってのみ、「巧みな策略や人々の同意によって目に見えないもの」となった柵を赤色に塗ることができると考え、言論の自由があると思っている人々が実は、言論の責任を負うことで柵のなかに隔離されてしまうことを示そうとしたからだ」（前掲論文、一八三—一八四頁）。

(18) Maurice Blanchot, *La Communauté inavouable*, Minuit, 1983, p. 9.『明かしえぬ共同体』、九頁。

(19) Nancy, « Communisme, le mot », art. cit., p. 209.『共産主義の理念』、二四四頁。

(20) *La Communauté inavouable*, *op. cit.*, p. 16.『明かしえぬ共同体』、一九頁。

(21) *La Communauté désœuvrée*, *op. cit.*, p. 78-79.『無為の共同体』、五七頁。柿並良佑によれば、ナンシーがブランショから援用した「無為」がいかなるものであるかは、ラクー＝ラバルトとの共編著『文学的絶対』においてより明瞭であり、それはブランショのロマン主義論における全体性の中断としての「無為」であるという。柿並良佑「「断片」の理論——ラクー＝ラバルト／ナンシー『文学的絶対』読解」『哲学の探求』哲学若手研究者フォーラム、第三七号、二〇一〇年、七六、八三頁。

(22) Georges Bataille, *Méthode de méditation* (1947), *La Somme athéologique*, t. 1, *Œuvres complètes* V, Gallimard, 1973, p. 196. ゴシック体強調は原文では大文字。

(23) 岩野卓司「問われる共同体——ナンシーとブランショによるバタイユの共同体から出発して」前掲論文、第二節「死と共同体」、とりわけ一〇八—一〇九頁参照。同論文は二つの共同体論の特徴およびその淵源にあるバタイユの共同体論との関係について明確に整理している。
（24）Jacques Derrida, *La Contre-allée*, avec Catherine Malabou, La Quinzaine littéraire - Louis Vuitton, 1999, p. 15., Id., *Séminaire. La bête et le souverain. Volume II (2002-2003)*, Galilée, 2010, p. 363.
（25）「死ぬことの不可能性」としての供犠の問題のバタイユとブランショにおける展開については以下で論じた。「バタイユとブランショの分かちもったもの」『別冊水声通信　バタイユとその友たち』水声社、二〇一四年。
（26）本叢書第一巻の岩野卓司「宗教を不可能にする宗教性、共同体を不可能にする共同性——バタイユによるアセファル共同体」を参照。
（27）Cf. Michel Surya, *Georges Bataille, la mort à l'œuvre*, Gallimard, 1992, p. 380. ミシェル・シュリヤ『G・バタイユ伝』西谷修他訳、河出書房新社、一九九一年、下巻、一〇六頁。
（28）*La Communauté inavouable*, *op. cit.*, p. 63.『明かしえぬ共同体』、七九頁。
（29）*Ibid.*, p. 82. 同前、一〇三—一〇四頁。
（30）*Ibid.*, p. 67-68. 同前、八三—八五頁。
（31）« Discussion entre Étienne Balibar et Jean-Luc Nancy », *Cahiers Maurice Blanchot*, n° 3, Automne 2014, p. 23. バリバールはナンシーの共同体論についても、やや別の視角から「アポリア」だと述べている（p. 22）。
（32）市田良彦『革命論』平凡社新書、二〇一二年、七五—八三頁。引用は八一頁。
（33）同前、八二頁。しかし、アガンベンの『到来する共同体』は『来るべき共同体』ではない。同書はメシアニズム的な「来るべき」を説くものではなく、単独性と普遍性の対立を無効にする単独性の自己への到来としての「何であれかまわない単独性」こそが「共なるもの」であり、それはスペクタクル社会において到来していると説いているのである。Giorgio Agamben, *La Communauté qui vient : Théorie de la singularité quelconque* (1990), Seuil, tr. Marilène Raiola, 1990, p. 30, 88.『到来する共同体』上村忠男訳、月曜社、二〇一二年、三七頁、一〇八頁。
（34）同前、九六—九七頁（アルチュセール）、一一一—一一二頁（バディウ）。
（35）同前、第二章、および、同著者「現代思想と政治をめぐる序」『現代思想と政治』市田良彦・王寺賢太編、平凡社、二〇一六年、二八—三〇頁。
（36）*La Communauté inavouable*, *op. cit.*, p. 54.『明かしえぬ共同体』、六七頁。

(37) *Ibid.*, p. 56. 同前、六九頁。この意味で、SEALDsが持続を選ばなかったのは正当である。

(38) *Ibid.*, p. 52-53. 同前、六四―六五頁。

(39) « Tracts, affiches, bulletin », Blanchot, *Écrits politiques*, Léo Scheer, 2003, p. 119.「ビラ・ステッカー・パンフレット」『ブランショ政治論集』安原伸一朗・西山雄二・郷原佳以訳、月曜社、二〇〇五年、一七八頁。

(40) この件については前掲『ブランショ政治論集』の第三部訳者解題で批判的に論じた。この点は、デリダがブランショに対して示している違和とも重なっている。Jacques Derrida, *Politiques de l'amitié*, Galilée, 1994, p. 338.『友愛のポリティックス』第二巻、鵜飼哲・大西雅一郎・松葉祥一訳、みすず書房、二〇〇三年、一六九―一七〇頁。この件については本叢書第一巻の増田一夫「忌避される共同体――デリダと主権の脱構築」を参照。

(41) こうした他者性の序列の問題をいかなる「倫理学」よりも真摯に受け止めたのはデリダである。以下の拙論を参照されたい。「近い他者　遠い他者――デリダと文学的想像力」『早稲田文学』二〇一五年夏号、二〇一五年五月。

(42) Blanchot, « La perversion essentielle », *Écrits politiques*, *op. cit.*, p. 21.『ブランショ政治論集』、二六頁。前掲上田和彦「モーリス・ブランショの「政治参加」」、一七七―一七九頁参照。

(43) *Ibid.* 同前。

(44) 市田『革命論』、八八―九二頁。

(45) 絓秀実編『１９６８』作品社、二〇〇五年、二一三頁。

(46) 絓秀実『革命的な、あまりに革命的な』作品社、二〇〇三年、第六章「詩的言語の革命と反革命」。

(47) Ex. Lettre de Dionys Mascolo, reproduit dans Jean-Luc Nancy, *Maurice Blanchot. Passion politique*, *op. cit.*, p. 67.

(48) 「実際、著作によるブランショ自身の身ぶりが深い係争の表現でした」(Nancy, « Entretien avec Jean-Luc Nancy sur *La Communauté désavouée* », *Cahiers Maurice Blanchot*, n° 4, *op. cit.*, p. 92)。

(49) *Maurice Blanchot. Passion politique*, *op. cit.*, p. 18.

(50) ゆえに、後のインタビューでジェローム・レーブルは「あなたは読み方を変えましたね」と言うことになる（« Entretien avec Jean-Luc Nancy sur *La Communauté désavouée* », art. cit., p. 100）。

(51) とはいえ、ナンシーによれば、係争が深刻だったがゆえに、彼自身もすぐには応答することができず、真の議論は起こらなかったのだという。だからこそ二十年、三十年後になってから応答しているというわけである。ナンシーは次のように述べている。「この係争はあまりに深刻だったので、逆説的にもほとんど気づかれず、それ自体としてコメントされることもほとんどなく、まず私自身がコメントしなかった。私はブランショから向けられた言葉（しかも何と巧妙に、議論のうちに、口論のうちにさえ、何という慎重さを入り込ませて）に怖じ気づくと共に、自分の最初のテクスト——一九八六年刊行の著作に至るまで書き継いでいた——の勢いに茫然となっていた。ちょうどその頃、私たちは『カイエ・ド・レルヌ』〔ナンシーがラクー＝ラバルトと企画していたブランショ特集号〕を放棄せざるをえなくなり、ブランショに対する気詰りと失望によって、真の討論〔*disputatio*〕を開いたはずのものを中断——少なくとも——することになった」（*Ibid*., p. 18）。

（52）以下の概要は、Jonathan Degenève, « À partir de quels modèles Nancy et Blanchot comprennent-ils la communauté? »（*Cahiers Maurice Blanchot*, n°3）を参考にしている。ドゥジュネーヴは、ナンシーが現実には起こらなかったと言う「真の討論」（前註参照）は実際に二人のテクストのうちに標定できると述べている（p. 48-49）。

（53）Nancy, *La Communauté désœuvrée*, *op. cit*., p. 36.『無為の共同体』、二四頁。

（54）*Ibid*., p. 50. 同前、三五頁。

（55）*Ibid*., p. 53. 同前、三六頁。

（56）Jonathan Degenève, art. cit., p. 43.

（57）*La Communauté désœuvrée*, *op. cit*., p. 68.『無為の共同体』、四八頁。

（58）Blanchot, *La Communauté inavouable*, *op. cit*., p. 9.『明かしえぬ共同体』、九頁。

（59）*Ibid*., p. 43. 同前、五四―五五頁。

（60）*Ibid*., p. 18. 同前、二二頁。

（61）*La Communauté désœuvrée*, *op. cit*., p. 40.『無為の共同体』、二六頁。

（62）*La Communauté inavouable*, *op. cit*., p. 34.『明かしえぬ共同体』、四四頁。

（63）*Ibid*., p. 33. 同前、四二―四三頁。

（64）*Ibid*., p. 34. 同前、四四頁。

（65）Degenève, art. cit., p. 44.

（66）*Ibid*., p. 45.

(67) *La Communauté inavouable*, *op. cit.*, p. 39.『明かしえぬ共同体』、五〇頁。

(68) « Entretien avec Jean-Luc Nancy sur *La Communauté désavouée* », art. cit., p. 98.

(69) « Discussion entre Étienne Balibar et Jean-Luc Nancy », art. cit., p. 24. この発言にバリバールは「ああ！ ああ！ ああ！」と返している。

(70) 「まるでブランショが、過ぎ去った年月や他のやりとりを超えて、またしても私に「明かしえぬものに気をつけなさいよ」と戒告してきたかのようだ。私には次のように言うのが聞こえるような気がする。「「無為の」という名のもとにであれ、いかなる共同体の昇天をも警戒しなさい。そうでなければ、この語の含意をさらに深く突き詰めなさい。無為は作品＝営みの後にやって来るけれども、作品＝営みに由来するのだ」と」(*La Communauté affrontée*, *op. cit.*, p. 44)。ナンシーが「戒告」というカトリックの用語を用いていることの真意は、本文中に引用したバリバールへの発言から明らかだろう。

(71) *La Communauté inavouable*, *op. cit.*, p. 92-93.『明かしえぬ共同体』、一一六―一一七頁。

(72) « Entretien avec Jean-Luc Nancy sur *La Communauté désavouée* », art. cit., p. 92.

(73) *Ibid.*, p. 93.

(74) Nancy, *La Communauté désavouée*, *op. cit.*, p. 154.

(75) « Entretien avec Jean-Luc Nancy sur *La Communauté désavouée* », art. cit., p. 95.

(76) *La Communauté désavouée*, *op. cit.*, p. 134.

(77) Nancy, « Le nom de Dieu chez Blanchot » (2003) in *La Déclosion*, Galilée, 2005.『脱閉域　キリスト教の脱構築1』大西雅一郎訳、現代企画室、二〇〇九年。

(78) *La Communauté désavouée*, *op. cit.*, p. 76. 以下も参照した。市川崇「神話と政治――『本来的に語ると』が照射する共同体の可能性」、表象文化論学会第十一回大会パネル発表、二〇一六年七月十日。

(79) とりわけ『文学のミニマル・イメージ――モーリス・ブランショ論』左右社、二〇一一年。「「全体へのパッション」あるいは名前の射程――『彼方への一歩』に至るブランショ」『関東学院大学文学部紀要』第一一九号、二〇一〇年。

(80) 前掲拙著。

(81) 上田、前掲論文、一八九頁。

（82）Blanchot, « Kafka et l'exigence de l'œuvre », *L'Espace littéraire*, Gallimard, 1944, « folio essais », 1988, p. 97.「カフカと作品の要請」『文学空間』粟津則雄・出口裕弘訳、現代思潮社、一九六二年、一三七頁。

（83）この論文の前半のフランス革命を参照項とした文学論と後半の文学言語論との関係については、以下の論文が現在もっとも進んだ読解を行っている。門間広明「不死の権利、死への権利――モーリス・ブランショ「文学と死への権利」再読」『フランス文学語学研究』第二五号、早稲田大学大学院、二〇〇六年。

（84）門間、前掲論文、七九頁。

（85）Blanchot, « La littérature et le droit à la mort », *La Part du feu*, Gallimard, 1949, p. 307.「文学と死への権利」『カフカからカフカへ』山邑久仁子訳、書肆心水、二〇一三年、二九頁。

（86）*Ibid.*, p. 309-311. 同前、三三―三七頁。

（87）以下の拙論を参照されたい。「「全体へのパッション」あるいは名前の射程――『彼方への一歩』に至るブランショ」前掲論文、一六―一七頁。ただし、同論文では「le tout」を「全体」と訳している。

（88）« La littérature et le droit à la mort », art. cit., p. 312.『カフカからカフカへ』、三八頁。

（89）*Georges Bataille. Choix de lettres 1917-1962*, Gallimard, 1997, p. 595-596.

（90）Blanchot, « L'absence de livre » (1969), *L'Entretien infini*, Gallimard, 1969, p. 627, 629.

（91）『国際雑誌』企画についてはいくつかの研究があるが、その経緯や特質については以下の論文がきわめて明確にまとめている。佐藤（平岩）典子「『国際雑誌』の試みと挫折――ブランショたちの「来るべき雑誌」」『仏語仏文学研究』第三六号、東京大学仏語仏文学研究会、二〇〇八年。

（92）Lettre de Dionys Mascolo à Elio Vittorini, mars 1965, *Lignes*, n° 11, « Maurice Blanchot », septembre 1990, p. 301.

（93）« [La gravité du projet...] », *Écrits politiques*, *op. cit.*, p. 61.『ブランショ政治論集』、七七頁。

（94）*Ibid.*, p. 62. 同前、七八頁。

（95）*Ibid.*, p. 59-60. 同前、七五頁。

（96）*Ibid.*, p. 66. 同前、八二頁。

（97）Lettre de Blanchot à Jean-Paul Sartre, 2 décembre 1960, *Ibid.*, p. 48. 同前、六二頁。

（98）« [La gravité du projet...] » *Ibid.*, p. 52. 同前、六七頁。

(99) *Ibid.*, p. 51. 同前、六六—六七頁。

(100) Blanchot, *L'Écriture du désastre*, Gallimard, 1980, p. 99.

(101) Philippe Lacoue-Labarthe et Jean-Luc Nancy, « Noli me frangere », *Revue des sciences humaines*, « La littérature dans la philosophie », n° 185, 1982-1, p. 84, repris dans Nancy, *Demande. Littérature et philosophie*, Galilée, 2015, p. 196.

Ⅳ 政治

合田正人

国家と社会の「あいだ」をいかに(反-)造形するか

レヴィナス、ブーバーとユートピア的社会主義の明日

――ブーバーからレヴィナスへと及ぶ、ユダヤ哲学者の堂々とした系譜のことを考え、そこにパレスティナ問題についての考察が完全に欠落しているのに思い当たると、日暮れて道遠しといった感慨に襲われる。だからこそ望まなければならないのだ。ユダヤ人とパレスティナ人とが、互いの違いを尊重し合うばかりか、彼らを縛っている闘争と生存の共通の歴史に対しても、等しく尊重し合うような共存の場を。

サイード『パレスティナへ帰る』作品社

1

観照・倫理・実践

日々直接間接にこれほど多くの人びとや出来事と接していながら、そこにすでに顕れていたはずの徴候に気づかず、後で、そのひとが病を得たりみずから命を絶ったことを耳にして、「あのとき気づいていれば何かできたのに」と後悔するといった経験は誰にもあるはずだ。逆に、ある徴候に気づかなかったがゆえに、動作ののろい生徒や部下を厳しく叱るといった事例もあるだろう。気づかない、見えないには様々な場合があり、当然そこには様々な条件、情勢が様々に作用してもいるのだが、見えないが実は見たくないであることもあれば、見たのに見ていないと言い張ることもあれば、そもそも、見えない、見ていないこと、見たくないことに気づかない場合もある。

古くは『ルカによる福音』第十章の「善きサマリヤ人の寓話」で語られた事態であるが、作家の小野正嗣は、現在、難民と認定されることなく日本に暮らす外国人に触れて、「僕たちのすぐそばにいる難民や移民たちはますます不可視にされてゆく」と言っている(「難民・移民と日本」「隣人の物語から目をそらすな」『朝日新聞』(夕刊)、二〇一六年四月一三日、三面)

冒頭の段落で挙げた最初の例は「見えない」が「行為できない」につながる(と思われている)例であり、第二の例は「見えない」が「行為できる」につながる（と思われている）例である。「助けが要るひと」とは「見えない」ということは、「助けの要らないひと」と見えるということ、いや、「助けが要るひと」として「見ない」は「助けの要らないひと」として「見る」ということであり、例えば「何もしないで通り過ぎる」は「通り過ぎる」という行為であるから、いずれの例も「見る」と「行為する」との連関を表していることになる。

「見る」と「行為する」は時間的に隔たっている場合もあれば、ほとんど同時的である場合もあるだろうが、この連関は、↓「行為する」↓「見る」↓「行為する」↓という連鎖の一部を切り取ったものにすぎず、この連鎖には際限がない。けれども、それはとりもなおさず、いくら「見えた」と思ってもそれがつねに「見えていない」であることを示している。いかなる「〜として見ること」も何かの本質を汲み尽くすものでもありえないのだ。そうであるなら、いかなる「行為する」もこの本質に十全にかなったものではありえない。たとえ相手の反応の予見不能性を度外視するとしても、そうならざるをえないのだ。

いま、「見る」を「表象」（représentation）に置き換え、「無際限」と「無限」との区別にはさしあたりこだわらず、次の文章を読んでいただきたい。

「無限の表象ならざる無限の観念（idée de l'infini）が活動性そのものも支えている。［…］無限の観念はそれ自体が無限の表象であるかというとそうではなく、そのような無限の観念が活動性と観照にとって共通な源泉なのである。」（*Totalité et infini*, Martinus Nuijhoff, 1971, p. 13. 以下*TI*と略記）

「倫理は、それ自体ですでに、ひとつの「視」〔光学〕（optique）である。それは、超越を独占するような観照的行使を準備するだけのものではない。観照と実践（théorie et pratique）の対立は、そこで絶対的に他なるものもしくは真理とのある関係が確立されるような形而上学的超越——倫理はその王道である——を起点とすることで解消されるだろう。従来、観照と実践との連関は、連帯関係もしくは上下関係以外のものとしては考えられてこなかった。［…］われわれは更に進んで、観照と実践を混同していると見えることも辞さずに、両者を形而上学的超越の様相として扱う。見かけの混同は意図的なもので本書〔『全体性と無限』〕の主張のひとつでさえある。」（*TI*, p. 15）

レヴィナス『全体性と無限』のなかでも最も重要な箇所のひとつであり、「倫理」の何たるかが、古来の「観照‐実践」図式に即して、また、それを根底的に変容するような仕方で語られている。まず、「共通の源泉」(source commune)という言い方が、「構想力」〔想像力〕を形容するためにカントが用いた感性と知性の「共通の根」という言い方を彷彿とさせるということを指摘しておきたい。この「源泉」が「無限の観念」なのだが、「無限の観念」とは、デカルトの第三省察で語られた「神の観念」のことで、作品が製作者の印を刻印されるように、「私」は「私」を創造した「神」の「観念」を生得的に受け取る。しかし、「神の観念」を抱くとはいえ、「私」は、作品と製作者が別ものであるように、「神」を内包することは決してできない。つねにそれは「外部」であり「他者」なのだ。デカルトは、そのような「神」を前にして「私」にできるのはその「観照」だけだと言う。『全体性と無限』では、第三省察の末尾が長々と引用されている。

「ここでしばらくのあいだ、神の観照に深く立ち入り、その属性を私において推し量り、その広大な光の美しさを、目くるめく私の精神の目が耐えうるかぎり凝視し、賛美し、崇敬するのがよいであろう。〔…〕」(*TI*, p. 233)

このような「神の観照」が、古来の「観照と実践」双方を包み込むとともにその両者を根底的に変容するような「光学」としての「倫理」にほかならず、それが誰であれ、それがいかなる者であれ、その者を前にして、「神の観照」と同様の試練を自身に課すこと、それが「私」であり、かくして「私」は「顔」を前にしていることになる。「顔」が感性には与えられることなきもの、「偶像」の対極にあるものだとすれば、カント『判断力批判』の「崇高」論をここで引き合いに出すことができるかもしれない。構想力と感性的なものとの分離は、崇高なものに対する感情は失わせるどころか、無限なものの表示(Darstellung)であって、それは否定的・消極的表示であるとはいえ、心を拡張してくれる。「恐らくユダヤ人の律法には「汝、己のために如何なる形象をも造る勿れ、天にあるもの地上にあるものまた地下にあるもののいかなる似姿をも造る勿れ云々」という掟にもまして崇高な章句はあるまい。」(岩波文庫上巻、一九七頁)

「神の観照」とデカルトが呼んだものは、少なくとも二つの仕方で言い換えることができる。ひとつは「欲望」という語によって。

「形而上学的欲望は帰還を切望することはない。なぜなら、それはわれわれが生まれたのではまったくない国への欲望だからだ。どんな自然〔本性〕とも無縁な国、われわれの祖国ではなかったし、われわれがこれからも決して移り住むことのない国への。形而上学的欲望はいかなる親縁関係（parenté）にも立脚していない。」（*TI*, p. 22）

いまひとつは、「顔」がつねに何らかの意味で「言語」として捉えられているという点で、「意味」によって。

「ソッド（玄義）という語はタルムードの象徴論では聖典の究極的意味を表しており、プシャトという字義通りの意味を探求したうえで、そこから暗示的意味たるレメズに上昇し、そこから更に象徴的意味たるドラッシュに上昇した後にそこに至る。が、まさに真の玄義は始原的単純さ、それも字義通りの意味より単純な単純さのうちに存している。」（*Difficile liberté*, Albin Michel, 2006, p. 93. 以下*DL*と略記）

「意味」は「解釈」される。それが「ミドラッシュ」である。この点について、タルムード読解に寄せた序文で、レヴィナスは「口伝トーラーは成文トーラーから倫理的意味を人間的なものの究極の可知性として、更には宇宙的なものの究極の可知性として引き出す」（*Du sacré au saint*, Minuit, 1977, p. 10. 以下*SS*と略記）と言っている。「顔」の言葉の「玄義」、即ち「律法」〔トーラー〕の「倫理的意味」が解釈され、「汝、殺すなかれ」と読み解かれるということ、それは、たとえ一度たりとも遵守されたことがないにせよ、ある行動ないしその禁止を命ずる窮極的戒律の逆説的措定を意味すると同時に、ユダヤ教には六一三の戒律があるとさえ言われるように、われわれの日々の生活、ひいては行動全般——それをフランツ・ローゼンツヴァイクは「もはや書物ならざるもの」（Nicht-mehr-Buch-sein）と呼んだ——にわたる規制ともなるだろう。タルムード読解は、レヴィナスの解釈学とポール・リクール（一九一三—二〇〇五）の解釈学が交錯する場でもあって、レヴィナス自身リクールの名を挙げて、例えばレヴィ＝ストロース（一九〇八—二〇〇九）に見られるような構造主義解釈がタルムードの対蹠点にあることを強調している。

律法の解釈と行為という問題は、リクールにおいては「テクストから行為へ」（du texte à l'action）と表現されている。実際にはテクスト、行為、歴史という三項のあいだの相互連関が提示されているのだが、リクールがここで標的としているのは、「これまでの哲学者は単に世界を解釈しただけだ。しかし重要なのは世界を変えることである」というマルクスの有名な言葉であったと推察される。「解釈すること」こそが「変革すること」なのである。

「私なりに要言すれば、一方では、テクストの概念は人間的行為にとってのよきパラダイム〔範例、枠組み〕であり、他方では、行為は様々なテクストが成すひとつのカテゴリーにとっての指示対象（*référent*）である。第一の点に関しては、人間の行為は多くの点でほとんどテクストと同じもの（quasi-texte）である。」（*Du texte à l'action*, Seuil, 1986, p. 175）

無限の観念、形而上学的欲望、玄義。それはレヴィナスにとって、観照と実践の「共通の源泉」であり、テクストと行為の「共通の源泉」である。決して対象となることなき無限であり絶対的に他なるものであるという意味では、それは「指示対象」たりえない。「欲望」にまつわる語彙で言うと、祖国でも移住先でも決してない「国」（pays）であり、どんな「自然」とも無縁である限りで、それは「ユートピア」〔どこにもないもの、場所ならざるもの〕としか呼びようのないものだろう。「どこ？」という問いが意味をなさないような「非－場所」（non-lieu）。しかし、レヴィナスはある固有名を用いてもいた。

「政治的で文化的な自律的実在の相のもとでは、シオニズムは、ユダヤ人にしてギリシャ人たる西欧ユダヤ人を至る所で可能ならしめる。だから、タルムードの叡智の「ギリシャ語への」翻訳はユダヤ人国家の大学の本質的使命であり、それはセム語の文献学よりもこの大学の努力に相応しいもので、このような文献学ならヨーロッパとアメリカの大学で十分である。ディアスポラのユダヤ人とイスラエルの政治的再生に驚嘆した人類の全体がエルサレムのトーラーを待望している。」（*Quatre lectures talmudiques*, Minuit, 2005, p. 24）

至る所にあり、どこにもない。別の箇所では、同じ事態が、「われわれはギリシャが知らずにいた諸原理をギリシャ語で言明するという大いなる使命を有している。ユダヤの特異性はその哲学を待望している」（*L'au-delà du verset*, Minuit, 1982, pp. 233-234）と表現されている。ギリシャが知らなかった諸原理、それがレヴィナスの思惑を超えて何でありえるのか、はここでは問わないが、イスラエル国初代首相ダヴィッド・ベン＝グリオン（一八八六—

一九七三）のような人物が「イスラエルの政治的再生」を「ディアスポラ」の終焉とみなし、この再生とともに「ヘブライ語」が甦ったその後で、レヴィナスはこう言っているのだ。ベン＝グリオンにとって「シオニズム」の成就と見えるものはレヴィナスにとって、「シオニズム」という「高貴な使命」からすると、途上で生じたひとつの政治的出来事にすぎず、「集中」に対しては「ディアスポラ」[1]、「ヘブライ語」に対しては「ギリシャ語」と「翻訳」を対置しつつ、この使命を語るレヴィナスの言葉は、「アンチシオニズム」との符牒を張られてもまったくおかしくないものなのだ。

「翻訳」とここで呼ばれているものに注目するなら、レヴィナスが「シオニズム」の本義とみなしているものと、同じくレヴィナスが「存在するとは別の仕方で」の「存在すること」への「翻訳＝裏切り」とみなしているものとの同型性に気づかないわけにはいかない。

「存在するとは別の仕方で、存在とは他なるものは自分を裏切り、存在することとして主題のうちに現出する。」（*Autrement qu'être ou au-delà de l'essence*, Martinus Nijhoff, 1974, p. 18. 以下 *AQE* と略記）

「存在するとは別の仕方では、私たちの面前に翻訳されるや否や、語られたことのうちで裏切られてしまう。」（*AQE*, p. 19）

ここにいう「翻訳＝裏切り」は、「語りえないもの」の秘密の漏洩とウィトゲンシュタインを意識した言い回しで表現されてもいて、それが「哲学の使命」とみなされている。「翻訳＝裏切り」は「裏切り」であるがゆえに、語られるや否や「語り直され」ねばならず、ここにも限りない過程があるのだが、誤解を恐れずに言うなら、先の引用文からも分かるように、レヴィナスにあっては、「シオニズム」の使命と「哲学」の使命とが重なり合っている。そして、ある意味ではこの使命成就に貢献する限りでのみ、「イスラエル」「エルサレム」という「場所」は重要性を持つのだ。「翻訳＝裏切り」とこれまた同型の動きだが、この点に関してレヴィナスは「非場所が場所と化すことで例外的に歴史に組み込まれる出来事」（*AQE*, p. 282）と『存在するとは別の仕方で』に記している。この点に関連して二つ論点を提起しておきたい。

第一に、シオニズムの使命と哲学の使命との同型性という点については、レヴィナス自身同意しないかもしれないが、書くこともしくは文学についてこれと同様の事例がある。それはレヴィナスの友人ブランショ（一九〇七―二〇〇三）の『文学空間』で取り上げられたカフカの事例である。一九一六年頃、ヤノッホに打ち明けているように、カフカはシオニズム運動に加わってパレスティナ〔カナンの地〕に赴き、農業労働者として働こうと真剣に考えていた。何のために。「安全と美のなかで意味に満ちた生活を見つめるために。」しかし、カフカはすでに病を得ていて、この夢は夢のままにとどまった。ブランショはその後のカフカの日記を詳細に検討しているが、「約束の土地」たる「カナン」を求めるカフカの気持ちに偽りはないといえ、そこに至ることができず世界から排除されているという苦悩があるとき「肯定的経験」に転じるとブランショは言う。

『ユダヤ神秘主義の諸潮流』の著者ゲルショム・ショーレム（一八九七―一九八二）が同書で述べているように、一六世サフェドのカバリスト、イサク・ルーリアの「カバラ」はスペイン追放後の苦しみのなかで追放を極限に推し進めるような仕方で生まれた。このドラマを、カフカが「自分の文学」全体を「新しいカバラ」と呼んでいることに重ね合わせながら、ブランショは、カフカが「自分のためではなく他の人々のために」追放の終焉を望みながら、みずからはカナンにではなく砂漠へと接近し際限なく彷徨し四散する様を描き出している。「カフカは同時にシオニストでありアンチシオニストである」（*L'espace littéraire*, Gallimard, 1955, p. 80）というのだ。

第二は、ルイ・アルチュセール（一九一八―一九九〇）のような哲学者も、『資本論を読む』所収の論考で一九六〇年代に「観照的実践」（pratique théorique）の観念を練成しようとしていたことである。レヴィナスが観照と実践に「共通の源泉」を探求していたのとほぼ同時期に、マルクスの哲学をめぐる考察、それも「アンチヒューマニズム」を標榜する考察のなかで、それと併行関係にあるような動きが見られたということは実に興味深い現象ではないだろうか。因みにレヴィナスはというと、「ヒューマニズム」は十分にヒューマニズム的ではないという意味でのみ非難されるべきだ、と主張している。

2　「新しい共同体」

国家とは何か。国家を創設するとはどういうことなのか。ひとつの国家が独立するとはどういうことなのか。国家はどうすれば国家として承認されるのか。そのような問いと向き合うことを不可避とするような仕方で世界各地で殺戮が繰り広げられているにもかかわらず、ほとんど誰もこの問いを自身に提起することなく、また、自分の顔を自分が認知したのはいつどのようにしてであったかを決して知ることがないのと同様に、いつどのようにして自分が国民（時に主権者）となったかも問うことなく、すでに国民であるという既成事実に凭れかかったまま、一方ではテロリストを非難し、他方では移民、難民に同情し、また一方では移民、難民がこちらの利害に反する者と化すや否や彼らをテロリストと呼び、他方では憂国の士を自称して恥じるところがない。それどころか、自国の体制と対峙し、各国の虐げられた者たちに思いを馳せる人道と正義と平和の擁護者を自認する。

国民とは日々の国民投票である、というそれ自体が撞着を孕んだエルネスト・ルナン（一八二三—一八九二）の言葉は、ともすれば最も安定したものと思い込まれている国家・国民なるものがいかに根拠薄弱であるかを物語っている。実際、筆者の人生にも、国家に関しては、主権喪失と回復、解体・分裂と統合、占領と解放、クーデタ、内乱、独立、革命、旧植民地の独立、連合、ブロック化といった多様な出来事あるいはその余波のごときものが刻印されている。そして何よりも、国家は、「戦争」なるもの自体が変容しているとはいえ、戦争と分かちがたく結びついている。戦争権はそれを持つにせよ放棄するにせよ国家にしか係わらない。国家をめぐって生じたこれらの出来事のいずれもが数多の人間に、政治と文化、経済と産業のみならず、生態圏にも甚大な作用を及ぼすものであったこと、それは言うまでもないだろう。

一九四八年五月一四日のイスラエルの独立宣言ならびにイスラエル国の成立はこの文脈のなかでどのような意味を持つのだろうか。イスラエル国はある領土を持つものとして独立したが、その地域や近辺に先祖代々住み続けてきた者たちが国民となったわけではない。むしろ早くても二〇世紀に入ってからそこに移り住んだ者たちが国民のほとんどであって、彼らにとってパレスティナは新天地であった。アルメニアの場合のように、離散しなかった者たちが多少とも残って現代の国家樹立につながったわけではないのだ。とはいえ、北アメリカ大陸が移住者たちにとって新世界であったのと同じ意味でそうなのではない。アメリカ合衆国で生を享けた黒人たちにとってのアフリカ大陸とも異なる。二千年ほど前まで、彼らの祖先がパレスティナの地で暮らしていたというのである。かくも長き空白に耐える契約や権利は存在しない。実際、「ユダヤ人国家」(Judenstaat) の提唱者自身が、必ずしも国家建設の場所はパレスティナでなくてもよいと考えていた。もっとも、神との契約だけは別かもしれない。この契約すなわち「ユダヤ教」(judaïsme, Judentum) ゆえに、パレスティナは彼らにとっての「父祖の地」であり続けたのである。

イエスが生まれる前に、また、イスラームが支配する前に、「ユダヤ教」を信奉する者たちはその地に王国を築いていたとされる。とはいえそれは、ほとんどの者にとっては、「タナッハ」(私たちが旧約聖書と呼んでいるもの)に記述された出来事にすぎず、あまつさえ「タナッハ」を読むことのできる者は、イスラエル建国につながるパレスティナへの移住(巡礼、登ること=アリヤー)が始まった時期にはごく稀れであったはずだ。一九三四年の白書で英国がユダヤ人移民の数を制限した後海路パレスティナに移住した者たちを特に「マアピリン」(ma'pilin) と呼ぶのだが、因みに、移民、難民をめぐる今日の情勢は、イスラエルに対する政治的弾劾がこのような移動への想像力の摩滅とその正当化につながってはならないことを教えてくれているように思われる。

物語とその翻訳、そこに記された宗教的戒律ならびに宗教的儀礼の反復ないし「伝承」が、「記憶にない過去」を補塡したわけだが、それ自体が驚くほど多様なこの「伝承」は、イスラームの場合と同じくユダヤ教徒 (Juif) の生活全般にまで浸透するとはいえ、イスラームの場合とはちがって生来のユダヤ教徒というものはありえず——逆に言うと、アフリカのいわゆる黒人であろうと日本人であろうとユダヤ教徒になりうるのであって、この点はイスラームについても同様である——、また、棄教を原則的に認めず場合によっては死刑に処すといったこともないのだが、しかし、ユダヤ教の信仰を捨て、時に別の信仰を公然と選んだとしても、イスラームともキリスト教とももちがって、JuifはJuifでなくなるわけではなく、その人物についてもjudaïsme（Judentum）ということが語られうるのだ。

この事例に限らず「〜人」「〜民族」という表現は明確な定義を持たず、だからこそ広範に使用されている。Juifにもまたそのような意味が担わされた。居住地や使用言語がどれほど異なっていようとも、慣習や所作や身なりだけでなく、一方では漠然たる思想傾向、世界観、気質、雰囲気、他方では身体的な特徴を共有しているはずだ、というのである。とはいえ、それは単なる偏見ではない。Juif自身が「母」を通じて血縁的同一化を維持しようとしているからだが、これとて、厳密に考えれば、ある縛りの域を出ないであろう。このような者がイスラエル国の国民でありうるとすれば、Juifである限り、地理的にイスラエル国に一度も居住したことがなくとも、それどころか、移住を拒否していたとしても、潜在的な、というよりもむしろ可能的な国民たりうるのである。もちろん、国家という世俗的制度である限り、そのようなJuifだけが国民を成しているのではまったくない。ベン＝グリオンによって読み上げられた建国宣言およびそれに続くアピールを見ると、イスラエルは「ユダヤ人国家」（Jewish State）と規定される一方で、「宗教、人種、性に関係なくすべての住人に完全に平等な社会的かつ政治的諸権利を保証する」とあり、また、「われわれに対するこの数ヶ月の激しい攻撃の最中で、われわれはイスラエル国のアラブ人住人たちに、平和を維持し、完全かつ平等な市民権ならびに暫定的または永続的諸制度すべてにおける当然の代議権に基づいて国家の構築に参画するよう呼びかける」と記されている。しかし、この建国宣言に深い失望を覚えた者がいた。そのひとりがマルティン・ブーバー（一八七八—一九六五）であった。彼はこう書いている。

「イスラエルを再生させるために、私はシオニズム運動に係って五〇年になるが、歓びをもって私は活動してきた。今日、私の心は引き裂かれている。ある政治的構造の名のもとに開始された戦争は、民族的生存のための戦争にいつ転じるかもしれない。だから私は、他のユダヤ人と同様、私自身の生存を賭けてそれと係ったのだが、今日私の胸は痛んでいる。勝利の報せを聞いても、私は喜べないだろう。なぜなら、私はユダヤ人たちの勝利がシオニズムの敗北を意味することを恐れているのだから。」(*Ein Land und zwei Völker*, Jüdischer Verlag, 1993, SS. 293-294)

一九四八年に書かれた「二様のシオニズム」からの引用である。ブーバーがエルサレムに移住しエドワード・サイード(一九三五―二〇〇三)宅に住むことになるのは一九三八年三月のことだが、「五〇年」とあるように、世紀の変わり目あたりからブーバーは様々なシオニズム運動と係り続けた。一九〇〇年にはベルリン・シオニスト連盟のなかに芸術・文化部門を設立、『ユダヤ人国家』(一八九六年)の著者デオドーア・ヘルツル(一八六〇―一九〇四)に求められてシオニストの機関紙『世界』の編集長を務めるが、ユダヤの宗教とも文化とも無縁で、必ずしもパレスティナでの国家建設を意図していなかったヘルツルとはすぐさま対立することになる。この対立についてはここで論じる余裕はない。シオニズム運動と係わり始めた時期のブーバーがどういう状態であったか、そこに問題を絞って話を進めたい。

ブーバーの伝記作家モーリス・フリードマン(一九二一―二〇一二)によると、一八九九年、ブーバーはある人物と出会い決定的な影響を受けた。その人物の名はグスタフ・ランダウアー(Gustav Landauer, 1870-1919)、バイエルン＝レーテ共和国(一九一九年四月に成立)での「評議会共和制」樹立に貢献しながら、その直後、グスタフ・ノスケ軍によって惨殺されたドイツ・ユダヤ人のアナーキスト的社会主義者・平和主義者である。フランスのジョゼフ・プルードン(一八〇九―一八六五)、ロシアのアナーキスト思想家ピョートル・クロポトキン(一八四二―一九二三)の影響を強く受けたと云われる。ランダウアーとの出会いをきっかけに、ブーバーは大学での専攻を科学と美術史からキリスト教神秘主義に切り替えた。ランダウアーはマイスター・エックハルトの信奉者であり近代ドイツ語への翻訳者であった。ブーバーのハシディズム研究にこの新たな視点が加わることになる。と同時にブーバーは、ランダウアーを理論的支柱としてハインリヒとユリウスのハルト兄弟がベルリンで設立した「新しい共同体」(Neue Gemeinschaft)〔一九〇〇年―一九〇四年〕と深く係るようになる。

「ブーバーの共同体についての教えに、最も重要な影響を与えたのは、友人グスタフ・ランダウアーの社会主義であることに疑問の余地はない。ブーバーは『ユートピアのなかの様々な小径』(一九四九年)の中で、ランダウアーに一章を捧げているが、見解の一致は明らかであり、それは間違いなく、悲劇的な死とともに筆を断たれた友人ランダウアーへの記念として書かれたものである。ランダウアーの戦争反対は、平和主義だけでなく、国家に対する生来の敵意にも由来するものであり、この点においてランダウアーは社会主義者であると同時に、まぎれもない無政府主義者でもあった。いいかえれば、国家による社会主義に対立するものとしての共同体による社会主義、もろもろの共同体からなる共同体による社会主義の提唱者だった。」(『マルティン・ブーバー——狭い尾根での出会い』上、ミルトス、二一三頁)

パトリック・マルコリニ(Patrick Marcolini)によると、「新しい共同体」は、「ボヘミアン的アナーキズムとかなり混乱した神秘主義のあいだで逡巡する作家、芸術家、大学人」から成る集団で、定期的に講演、講義、祝宴、会食、遠足、散策を実施した。子供向けの美術の入門講座も行ったようだ。「誠意、人間的熱意、物腰の自由さ、感情と内面性の表現を連合するような社交性」をめざし、「都市と田園、自然と文化のあいだを往還しながら両者を接近させようとする日常生活を送り、手仕事と芸術的かつ知的な活動を和解させようと努めた」と云われる。ブーバーもそこで何度か講演を行っている。ランダウアーの「ユダヤ性」については諸説紛紛として定説はいまだないが、「新しい共同体」は必ずしもユダヤ的なものと直結した運動ではなかった。ランダウアー自身の「ユダヤ性」への覚醒というものが仮にあったとすれば、それはむしろブーバーによるハシディズム再発見が促したものであり、また、ブーバーの仲介によって初めてクロポトキンやランダウアーの思想は一九一〇年頃から、パレスティナへの移住を望む者たちに浸透していったのだ。

「第二次アリヤー」と呼ばれる一九〇五年のパレスティナへの移民のなかに、土地を耕し自然とひとつになることを求めるひとりの人物がいた。ウクライナ出身のアハロン・ダヴィッド・ゴルドン(Aaron David Gordon, 1856-1922)である。彼を中心として生まれたのが「ハポエル・ハツァイール」(青年労働者)運動で、ブーバーは一九一九年にこの運動のドイツ支部の成員となる。ゴルドンら「第二次アリヤー」の移民たちが最初の「キブツ」(ヘブライ語で集団の意)を築いたのは一九〇九年のこととされているが、同じく一九一九年頃から、ブーバーは「キブツ」の理念に同調し、入植を通して社会を真に共同体的なものへと変革せよと「革命的入植」を訴え始める。資本主義的搾取とも帝国主義的侵食とも無縁な「革命的入植」を訴えたのとほぼ同時期、ブーバーはすでにアラブ人問題をも取り上げ、当時の混乱を超えて、いつかアラブ人労働者たち、アラブ民族との連帯、利益の一致の自覚が生まれるだろうとの期待を表明し、連帯しながらもそれぞれがそれぞれの仕方で自立的に発展していくような中東の「連邦制」的編成を構想していた。「二民族国家」(Zwei-Völker-Staat)という発想もそれに伴って錬成されていったのだが、かくも重要な思想展開のきっかけのひとつであったランダウアーのアナーキズム的社会主義とはどのようなものだったのだろうか。

この点についてはブーバー自身、ランダウアーの遺稿を出版するとともに、その伝記も含めてまとまった記述を遺してくれている。フリードマンが挙げている『ユートピアのなかの様々な小径』(*Pfade in Utopia*)〔以下『ユートピア』と略記〕の第六章もそのひとつである。この著作は一九四五年春に完成され、ヘブライ語版は一九四七年に、ドイツ語版は一九五〇年に出版されたが、ドイツ語版には、ブーバーがヘブライ大学創立二五周年を祝う一九五〇年の記念式典で行った講演「社会と国家のあいだ」(Zwischen Gesellschaft und Staat)が第一二章として付け加えられている。『ユートピア』はイスラエル建国前後のブーバーの知的抵抗にほかならなかった。それを取り上げるのにはもうひとつ大きな理由がある。『ユートピア』は一九七七年にフランス語に訳され、『ユートピアと社会主義』(*Utopie et socialisme*)という題でオービエ＝モンテーニュ(Aubier-Montaigne)社から出版された。そのとき、この訳書のために序文を書いたのがレヴィナスなのである。

3　ユートピア的社会主義の道々——ランダウアーへ

『ユートピア』でのブーバーは、マルクス／エンゲルスの『共産党宣言』(一八四八年)第三章第三節「批判的‐ユートピア的社会主義もしくは共産主義」(Der kritisch-utopistische Sozialismus oder Kommunismus)から論を起こしている。表題が指し示しているのはサン＝シモン、シャルル・フーリエ、ロバート・オウエンらの学説で、それについてはまず、「真に社会主義的で共産主義的な学説、サン＝シモン、フーリエ、オウエンなどの学説は、プロレタリアートとブルジョワジーのあいだの闘争がまだ未発展な初期段階に出現した」と云われている。時代と学説とのこのずれはどのような帰結を生んだのだろうか。

「批判的‐ユートピア的社会主義または共産主義は歴史的発展との逆立ちした関係のなかに存している。階級闘争が発展し形を成すに応じて、階級闘争のこの空想的（phantastisch）乗り越え、階級闘争のこの空想的克服がすべての実践的価値、すべての理論的〔観照的〕正当化を失う。だから、これらの学説の提唱者たちは多くの点で革命的であったが、その弟子たちは例外なく反動的なセクトを構築する。彼らはプロレタリアートの歴史的進展に抗して師たちの時代遅れの直観を堅持する。彼らは依然としてつねに彼らの社会的ユートピアの実験的実現、新しい豆粒エルサレムたる若干のファランステールの創設、ホーム＝コロニーの定礎、小イカリアの設立を夢見ており、これらすべてのスペインの城の建設のために、彼らはブルジョワ的心の博愛と財布に頼らねばならないのである。」

ここで一体誰が、何が非難されているのだろうか。「時代遅れの直観」と断じられているとはいえ、サン＝シモン、フーリエたち自身が非難されているわけではない。むしろ、階級闘争の展開によってプロレタリアートが形を成してきたにもかかわらず、それが未発達であった時期の理論に依然として依拠しているいわばエピゴーネンたちが非難されているのであって、その意味では、マルクス／エンゲルスに「共産主義者の信条の作成」の執筆を依頼した「義人同盟」（Bund der Gerechten）それ自体が「ユートピア的」と形容されて然るべきなのである。マルクスとエンゲルスの論難は、当の「義人同盟」のような自称共産主義者たちの錯誤に向けられている。この視点に立ってブーバーは、「批判的‐ユートピア的社会主義」の提唱者たちを肯定的に語ったマルクスとエンゲルスの言葉を列挙するとともに、ジョゼフ・プルードンにも言及して、『哲学の貧困』での反駁以前に、彼らがプルードンの『所有とは何か』について「経済学に革命をもたらし、経済に関する真の科学を可能にした」と発言していることを紹介している。マルクスとエンゲルス自身の立場を十分に考慮したとしても、マルクス主義以前の「ユートピア的」社会主義思想家たちの思想は改めて真摯に検討されるべきものなのだ。

ただ、それでもなお、邦訳でも「空想的」という訳語が充てられているように、「科学」（Wissenschaft）に対する「ユートピア」が一種の侮蔑的表現と化したことに関して、マルクスとエンゲルスが何の作用も及ぼさなかったかというと、それはそうではない。しかし、道はただ「ユートピアから科学へ」と線形的に伸びているのだろうか。「科学」は「ユートピア」の克服たりうるのだろうか。この点でブーバーは、「マルクス主義は、そのユートピアへの敵対にもかかわらず、隠れユートピア信仰との嫌疑を決して払拭できない」（Martin Buber, *Werke*, Erster Band, Kösel-Verlag und Verlag Lambert Schneider, 1962, S. 845. 以下頁数のみを記す）というドイツのプロテスタント神学者パウル・ティリヒ（一八八六―一九六五）の言葉を引いて、マルクス主義にとどまらず、マルクスとエンゲルスの「科学」そのものが「ユートピア的」性格を有していることを指摘する。

マルクスとエンゲルスの、マルクス主義の「ユートピア」が「革命後」の「ユートピア」であるとすれば、いわゆるユートピア社会主義者たちのそれは「革命前」の「ユートピア」である。論点を先取りして言うと、ブーバーは革命前の「ユートピア」を預言者的なもの、革命後の「ユートピア」は黙示録的なものとみなし、前者をイスラエル、後者を古代イランに由来するものとしている。もちろん、マルクス主義のうちにも預言者的なものは存しているが、黙示録的なものに圧倒されている。

エルンスト・ブロッホ（一八八五―一九七七）は『ユートピアの精神』（一九一八年）で、マルクスからこの黙示録的側面を抜き出し、それを「いまだ意識されざるもの」としての「ユートピア的願望」たらしめた。それに対してブーバーは、最後の日がどんな日かを知っているのはマルクスだけだというローゼンツヴァイクの揶揄を引いて、ヘーゲル的歴史観へのマルクスの退行を指摘し、「必然の国から自由の国への人類の飛躍」というマルクスの言葉はなんら科学的根拠をもたないと断じている。とはいえ、「ユートピア」はその黙示録的形式に尽きるものではない。その預言者的形式を再検討することで、マルクスとエンゲルス、マルクス主義における、否定的なものならざる「ユートピア」的側面を賦活し、袋小路に嵌まり込んだ社会主義を救い出すことができるのではないか、そうブーバーは考えたのである。

これをブーバーは「ある理念（Idee）の発展の跡を概観するのではなくある理念の像（Bild einer Idee）をその発展において辿ること」（S. 835）と言い換えている。そもそも彼にとっては「ユートピア」とは「像」であった。「像創造」（Bildschaffendes）であり像への「願望」（Wunsch）であり「願望の像」（Wunschbild）であった。「発展」をめぐるこれら二つの言い回しの差異は、プロレタリア独裁国家の死滅の後のいつだか分からないときに「理念」が実現されるのではなく、「理念」の「像」がすでに今ここで生成中であることを示そうとしている。しかし、それはどのような「像」なのだろうか。まず強調されるのは、この「像」が無定形のものでも浮遊するものでもなく、中心を持ちしっかり建築的に構造化されたものであるということだ。

「ユートピアとは像（Bild）、しかし現実には存在しないでただ表象されるにすぎない何かについての像である。そうした像は一般に幻想像（Phantasiebilder）と名づけられるが、しかしそれではまだ少ししか語られていない。その幻想は、ふらふらさまよっているのでもなければ、変り易い感興のままにあてどなくゆり動いているのでもない。それは第一義的かつ本源的なあるものに構造的にしっかりと中心をおき、これを建設することをもってみずからの課題とするところのものであって、この第一義的なものとは願望なのである。」（S. 842）

ここでブーバーがカントにおける「建築術」としての「システム」という定義を踏まえていることは明らかである。「ゲシュタルト心理学」初期の理論家カール・シュトンプ（一八四八―一九三六）の教えを受けたブーバーは「システム」を「形」「形態」（Gestalt）という語で語ることになる。ただ、「建築術」と言ったけれども、緻密に対称性を勘案して構想されたフーリエの「ファランステール」〔共同住居〕について、ブーバーが「無定形」と断じているのは実に興味深い。次の引用は、ブーバーのいう「像」がこれまたカントの「構想力」、その図式論と結びついていたことをはっきり示している。「感性と知性に共通の根（Wurzel）」としての、「魂の暗闇に隠れた技芸（Kunst）」としての「像」。

「ユートピア的願望は、すべての像形成のように、よしそれが魂の奥底に根差しているとしても（wiewohl auch er, wie alles Bildschaffende, in der Tiefe verwurzelt ist）、衝動的な何ものでもなければ、自己満足的な何ものでもない。この願望は、魂と親しく通じながらもそれに制約されはしない超個人的なあるものと結合している。そこに働いているのは、宗教的または哲学的想念において、啓示または理念として体験され、そして本質上、個々人のうちにではなく、人間的共同体自体のうちでのみ実現されうるところの、かの正しきもの（das *Recht*）への渇望なのである。」（Ebd.）

「ユートピア的願望」を「衝動」（Trieb）と峻別したとき、ブーバーの念頭にあったのはフロイトではなかったかと思われれる。「快原理の彼岸」に見られるように、自分と同様フロイトがカントの超越論的感性論における時空論の変容を企てていたことをブーバーはおそらく知っていたのだろう。「像」はここでは個人と共同体との接点である。そして、「正しきもの」が前掲『判断力批判』で言われたような「像となりえないもの」〔形象化不能なもの〕として機能していると言ってよい。

ブーバーがランダウアーを取り上げるに至るまでの道筋を簡単に見ておこう。サン＝シモンは国家による強制を産業の、ひいては社会の自発的発展によって置き換えようとした。「国家」は「産業組合」でしかないと彼は言うが、それもまた中央集権的な巨大組織であって、ブーバーによると、社会の構造的変革を真にもたらす「小さな社会単位」をめぐる構想がサン＝シモンには欠如していた。逆にフーリエにはこの「小さな社会単位」しかない。前出の「ファランステール」は自足的な「ホテル」のごときもので、個人の連合は語られてもホテル同士の連合については語られず、また、個人の所有と要求は現状のままであって、その限りで、矛盾から調和への移行はまったく不可解なものにとどまっている。いずれの思想家も、新たな社会を構築しうるような社会単位を十全に捉えるには至っていない。ひとりオウエンは実験と経験によって、農業を基礎とする諸共同体の有機的連関に思い至った。そう述べつつ、ブーバーが「相互的な所有と享受、共有財産の所有と享受」というフェルディナント・テンニエス（一八五五―一九三六）言うところの「共同体」（Gemeinschaft）の規定を引用しているのは見逃せない。「国家」（Staat）と「社会」の関係ならびに「社会」（Gesellschaft）そのものの構造変換の鍵を握るのは「共同体」だというのである。

何よりも反中央集権的な「相互制」(Mutualismus) にもとづく「自治体主義」(Kommunalismus) と「連合主義」(Föderalismus) の構想によって、プルードンはサン＝シモンとフーリエが解決でなかった問題を解決する可能性を捉えた。プルードンに対するブーバーの評価は高い。しかし、それでもなおプルードンの社会主義には欠けているものがひとつあるとブーバーは言う。何だろうか。

「現存する社会的諸単位、また、そのなかで古い共同体的構築 (alte Gemeinschaftsbildung) が存続しているような諸単位もまた、そのままで、正義において相結合できるのかどうか、また、新しい社会的諸単位も、その成立の当初からまさに自由と秩序の結合が刺戟となり形成力となって働くのでなければ、正義において相結合できるのかどうか、この点にわれわれは疑念を覚えている。」(S. 877)

社会的諸単位が結合して正義を実現するためには、これらの単位それ自体のなかにその萌芽がなければならないが、そのような単位の形成過程をプルードンは示さなかった。新しい社会的単位のなかに、あるいは現存する社会的単位のなかにすでに存している正義の芽のごときもの、それがどこから来るのかと言えば、この引用文では明確には語られていないとはいえ、「古き共同体的構築」以外にはありえないのではないだろうか。

「所有とは盗みである」、「アナーキズムとは強権の原理、警察制度、拘束や抑圧の諸方策、官僚制、租税などが最も単純な表現に縮減される統治形態もしくは政体である」といったプルードンの考えを継承し、様々に交錯し相互に支持し合う地域自治体連合と職業連合の二重のコミューンを発想したのが、ブーバーにとっては、クロポトキンであった。田園と工場から成る農村。同一人物がその双方で働き、人間が人間としての権利を持つに至るというクロポトキンのヴィジョンにブーバーは同調する。だが、クロポトキンのアナーキズムは、中央集権国家を国家一般と混同したがために、廃絶されるべき国家的なものとむしろ維持されるべき国家的なものとの区別を疎かにしてしまった。そこで登場したのがブーバーにとってはランダウアーなのである。そのランダウアーは「国家」についてどう言っているのだろうか。

「国家とはひとつの係わり（ein Verhältnis）であり、人間のあいだのひとつの係わりであり、人間が互いにどう振舞うかというひとつの仕方である。別の諸関係（Beziehungen）に入ることで、互いに別様に振舞うことで、ひとは国家を解体する（zerstören）。」（S. 887）

ランダウアーも「解体する」と言っている。けれども、「国家」は一挙に、全面的に解体されるのではない。そうではなく、「国家」とは「別の諸関係」がより豊かなものになればなるほど、「国家」という諸関係はそれに反比例して縮減されていくのだ。ここには「国家」か「国家の死滅」かの二者択一は存在しない。では、「国家」とは「別の諸関係」とは何だろうか。それをランダウアーは「フォルク」〔民族〕（Volk）と名づける。「国家」と「民族」。後で立ち戻るが、この問題系を激越な仕方で提起したのはニーチェだった。例えば『ツァラトゥストラはかく語りき』第二部には、「いまもどこかに民族の群れがあるだろう。しかし、われわれのところにはない。兄弟たちよ、ここにあるのは、国家だけだ。／国家！　国家とは何か。さあ、いまこそよく耳をひらいて聞くがいい。いまわたしは民族の死について語るのだから」とある。

ランダウアーにとっては、「フォルク」と呼ばれる諸関係は個人が何らかの経緯で加入したり形成したりする集団ではなく、それらに先立つものである。しかし、先立つものではあるが、そのようなものとしてそのまま実在するのかというとそうではない。既在のものだが再創造せねばならないものなのだ。社会主義とは新規なものの案出ではなく、今どれほど深く埋没し荒廃していようとも、国家とは異質な諸関係として「古くから存在するもの」、この「伝承」の（再）「発見」なのである。次の引用文で、「再び〜へと結集する」（sich wiederfinden wieder）という表現が言い表そうとしているのもこの逆説である。

「この別の関係をランダウアーは民族〔フォルク〕と呼んでいる。これは人々の間に実際に存在するが、しかしまだ団結や連合ではなく、まだより高次の有機体になっていない結合体（Verbindung）である。生産および流通の過程を通じて人々が再び民族にまで結集し、「無数の器官と関節をもつ有機体（Organismus mit unzähligen Organen und Gliederung）にまで合成する」に応じて、今まで原子化されていた人々の精神と願望のうちにしか生きていな

かった社会主義が現実と成る。」(S. 887)

「形態」(Gestalt) がブーバーの鍵語であることはすでに述べたが、それは静態的な「地と図」構造の形成では決してなく、細胞分裂におけるように不断に分化と連結を続ける力動的な過程であって、その点を強調するためだろうか、ブーバーは Gestaltung という語を用いてもいる。画家のパウル・クレー(一八七九―一九四〇)がワイマールのバウハウスでの一九二〇年代の講義で、同じく Gestaltung という語を用いていたことを思い起こさずにはいられない。ブーバーによるランダウアー理解からここで更に歩を進めて、ランダウアー自身の著作をも勘案しながら、ブーバーとランダウアーとブーバーのあいだで何が問われていたのかを次に考えてみよう。

4 ランダウアーとブーバーのあいだで

ブーバーはランダウアーのいう「革命」において「精神」(Geist) ないし「意志」(Wille) が最重要なものであるかを指摘している。ニーチェ的な「力への意志」、その「主意主義」をランダウアーは踏襲していると考えられるが、「精神のあるところに社会があり、精神のないところに国家がある」(『自治‐協同社会宣言』同時代社、四一頁) とあるように、そこに「社会」と「国家」の対立が重ね合わされている。「国家」対「社会」。この点については先に、一九五〇年にブーバーがヘブライ大学創立二五年記念講演で「社会と国家のあいだ」なる講演を行っていることを指摘したけれども、それはレヴィナス哲学の隠れた中心をなす問題系でもあったと筆者は考えている。加えて、「国家」対「社会」という問題系は、人類学者ピエール・クラストラルの著書『国家に抗する社会』(*La Société contre l'Etat*, 1974) などを介してドゥルーズとグァタリの仕事にもつながることになるだろう。

ランダウアーの主意主義によると、「社会主義とは、理想を求めて新しい何かを創造しようと一つにまとまった人びとの意志の方向」(『自治』四四頁) である。資本主義の発展の法則があって、そのある段階で人びとは結集しなければならない、というのではまったくない。極論すれば、いつなんどきであれ、まず意志することが必要なのだ。それがなければ何も始まらない。それがどこであれ、それがいつであれ、今ここで意志すること。この点についてランダウアーは、誰もがその「ダイモーン」〔守護霊〕を有しているのと同様に、どの「トポス」（場所）もその「ユートピア」〔ウ－トポス〕（非場所）を有していると考えていた。ある「トポス」Aが別の「トポス」Bに移行するとしよう。もはや「トポス」Aではないが、いまだ「トポス」Bではないような「途上」、それがランダウアーにとっては「ユートピア」であった。「ユートピア」は二つのトポスの境界線であるとも言われているが、それは「トポス」の連鎖のなかに人間たちの意志が刻む断線であって、この裂け目を通して、地下に蓄積された「潜在的なもの」――「トポス」を可能にしつつもそこには吸収されずむしろ「トポス」への反作用となるもの――が溢れ出て諸々の「トポス」を超え出ていくのだ。ブーバーはランダウアーのこの発想を共有していた。

「「ユートピア的」社会主義は特殊な意味で局地的（topische）と規定される。それは「場所なし」（ortlos）ではなく、むしろ時々に与えられた場所でまた与えられた条件下で、したがってまさに「ここでいま」（hier und jetzt）、ここでいま可能な限度において実現されるだろう。」（S. 133）

ブーバーが、マルクス主義における「ユートピア的」要素を否定的なものとしてではなく甦らせようとしていることは先述したとおりだが、この点では、ランダウアーのマルクスに対する態度はブーバーのそれよりもはるかに厳しく激越である。一九一一年当時のドイツで社会主義者を自称する者は誰ひとりとして社会主義者ではない、とランダウアーは断じる。存在するのはその「代用品」でしかない。全体を生き生きと認識する精神の貧相な「代用品」は「似非科学」とも「科学的迷信」とも呼ばれているが、その元凶がカール・マルクスそのひとだというのである。では、マルクスの罪過とは何なのだろうか。生きるとは「新たな生成」を生き、異質で不確実な世界を生きることであるというのに、マルクスは複雑きわまりない諸事象の動的多様性を不当に単純化・画一化・一般化して「一本の糸、一つの秩序、一つの統一体」へと無理やりまとめあげ、「唯物史観」の名のもと、資本主義から社会主義への移行ないし進歩を自然的必然過程として提示しているのだ。例えば、マルクスは「剰余価値」の発生を資本家ないし企業家による収奪に一元的に帰しているが、実際には、「剰余価値」という「関係性」は経済過程のすべての流れのなかで成立しうるものなのである。

科学的迷信としての唯物史観。そこにランダウアーは、小市民、小規模な農民や職人など過去のものはいずれも見下し、進歩を信じて疑わない「スノッブ」の姿を見て取る。この「スノッブ」は自分の都合のよい時と状況を社会主義の始まりとみなすが、それが描く社会主義的社会は、国家・官僚機構・軍隊制度の集中、資本主義的な経済的・技術的集中を誇るもので、高度に中央集権的で国家主義的な資本主義社会以外の何ものでもない。そもそも、資本主義は社会主義に自然的に移行することなどなく、たとえそれが無一物のプロレタリアートであったとしても資本主義という構造のなかにいるすべての人間の行動はそこに深く巻き込まれている。しかし、というか、だからこそ、今すぐ「内面、外面ともに資本主義から離脱可能な状態に身を置き、その役割〔資本主義のなかでの生産主体という役割〕をやめ、人間的であろうとし始めた者だけに、解放は存在する」(『自治』一六六―一六七頁)のだ。

しかし、どうすれば離脱可能な状態に身を置くことができるのだろうか。「ひしめき合う人びとが移住できるような、占領されていない土地はもうない」(同右一五一頁)こと、この点をランダウアーは自覚しつつも、土地を資本の添え物のように捉えて土地についての正しい認識を持つことのなかったマルクス主義者たちに抗して、「飢え、働く手、大地」をモットーとして掲げ、所有物となりえない土地への回帰と貨幣という偶像の破壊を遂行するためには、まずは国内入植地の何らかの手段での購入が不可欠であると訴える。ランダウアーはいわゆる「血の日曜日」以降のロシアの動きにも、一九〇六年インドでの反英暴動にも、パレスティナ入植の動きにも関心を示してはいた。最後の点、ランダウアーとシオニズムについては様々な見解がすでに提出されているが、筆者は、たとえ上記のような入植との関連でランダウアーがパレスティナ入植に関心を抱いていたとしても、ユダヤ教という宗教的観点からの関心は少なくとも表面的には見出すことができないと思っている。また、ロシアなどでの革命へ向けての胎動についても、「〔社会主義への〕最短の途は、どこを通って通じているのだろうか。ロシアを経由しているのかもしれないし、インドを経由しているのかもしれない。ただ、知りうることは、我々の途は、日常の方向性、日常の闘争の先に続いているのではなく、未知のもの、深く埋もれたもの、突如として生起するものの先に続いている、ということなのである」(『レボルツィオーン』一七〇頁)と記されているのみである。

ロシアとパレスティナの方位でこの動きがその後どのように展開したか、それを「ソヴィエト」と「クヴツア」「キブツ」という視点から論じたのがブーバーの『ユートピア』なのだが、先に示唆したように、ブーバーは、マルクスならびにマルクス主義を断罪し、それとは根底的に異質なものとして「ユートピア的社会主義」の可能性を探ることであるよりもむしろ、マルクスのなかに僅かに垣間見られる「ユートピア的社会主義」への志向の延長線上で様々な共同体的実験を捉えようとしているように思えるのだ。それはどのようなマルクスだろうか。『フランスにおける内乱』のマルクスであり、パリ・コミューンを語るマルクスである。「コミューン」〔小集団〕の連合主義を、全体を細分化する「プルードン化されたシュティルナー主義」として批判していたマルクスは、パリ・コミューンに接して、実に微妙な発言をすることになる。「「可能なる」コミュニズム」という表現が使用される箇所である。少々長くなるが、ブーバーはこう書いている。

「ここでは、脱中央集権化は分裂ではいささかもなく、有機的土台に基づく民族的統一性の新たな構成、社会的民族力の、ひいては民族有機体全体の力の再活性化を意味している。マルクスは言っている。「コミューン制度は、社会を食物にし、社会の自由な運動を妨げてきた「国家」という寄生的無用物がこれまで消費してきた力をすべて社会体に返したであろう。この行為だけで、フランスの再生は開始されるだろう。」ここでマルクスが歴史的に特定されたある国家形態についてではなく、国家一般について話しているのは明白である。局所的自治が「自明なもの」と化すことによって、国家権力は「余計なものとなる」。このような対立について、「ユートピア的」社会主義者のなかでもこれほどラディカルに意見を表明した者は誰もいない。

しかし、コミューンの政治的構造はマルクスにとって、本来的で決定的な事柄、大きな社会変革への前提でしかない。[…]マルクスはこう叫んでいる。「協同組合的生産が単なる欺瞞や陥穽にとどまるべきでないなら、もしそれが資本制にかわるべきものであるなら、もし協同組合の連合体が共通の計画に基づいて全国の生産を調整し、そうすることによってそれを自らの統制のもとにおき、資本主義的生産の宿命である不断の無政府状態と周期的な痙攣を終わらせるべきなら――諸君、それはコミュニズム、〃可能なる〃コミュニズム以外の何ものであろうか！」すなわち、コミュニズムの「不可能性」という一般に流布された解釈とは反対に可能なものとして示されたコミュニズムなのだ。コミューンと協同組合の連合（Föderation）もまた［…］マルクスによって真正なるコミュニズムと認められているのである。」(S. 933)

ブーバーの『ユートピア』のなかにこの一節を見出したとき、筆者は大きな衝撃を受けた。というのも、別の文脈でマルクス『フランスの内乱』のこの一節と格闘した記憶がまだ生々しく残っていたからだ。引用文中「連合」と訳したのはAssoziationであるが、二〇〇〇年から二〇〇三年にかけて、不可能性への安住を脱して、ほかでもない『フランスの内乱』のこの箇所に依拠しつつ、「アソシエーション」をモットーに「ＮＡＭ」(New Associationist movement）の運動を展開したのが柄谷行人であり、拙著『吉本隆明と柄谷行人』（ＰＨＰ新書）でそのことを取り上げざるをえなかったのである。『フランスの内乱』の当該箇所の解釈はきわめて難しく、果たして自分の解釈が正しいのかどうか今も分からないのだが、少なくとも筆者は、「〃可能なる〃コミュニズム」という表現をブーバーや柄谷のようには解釈することができなかった。[2]その点を改めて考えることはここでの課題ではない。柄谷がブーバーの『ユートピア』を読んだかもしれないと言いたいのでもない。おそらくブーバーに対しては一度たりとも思想的な共感を示したことがなく、むしろブーバーと因縁浅からざるパレスティナ出身の思想家エドワード・サイード（一九三五―二〇〇三）との近接をみずから好んで語る柄谷とブーバーがマルクスの「可能性の中心」を同じところに見出していることが実に興味深いのだ。しかも、ブーバーにとっては、この「可能性の中心」、というか、極小の可能性はパレスティナの地での「キブツ」の運動につながるものだったのである。

マルクスに関してブーバーと意見を異にしていたランダウアーであるが、特にみずからの消費に関して、即座に資本主義の市場から離脱できるようにせよ、というランダウアーの呼びかけは「ＮＡＭ」の運動をどこかで連想させるものではないだろうか。また、「科学的迷信」としてのマルクスの歴史哲学、労働条件の向上というその迷妄的ヴィジョンへの容赦ない批判という点では、ランダウアーはシモーヌ・ヴェイユ（一九〇九―一九四三）、ハンナ・

アーレント(一九〇六—一九七五)の先駆であったと言えるかもしれない。この関連でもうひとつ、もしかすると意想外と思われる方が少なからずいるかもしれない連繋を指摘しておこう。アーレントが、二民族国家、中東連邦制構想に関してユダ・マグネス(一八七七—一九四八)、マルティン・ブーバーに連なる立場を取ったことはよく知られているが、若きアーレントが一九三五年亡命先のパリで「若者の指導者——マルティン・ブーバー」(Un guide de la jeunesse : Martin Buber)なる熱烈な賛辞を『青年ユダヤ新聞』(*Le journal juif des jeunes*)に寄せていたということ、この事実は、当該記事が一九九一年にフランスの全イスラエル同盟の機関誌『ヌーヴォー・カイエ』に再録されるまでほとんど存在すら知られていなかったがゆえに、おそらく今でもあまり認識されていないのではないかと思われる。筆者自身一読して、アーレントがこれほどブーバーを信奉していたのかと驚嘆した記憶があるけれども、あえて言うなら、ハンガリー動乱における評議会の浮沈をモデルとした「力の空間」の形成と消滅について、アーレントが何らかのヒントをブーバーの『ユートピア』から得たということはまったく考えられないのだろうか。ランダウアーのいう「フォルク」が国家という諸関係とは異質な諸関係を含意するということを勘案するなら、この仮定は十分に成立しうると筆者は考えている。

しかし、ランダウアーを引き継いでブーバーが語る「キブツ」となると、「フォルク」というものの含意は限定を被らざるをえない。「アリヤー」〔移住〕をみずから決意しなければならないとはいえ、「ユダヤ人」という、究極的には定義不能なものを含んだ限定が多少なりともなされるからだ。ブーバーは言っている。「私が歴史と現在を見渡す限りでは、完全な協同組合を創出せんとする唯一の包括的試みにだけ、社会主義的意味でのある程度の成功を認めることができるだろう。それは多様な形態をまとってパレスティナに存在するヘブライ的協同組合的村である。」(S. 983)この「村」が「クヴツア」もしくは「キブツ」であり、もちろんそれも、みずからの内部に巣食う諸問題、「村」相互の連関、一般社会との連関にまつわる諸問題を抱えているのだが、「協同組合的入植の歴史のなかで、ある一定の人間集団に適合した集団生活の形態の弛まぬ探求、このように不断に更新される試み、自己犠牲、自己批判、新たな試みが、同じ幹から、同じ形態衝動から絶えず新たな枝がこのように生えることは他のどこにもない」

(SS. 983-984)。この「村」はそれ自体が「生成しつつある共同体的器官」(der werdenden Gemeinschaft Organe) であって、その敏感さゆえに絶えず絶望の淵に突き落とされるが、そのたびにより高い、感情的ならざる希望を掻き立てるのだ。その意味で、「このうえもなく分別ある凝視と熟慮を経て、地球上のこの一点に、どれほど部分的失敗があるにせよ、失敗ならざるものがある――まさにそのようなものとして、それは模範的な失敗ならざるものなのである」(Nicht-scheitern) とみなすべきものがある――まさにそのようなものとして、それは模範的な失敗ならざるものなのである」(S. 985)。

読者諸氏はこのようなブーバーの評価を読んで何を思うだろうか。広河隆一氏による映画『パレスティナ1948：NAKUBA』が上映されたのは二〇〇八年のことだった。今では、「クヴツア」ないし「キブツ」の多くが、アラブ人村落を破壊し、アラブ人たちを追放したその跡に建設されたということを知っているひとも少なくないだろう。イスラエル国独立の前後、早尾貴紀によると、多くのパレスチナ人が虐殺され、およそ八〇～一〇〇万のパレスチナ人が住んでいた場所を追われて難民となり、この出来事が、アラビア語で「大災厄」を意味する「ナクバ」という語で語られているのだ。ハンナ・アーレントはこの事態を予見することのできた稀有な思想家だった。

「戦後になって明らかとなったのは、解決不能な唯一の問題とされていたユダヤ人問題が――入植とそれに続く領土の征服という手段によって――真に解決されえたということ、しかし、これは少数派問題も無国籍問題も解決しなかったということである。逆に、ユダヤ人問題の解決は今世紀のほとんどすべての事件と同じように難民の新たな範疇、つまりアラブ難民を生み、無国籍者の数を更に七十万ないし八十万人も殖やしてしまったのだ。」(*The Question of Palestine*, Vintage Books Edition, 1992, p. xxxix)

この一節をみずからの『パレスティナ問題』で引用したのはエドワード・サイードである。サイードの表現を用いるなら、アーレントは「アイロニカルな複眼」(ironic double vision) ゆえにこう指摘することができたのだろうが、サイード自身は、アラブ人村落に代わってユダヤ人村落が建設されるに際して、イスラエル国第五代首相ゴルダ・メイア（一八九八―一九七八）が「パレスティナ人など存在しない」と断じたのと同様に、アラブ人村落がそもそも存在しなかったかのように操作がなされていく様を描き出している。「われわれユダヤ人はアラブ人村落の名前をしらない」→「そのような村落は地図に載っていない」→「そのような村落は最初から存在しなかった」、というわけである。果たしてブーバーはこのような操作に気づいていたのだろうか。

アラブ人近隣者と親しく交わり、彼らからも慕われ、周知のように、つねにアラブ人居住者の利害を気にかけ、二民族国家論を決して放棄することのなかったブーバーではあるが、少なくとも筆者の推測はこの点については否定的である。それがどのように表象されるにせよ、ここで問題となっているのが相互現前的な連関ではなく、ある集団や個人の「そこ」そのものに先在する不在者であるということは、この推測と無関係ではないように思われる。ただここにいることによって誰かを踏みつけ、誰かを追い出しているのではないかという事態に、レヴィナスはきわめて敏感であった。「同のなかの他」、「起源に先立つもの」と彼が呼ぶ配置と位相もこの感受性を言い換えたものにほかならない。

5　ブーバーとレヴィナス——知られざる論争

いつ頃からレヴィナスがブーバーを読み始めたのか、正確なところは分からないけれども、一九五八年に執筆されたとレヴィナス自身が言う「マルチン・ブーバーと認識の理論」を皮切りに、一九八〇年代に至るまで、いやある意味では生涯にわたってレヴィナスがブーバーの思想との対決を継続したことは周知の事実である。しかし、この対決にはこれまでほとんど顧みられることのなかった局面があったのではないか、その点を、この序文をも勘案しつつ提示してみたい。レヴィナスの上記ブーバー論に対するブーバー自身の応答が、レヴィナスによって『固有名』で公開されている。それをまず引用しておこう。

「私のいう〈私〉－〈きみ〉の関係は「単に精神的な友情」において頂点に達する、とレヴィナスは想定しているが、この点でレヴィナスは甚だしい誤りを犯している。[…] レヴィナスの想定しているエーテルなどまったく存在しない。人間たちの固く過酷な大地が、共通ならざるもののなかの共通性があるのだ。」（『固有名』、みすず書房、

五四頁)

『固有名』では、ブーバー論に続いてパウル・ツェラン論が置かれているが、ツェラン論にも数度ブーバーの名が出てきて、「一般にはブーバーの対話の哲学のほうが〔ツェランよりも〕好まれているが」という言い方で間接的にツェランへのレヴィナスの嗜好が示唆されている。また、レヴィナスがそこで引用している「ユートピアの光明」というツェランの言葉も本論の主題と響き合っていることは言うまでもあるまい。

ただ、ブーバーの応答の一部を引用しながら、筆者は恥ずかしながら、この応答がレヴィナスにとっても、またブーバーにとっても有していた意味をまったく考えてこなかったと反省せざるをえない。加えて、前節で訳出した序文は、ブーバーとレヴィナスとの知的交通という点で何十年ものあいだその重要性を感じながら、一度もきちんと論じたことのなかった文書なのである。すでに『ユートピア』には筆者なりの分析を加えたが、レヴィナスの序文についてはどうかと言うと、寡聞にして筆者はこの序文の意義を語った研究を知らない。けれども、一読すればすぐに分かるように、これは幾つかの点できわめて重要なテクストなのである。

第一はレヴィナスがこの著作でのブーバーの語り方、文体を特異なものとみなしていること。「一種の恥じらいから」としか言っていないけれども、いつものブーバー、かつて自分が「尊大な精神主義」とも「形式主義」とも呼んで批判したブーバーの異なる相貌がそこにあるとレヴィナスは示唆している。第二は、ブーバーがそれらを取り上げているからであるとはいえ、レヴィナスがマルクス、エンゲルス、レーニンに加えて、サン＝シモン、プルードン、フーリエについて僅かなりとも言及するというのは、やはり大きな出来事であろう。テクストのなかで「特にフーリエ」とフーリエの存在を強調しているのはレヴィナスであってブーバーではない。逆に、ブーバーに決定的な影響を与えたとされるグスタフ・ランダウアーについては、ブーバーは『ユートピア』の第六章を彼に充てているが、レヴィナスの序文にはランダウアーの名は登場しない。

第三は、「ユートピア的社会主義」の試みのひとつ、いや、「世界危機」のなかの最後の希望のごときものとしてブーバーが「キブツ」を挙げ、それにレヴィナスが言及していることである。「キブツ」についてレヴィナスは何を語っているのか。少なくとも筆者にとっては、これは単に挿話的な言及ではなく、レヴィナスの哲学の核心に係る本質的な言及である。

「本質的な」と言ったが、この表現には少なくとも三つの意味が込められている。第一に、一九七四年に出版された『存在するとは別の仕方で』の最後の部分は「別の仕方で言うなら」(Autrement dit)と題され、この部分はまた第六章「外へ」(Au dehors)とも題されているが、この二重のタイトルにはある意味が込められていたと推察される。筆者の考えでは、このタイトルはローゼンツヴァイク『救済の星』の掉尾に付された「門」(Tor)というタイトルに対応している。そして、この「門」は、ローゼンツヴァイクが「新しい思考」(Der neue Denken, 1925)で語った「もはや書物ならざるもの」(Nicht-mehr-buch-sein)、「日常」(Alltag)の生活への「門」とみなすことができるのではないだろうか。

『存在するとは別の仕方で』の訳者としてこのようなことを書かざるをえないことに忸怩たる思いを禁じえないが、「外へ」と題されたわずか一五頁たらずの記述は非常に分かりにくいというか、何か異質な感じをかつて筆者に与えるものだったし、今なおそうである。『ユートピア』ならびにそれに寄せたレヴィナスの序文との関連ということで指摘しておくと、この箇所では、「空間」「場所」が問題になっているところで「ユートピア」という語が使われている。

「世界なき、場所なき自己の開けとしての、ユートピア(場所なきもの)、幽閉されざること、最果てで呼気に至るまでの吸気=霊感——それは〈他人〉の近さである。」(*AQE*, p. 279)

この言葉自体はレヴィナスがくり返し語っていることであって、レヴィナスの読者は何ら違和感を覚えないだろう。ただ、筆者が容易に理解できずにいるのは、それに続く次のような叙述である。

「ユートピア的理想という表現が非難の言葉であり、ユートピア的理想を免れる思想があるとしての話だが、本書は、人間的に生起したものがその場所に閉じ込められたままであることは決してありえないという点を想起させることによって、非難されるべきものとしてのユートピア思想に陥ることを免れている。いま述べた点を思い起こすためには、場所と化すことで、非場所が例外的に歴史の空間に組み込まれるような出来事を引き合いに出すには及ばない。現代世界、それは何よりもまず、選ばれた者たち（élites）が民衆（peuple）をその慣習、その不幸、その錯覚、更にはその贖いの方式にさえももはや委ねてはおけないような秩序ないし無秩序である。」（*AQE*, p. 283）

「それが単なる儀礼でしかないにせよ、あるいはまた慣習に磨きをかけることでしかないにせよ、大地を飾る一握の人間（le peu d'humanité qui orne la terre）にとっては、かかる証しとしての規範が必要である。［…］大地を飾る一握の人間には、存在することとの乱調が必要なのだ。存在することのこの乱調によって、人間は単に暴力を嫌悪することをやめる。暴力に対する嫌悪は未開の、あるいは野生の人間の段階を示すものでしかない。［…］大地を飾る一握の人間には、暴力に対する単なる嫌悪を超えた第二の段階での存在することとの弛緩が必要である。戦争に対してなされる正しい戦争（juste guerre）においても、ほかならぬこの正義（justice）ゆえに不断におののき、震撼しつづけなければならない。」（*AQE*, p. 283）

どちらも多大な註解の作業を要する箇所であろう。ただ、ここで言っておきたいのは、「大地の砂漠に集まり散らばる人々」とか、「大地を飾るわずかな人間（性）」といった言い方をレヴィナスがすることはこの箇所を除くとほとんどないということである。もちろん、表現自体はそれほど突飛なものではないし、フッサールからもレヴィナス自身の「元基」論からも「大地」「土地」という言葉は無理なく引き出すことができる。しかし、ブーバーのレヴィナスへの先の応答に登場する「過酷な大地」とこの箇所が筆者のなかで結びつくことはつい最近までまったくなかった。誤解を恐れずに言えば、「キブツ」という「経験＝実験」を介した結びつきがそこにあったと今は考えるに至っている。

もちろん、この「経験＝実験」は数限りない人々の日々の生活のひとつであるが、それはまた『存在するとは別の仕方で』の哲学にとって本質的な問題を提起するものでもあった。「一緒にいること」（être-ensemble）という表現――それはまさに「キブツ」に充てられた訳語とも考えられる――が前掲の序文に出てくるのを確認してもらいたい。ところが、この表現は『存在するとは別の仕方で』では否定的な意味で使用されているのだ。「接近もしくは

〈語ること〉は一緒に（l'ensemble）には内包されないものとの関係である。」（*AQE*, p. 263）逆に「存在すること」に関しては、「一緒に」がそれを形容する語として用いられている。「存在すること（essence）、共時性としての。ひとつの－場所－に－一緒に（ensemble-dans-en lieu）。」（*AQE*, p. 245）

「存在すること」と「存在するとは別の仕方で」にはそれぞれ、「共時性」と「隔時性」など相反する属性が付与されるが、「水面の上」（au-dessus des eaux）という『創世記』を踏まえた表現でレヴィナスが示唆しているように（*cf.*, *AQE*, p. 221）、「存在するとは別の仕方で」はストア派的な「非物体的なもの」に比すことができると筆者は考えている。その点を指摘したうえで、改めて、「非場所が例外的に歴史の空間に組み込まれる出来事」という先の引用文での表現をご覧いただきたい。「非場所」が「存在するとは別の仕方で」、「歴史の空間」が「存在すること」に対応しているとするなら、また、「非場所」という術語に、ユダヤ民族は「土地なき永遠の民」として他の諸国民と境を接することを一旦やめるというローゼンツヴァイクの考えが反映されているとするなら、[3] 更に、このローゼンツヴァイクについてレヴィナスが「ローゼンツヴァイクはナショナリズムとは無縁な仕方でユダヤ人国家が誕生するのを目にすることがなかった」と言っていることを勘案するなら、この「出来事」のひとつとしてイスラエル国の創設を挙げたとしてもあながち誤りではないだろう。

「存在すること」に転じることも、「存在すること」に呑み込まれることもなく、「存在するとは別の仕方で」が「存在すること」に内在すること、可視と不可視の対立を超えて現れることのありえないものが現れること、一緒になりえないものがひとつの場所で一緒にあること、ある意味ではレヴィナスの第二の主著は「正義」の観念によってこの出来事を語ろうとするものだった。だから、次の引用箇所でレヴィナスが「キブツの正義」と言っていることは偶然ではないのだ。一九六〇年に発表された「イスラエルという国家とイスラエルという宗教」（Etat d'Israël et religion d'Israël）の一節である。

「キブツの正義のなかで、典礼への郷愁が新たに感じられるだろう。ただし、それには条件がある。無意識的な高揚に不信を抱きつつ、この正義を思考しなければならないのだ。」（*DL*, p. 327）

一緒にありえないものが一緒にあること、これは「共通ならざるもののなかの共通性」というブーバーの先の言葉を彷彿とさせる。のみならず、レヴィナスはブーバーの応答を意識して、『存在するとは別の仕方で』に、「顔は〈差異〉であると同時に共通性（communauté）なのだろうか。〈差異〉を還元することなき〈差異〉のなかの共通性はいかなる意味をもちうるのだろうか。」（*AQE*, p.241）と書き記したとさえ言えるのではないだろうか（拙論「血の行方――レヴィナスと「共同体」「資本主義」の問い」『共にあることの哲学』所収、を参照）。

序文でレヴィナスは「社会と国家のあいだの恐るべき弁証法」と書いている。「共同体」の問題が「社会的なもの」（social）と係っていることは言うまでもない。ただ、ここでレヴィナスが「社会と国家」と言っているのは、自分自身の問題系に即してというだけではなく、むしろブーバーの描いた構図、すでに紹介した「社会と国家のあいだ」（Zwischen Gesellschaft und Staat）という構図を意識してのことだった。この二項およびその「あいだ」でブーバーとレヴィナスは再び対決することになったのだ。

「社会と国家」が「社会と政治」、「倫理と政治」と変換可能であるとすれば、これはアーレントの問いでもあったということをぜひとも銘記されたい。詳細な裏付けは省かざるをえないが、筆者の抱いている仮説を改めて提示しておくと、逸早くブーバーの「二民族国家」論に注目していたアーレントは、「中東における平和もしくは休戦」（一九五〇年一月）からも分かるように、おそらく『ユートピア』を参照して『人間の条件』を書いた。すでに指摘したように、ハンガリー動乱で街中に創出された数多の「評議会」をめぐるアーレントの叙述は、ブーバーの描く「キブツ」の像に位相的同型のものとして重ね合わされていたのだ。

「ヘブライ大学での教育ならびに知識獲得の普遍性がユダヤ人の民族的郷土とディアスポラのユダヤ人たちと研究者たちの国際的共同体との緊密な連携を保証しうるのと同様に、共同開拓はシオニズムをユダヤ教の最も純粋な形式で保証しうるのであって、その「原理は正義と仁愛にもとづく、目に見え手で触れることのできる社会の創設を要求している」（マルティン・ブーバー）のである。」（Hannah Arendt : *Auschwitz et Jérusalem*, Deux Temps Tierce, 1991, p. 193）

それだけではない。「社会」がテンニエスのいうGesellschaftでありながらも、Gemeinschaft的な含意を付与され、それをランダウアー等がVolkと呼んでいたこと、しかもブーバーのいう「社会」のみならず、アーレントにおける「あいだの空間」(Zwischenraum)、レヴィナスのいう「家族・部族」(famille)をもそこに位相的に重ね合わせることができるとするなら、すでに示唆したように、ニーチェが「民族と国家」の対立として提起した問題の恐るべき拡がりをここに見ることができるだろう。

ブーバーにおいてもレヴィナスにおいても、「社会と国家のあいだ」は、「二項」とその「あいだ」とは簡単に言えないほど複雑な層から成るものだった。それをここで十全に語ることはできないが、ただ、ブーバーの構想は『ユートピア』の次のような箇所に集約的に表れていると言ってまちがいないだろう。

「国家を社会に、それも変装した国家ではない「真の」社会に、できるだけ広い範囲にわたってとりかえること、それがいわゆるユートピア的社会主義の目標であることをわれわれは知った。真の社会の前提は次のように約言することができよう。すなわちそれは内部的につながりのない人びとの集合(Aggregat)ではありえない。なぜならばそのような集合は、やはりまた単に「政治的」原理、すなわち支配と強制の原理によって結合を保ちうるにすぎないからである。真の社会は、共同社会生活を基礎とする(auf der Grundlage gemeinschaftlichen Lebens)小社会で、これら小社会の連合体から構成されなければならない。そして各小社会の成員相互の関係も小社会と連合体との間の関係も、ともにできるだけ社会的原理によって、すなわち内部的つながり、協力および互助の関係によって規定されなければならない。いいかえれば、構造的に豊かな社会(eine vollstrukturierte Gesellschaft)のみが国家の跡を継ぐことができるであろう。」(S. 925)

「真の」社会については「有機的全体」とも言い換えられており、一貫してブーバーは「ゲシュタルト」の分化(Differenzierung)と分化されたものの統合(Integration)という図式に即してその生成を考えている。この二重の過程は親密さ(Intimität)と同義であるような「生き生きとした開放性」(Aufgeschlossenheit)である。それはイデオロギーに促されたわけでもなくドグマに立脚するわけでもない。狭い意味での「制度」でもない。とはいえ、それは感情でも気分でもない。かかる共同体のあり方をブーバーはVerfassung〔体制、構え〕という語を用いて言い表そうとしている。それは「市民」（ビュルガー）という身分と相容れないものではないし、また、その大小を問わず、共同体は「人類の共同体」をめざす、言い換えるなら、小さな壁に大きな窓が開けられているのだ。

ブーバーはこのような共同体として「キブツ」を語るに際して、それがあたかも、偶々何らかの事情でそこで出会った人々の共同体であることを強調し、「変化しつつある歴史的前提につれてみずからも変化する境界（Grenze）の真実への監視」をその任務とみなした。この任務に関してブーバーは「正当にも絶えず新たに引き直される境界線（Abgrenzungzlinie）」とも、「境界線－システム」（Abgrenzlinien-System）とも言っている。

「だが共同体は決して「創設」（gestift）されることを要しない。歴史的運命が一群の人びとを共同の自然と生活空間においた処、そこが真の共同態（Gemeinde）の生成のための空間であった。そして市民（Bürger）が言葉に言い表せないものの周りに（um das Unnennbare）、またそれを通して結びつけられていることを知ったときには、中央に都市の神のいかなる祭壇も必要としなかった。生きたそしてたえず更新される共同生活（Miteinander）がすでに行われており、それはただ関係の直接性（Unmettelbarkeit）のうちに更に完成されることを欲した。」（Ebd. S. 1000）

誰がそこで生活していたのか、誰がそこで偶々出会ったのか、なぜ、どのように、誰が境界線を引き直し続けているのか。それを考えることは途方もない課題であろう。レヴィナスは書いている。

「国家の内部にあって、砂漠に散種された小さな芥子粒のなかで、境界線付近の辺鄙なキブツのなかで、世界の喧騒には無関心だが人間的価値に仕える人間たちが、労働と様々な危険に満ちた日常生活によってこの無関心を語る人間たちが住まったのである。」（*DL*, p. 149）

しかし、既述したごとく「ナクバ」という言葉と共に「キブツ」なるものが悪の象徴のごとくみなされる昨今、レヴィナスのいうこの「無関心」（indifférence）は、ノイズにこのように耳を塞ぐことはどのように解釈されうるだろうか。それは同じレヴィナスの提起する「無－関心ならざること」（non-indifférence）とどのように絡むのだろうか。この点を徹底的に思考しなければならないのは言うまでもない。が、その一方で、「ユダヤ人国家」創設への深い失望を覚えつつ、「キブツ」の「失敗ならざること」を、「世界危機」におけるポスト・ソヴィエトの唯一の希望のように真剣に捉えていた哲学者がいたということ、そしてまた、彼の言葉が、レヴィナスという今世界で最も読まれている哲学者のテクストのなかに確実にこだまし、そこに刻印されているということは忘れてはならないだろう。

7 〈彼〉の越し方——そのリズム

「ナクバ」という言葉で指示される事態が、レヴィナスのいう「同のなかの他」「起源に先立つもの」という配置ないし位相に対応してもいることは先に述べたとおりである。「起源に先立つ他」と言い換えてもよいだろうが、それをレヴィナスは「彼性」(illéité)という造語で表現しようとした。ただil〔彼・それ〕とだけ書かれる場合もある。フランス語のilそれ自体、人物にも事物にも対応可能なのだが、レヴィナス自身はというと、illéitéはフランス語のilとラテン語のille双方の意味を担っていると言っている。加えてil y aのilとも繫がりを持つがゆえに、illéitéとブーバーのいうIch-Du, Ich-Es等との係わりも複雑なものにならざるをえない。例えば『我と汝』のある箇所では、「《彼》はひとつの隠喩だが、しかし《汝》はそうではない」(『ブーバー著作集』第一巻、みすず書房、一五〇頁)と書かれている。では、この「彼」という観念に関して、ブーバーとレヴィナスのあいだで知的交渉のごときものは皆無だったのだろうか。識者のご教示を請う次第であるが、レヴィナスがそれを読んだかどうかはともかく、「彼」と神の名との連関を強調したブーバーの論考がここにある。ブーバーがフロイトの『人間モーセと一神教』に反撥して執筆した『モーセ』(邦訳、日本キリスト教団出版局)である。そこでブーバーは、「ヤハウェ」という神の呼び名の「原・音声」に関して、「この名前〔ヤハウェ〕をhu＝彼の拡大にすぎないもの」とみなすドイツ・ルター派の神学者ベルンハルト・ドゥーム(Bernhard Duhm, 1847-1928)の見地を、唯一矛盾をまぬかれたものとして紹介している。

「もしアラビア語の huwa すなわち彼を、ヘブライ語の（アラビア語においても huwa と同じように使われるのだが）hu である人称代名詞「彼」の原セム語的形態と見なすことができるならば、その呼び声の本来の形態は、Ja-huwa であったかもしれない。「Ja-huwa という名前は、おお、彼！、を意味するだろう。それをもって、例えば祭儀の中で、何らかの仕方で見ることができる、あるいは聞くことができる、あるいは感知することができる神の顕現を思わず知らず歓迎した、ないしはこの同じものに精神的に応えた……そのような ja-huwa から次に Jahu も Jahwä（元来はもしかするとJahwa）も説明されるだろう」〔ドゥームからの引用〕。」（六一―六二頁）

「わたしは現存する」という「ヤハウェ」という名前の含意は聖書時代のイスラエルでは流布しなかったとブーバーは言う。当時のイスラエルにとって、その名前は「最内奥の核心において〔…〕」、暗い神秘的な呼び声であり続け、タルムードの時代にいたるまでずっと、その中に隠された代名詞「彼」を感知する感覚が消えなかった」のであり、「〔神名の〕表音の禁止は、「合理化」に対する反抗に根差した、タブーの力への原初的な畏怖を高めたにすぎない」（六七―六八頁）。

他にも引用するべき数多の箇所があるけれども、これだけでも、『存在するとは別の仕方で』を締め括る段落との多少の呼応を感じ取るには十分ではないだろうか。

「本書は、背面世界に住むある種の神の死後、人質として身代わりになることが、そのつどすでに過ぎ去り、つねに「彼」にとどまるものの痕跡——口に出しえないエクリチュール——を見出したのだ。「彼」はどんな現在にも組み込まれないし、諸存在を指示する名詞も、諸存在の存在することを響かせる動詞も、「彼」にはふさわしくない。——そうではなく「彼」は、〈名に先だつ代名詞〉として、名をもちうるものすべてにその徴しを刻印しているのだ。」（四一三頁）

先述したように、ブーバーはフロイトの遺作を反駁するために『モーセ』を書いた。実際、序言には次のような註が付されている。「S. Freud のような、その分野において著名な研究者が、*Der Mann Moses und die monotheistische Religion* といった、全く非学問的で、根拠のない仮説の上に立って書かれた書物を公にする決意をなしえたことは、

不可解で遺憾なことである。」(二五一頁)

ブーバーとはちがって、レヴィナスはシャルル・ブロンデル(一八七六―一九三九)の弟子としてフロイト批判を続けながらも、フロイトのモーセ論を実際に取り上げて論評しているわけではない。けれども、オイディプス・コンプレクスを知ることとなき父子関係、家族関係を説こうとするこのアンチ・オイディプスの哲学者にとって、『人間モーセと一神教』はスピノザの『神学政治論』と同様、決して認めることのできない書物であったのではないだろうか。ブーバーはというと、モーセがエジプト名であるという点について、フロイトのモーセ＝エジプト人説に反対してこう書いている。

「モーセがエジプト名をもっているということは、その名前が「生まれた者、(誰かの)子供」を意味しようと、例えば「池つまり水の種子」を意味していようと、状況の歴史的性格のためである。彼の出自は、相当エジプト化された民族であると思われる。だからといって彼をエジプト人にしようとするならば、この物語から、それが育った基盤を奪い取ってしまう。物語そのものは、この名前をもちろんヘブライ語の語源譚から「(ナイル河から)引き出された者」として説明しようとしている。しかし(ここ以外ではある詩篇にのみ存在する)この動詞の語形は「引き出す者」を意味するにすぎない。そのことを示唆することが、事実この語源譚の密かな意図であるように思われる。すなわち、モーセを、洪水からイスラエルを引き出した者と呼びたいのである。」(四三頁)

「相当エジプト化された民族」とは何だろうか。言うまでもなくブーバーにとっては、エジプトで奴隷化されそこに寄留させられたユダヤ人であり、同化の誘惑に晒された近現代西洋ユダヤ人の、ブーバーそのひとをも含む寄留生活への思いがそこに色濃く反映されているのは実に興味深い。しかし、モーセは「奴隷化された民でありながら、奴隷化されることのなかった唯一の男」であり、エジプトの宮廷で育てられながら、ユダヤの「父祖たち」に比較的近い慣習を持つ「ミディアン人との血縁関係」(『創世記』二五・二)を介して、「同胞」の苦しみを「見る」ことができるようになった唯一の男なのである。

ブーバーは、モーセが神の名を初めて知った者であるとは考えていない。「あの「原・音声」を発したのは彼〔モーセ」が最初ではない。それをしたのは、ずっと以前にある抗しがたい力によって新しい道へと駆り立てられ、今や、この道をまさしく「彼」、目に見えない者、姿を見せる者が自分の先に立って進むことを感知した者であったかもしれない。しかし、この信仰関係の上に、神と「彼の民」との契約を立てたのはモーセである。」（六九頁）

モーセに先だつこれら無数の者たちは何をなしたのか。いや、そもそも彼らは誰なのか。誰と誰と誰なのか。しかし、ブーバーにとって「モーセ」という人物が実在することが重要だったわけではないのだ。そもそも、例えば「モーセ」に関して「実在」とは何を意味するのか。「モーセ」は「聖書の物語」、その「説話」のなかにしか「実在」しない。まずブーバーはこの確認から論を起こしているのだが、では、「歴史的」と称される「実在」は「モーセ」に関して問題にならないのだろうか。そうではない。ニーチェやヘルマン・ディールス（一八四八―一九二二）の師であるヘルマン・ウーゼナー（Hermann Usener, 1834-1905）の「ギリシャ叙事詩の題材」（一八九七年）に依拠して、ブーバーはこう言うのだ。「説話の中で述べられているのは、歴史的想起を後から変容したものではなく、「いわば」出来事に「直続する」一つの出来事であることを指摘したのである。」（一六頁）

ここでも最も重要な役割を果たしているのは、「造形」（Gestaltung）という観念である。「モーセ」なる人物が歴史的に実在したかどうかは問題ではない。「出来事」とそれに対する「原・驚嘆」によって、「経験」なるものが「トラウマ的なもの」に変容せざるをえず、そこで、ブーバーが「造形的な改訂」と呼ぶものが生じて、「モーセ」と呼ばれるような存在が作り出されるのである。そのような力を持つ「出来事」が大事なのだ。「出来事のみ」（Eventum tantum）、とブーバーも言えばただろう。「経験」をめぐる考え方もレヴィナスのそれに近いものがここに表明されている。もっとも、レヴィナスは「説話」「歴史」「造形」の解体に向かう方向でこの「経験」そのものの自己凌駕のごときものを捉えたのだった。この点はここではこれ以上は問わない。が、「造形」ないし「形態」の問題が再び浮上したところで述べておくと、ランダウアーとブーバーは実は、これらの問題と共に両大戦間にクローズアップされた「リズム」の観念をこのうえもなく重視した、例えばルートヴィヒ・クラーゲス（一八七二―一九五六）のような思想家たちと密に係わっていたのだ。

「リズム」の観念はブーバーとローゼンツヴァイクによるヘブライ語聖書のドイツ語訳においても最も重視されたもので、この点についてはピエール・ブーレッツなどすでに様々な意見が提出されている。(4) この点についてもここで詳述するわけにはいかないが、今問題にした「説話」「出来事」「歴史」という問題系でも、「この初期の、出来事に近い説話がリズミカルな形態をとる傾向にあることはよくわかる」(一七頁)とブーバーは書いているのだ。つまり、「説話」や「歴史的想起」が「出来事」に「直続する」「出来事」となりうるかどうかは「リズム」によって決定されるのだ。もちろん、「口伝」ということとも「リズム」はつながっている。曰く、

「歴史的奇蹟が、リズミカルに構成された、当然口頭の表現以外の言葉によっては把握されないという、人類の歴史のこの段階に固有な根本的表象(魔術とリズムとの間の太古の関係と本質的に結びついた根本的表象)が〔熱狂的宗教性がリズムという形で現れること〕より重要なのである。さらに生起した途方もない事柄についての記憶を、来たるべきあらゆる世代に対してもとのままに保存するという意志が加わる。そのためには、伝承はまず第一に本質的に口頭だったので、リズミカルな形式の伝承が、より有利な前提条件となった、時には説話は、語り手が歌に詠まれている戦いの真っ只中から叫び、非難するデボラの歌におけるように抒情詩的形態をとる。」(一七頁)

ブーバーの『モーセ』はヘブライ語版が一九四五年、英語版が一九四六年に出版されている。また、先に述べたように、レヴィナスがそれを読んだということについても何の確証もない。だが、たとえレヴィナスがブーバーの『モーセ』を読んでいないとしても、いや、そうであるなら尚更のこと、「リズム」という観念を二人の思想家が共有していたという興味深い事実が鮮やかに浮き彫りになる。エドガー゠アラン・ポーの散文詩『息の喪失』を援用して、「リズムの欠如からなるリズム」として〈ある〉(il y a)を形容したレヴィナスは、一九四八年発表の「現実とその影」を経て、『存在するとは別の仕方で』では、「近さ」という根本観念を「不整脈」(arhytmie)という語で指示することになるのだ。因みに、レヴィナスのいう「不整脈」はヘルダーリンにおける「中間休止」(Zäsur)に極めて近く、「シンコペーション」とも無縁ではない。

しかし、それだけではない。レヴィナスの『著作集』に収められた「捕囚手帖」は、レヴィナスが当時からいか

に「リズム」およびそれにまつわる諸観念をその考察の中心に置いていたかを痛感させるものだった。ほとんど語られていないことだが、アーレントの『人間の条件』、アルチュセールの『「資本論」を読む』でも実は「リズム」がきわめて重要な役割を演じているのである。

それにしても、ブーバーはフロイトを十全に批判できているのだろうか。ブーバーが言っていること、それは要するに、聖書の物語に現に語られた「ユダヤ人モーセ」の造形を余儀なくするような、「出来事」から「説話」への直結性が「ユダヤ人モーセ」の「歴史的実在」にほかならず、そこに「事実」と「虚構的伝説」が混在しているとしても、それは何ら問題ではない、ということだ。また、先述したように、エジプトに同化しエジプトの宮廷で育てられたモーセがそのユダヤ性を想起していくという一種の回心と目覚めの物語をブーバーはそこに重ね合わせ、その一方で更に、モーセの母親の名前「ヨケベド」の意味を「ヤハウェは重々しい（カボド）」と取ることで、「彼」たる神と特別な関係にあった「氏族」の存在を想定してもいる。だが、このような言明を幾ら重ねても、モーセはエジプト人であり非ユダヤ人であったというフロイトの仮説を崩すことはできないように思われる。逆に、幾らフロイトの仮説を持ち出しても、ユダヤ人モーセというブーバーの仮説を崩すことはできないように思われる。まさにそのような厄介な代物が「アイデンティティ」であり「アイデンティフィケーション」なのではないだろうか。その意味では、ブーバーが、神の不可視の顕現という出来事への原・驚異を示す言葉「おお、彼！」を求めて、アラビア語をも含むセム語族のいわば「家族的類似性」のなかに入り込んでいったということは実に意味深長である。

エルサレムの旧サイード家にブーバーが居住していたことはすでに人口に膾炙した事実となっているが、その死の二年前、二〇〇一年にサイードがフロイトの『人間モーセと一神教』をめぐって「フロイトと非‐ヨーロッパ人」という講演を行っているのを思い起こすとき、戦慄のごときものが身体を駆け抜けるのを感じないわけにはいかない。サイードはブーバーと出会う、あるいは出会い損なっていただけではない。サイードの『パレスティナ問題』（*The question of Palestine*, 1992）を繙くなら、「シオニズムとのトラウマ的で民族的な遭遇」「追放というパレスティナ的経験」「表象され解釈されるものでしかないこと」「剝奪」「強迫される流浪生活」「ホームレス」等々、レヴィナスのターミノロギーに酷似した数々の表現をただちに見出すことになるだろう。

パレスティナ人にとっては「アイデンティフィケーションは複雑な過程である」、とサイードは言ったことがある。しかし、アイデンティフィケーションが単純な過程であるような者はどこにも存在しない。誰にとっても、何にとってもアイデンティフィケーションは複雑きわまりなく、脆弱で、確たる根拠を欠き、未完でしかありえない錯綜過程であろう。モーセというユダヤ的アイデンティティのまさに創始者と目される者をこそ「非‐ヨーロッパ人たるエジプト人」とみなすことで、フロイトはこのことを、「もはや失うものがない、あるいはほとんど失うものがない者に固有の大胆さでもって」（『モーセと一神教』日本エディタースクール出版部、八二頁）、あたかもそこにのみ通気口があるかのように、私たちひとりひとりに語ってくれたのではないだろうか。「様々な始まり」（Beginnings）、サイードの著書の題名だが、「モーセ」はまさに「始まり」の逆説そのものとして「帰属・同一性」（アイデンティティ）なき者の「帰属・同一性」を問いただすことを促しているのだ。サイードは言っている。

「もっと大胆なのは、次のような洞察に関してフロイトが与えた深遠な例示である。すなわち、最も限定可能で、最も同一化可能で、最も不変的な共同的アイデンティティ——それはフロイトにとってはユダヤ人のアイデンティティであった——にとってさえ、内在的限界（inherent limits）が存在し、それによってこの共同的アイデンティティはひとつの、唯一のアイデンティティに統合されるのを阻止されるのだ。／フロイトにとってこうした限界の象徴となるのは、ユダヤ的アイデンティティの創始者が彼自身非ヨーロッパのエジプト人であったということである。言い換えるなら、アイデンティティは単独では思考されることも作動させられることもできない。すなわち、アイデンティティは根源的かつ起源的な裂け目（break）ないし抑圧されることなきひび割れ（flaw）なしには自分自身を構成することも、自分自身を想像することさえもできないのだ。」（*Freud and the Non-European*, p. 52）

ブーバーやレヴィナスとはちがって、とはいえアイザック・ドイッチャー（一九〇七—一九六七）のようにイスラエル国を公然と非難することなくイスラエル国への忠誠を表明し続けながら、フロイトの『人間モーセと一神教』の仮説を独特の仕方で受け入れることのできた人物がいる。

「私はフロイトの『モーセ』のなかで、私にとって非常に価値ある文章を読んだ。その文章は、自分に類似しつつも自分と異なる者を恨む者のことを語っている。[…]重要なのは、異なりつつも類似している(resembler en différant)ことだ。」(*L'Esprit de Résistence*, Albin Michel, 2015, p. 138)

執筆者は、フランスの哲学者ウラディーミル・ジャンケレヴィッチ(一九〇三―一九八五)である。彼が注目したのは『人間モーセと一神教』の次のような一節であったと考えられる。

「第一の特徴とされるのは、ユダヤ人が多くの点で彼らの「主民族」と異なっていることである。しかし根本的に異なっているわけではない。すなわち、ユダヤ人は、敵が言い立てているような異種族のアジア人などではなく、地中海地方の諸民族の子孫から構成されていると考えてまず間違いないのであり、地中海文化の継承者なのである。しかし、ユダヤ人は、それでもなお異なっている。ほとんど定義できないのだが、集団が示す不寛容というものは、根本的な差異に大してよりもむしろ小さな相違に対して、より一層強く現れる。」(日本エディタースクール出版部、一三七頁)

ただ、ジャンケレヴィッチはこの箇所に感銘を受けたと言っているとはいえ、モーセ=エジプト人説や「ユダヤ人」によるモーセ殺害のことにはまったく触れていない。その点には賛同しなかったのだろうか。フロイトの仮説をそのまま認めることはなかったとはいえ、ジャンケレヴィッチはフロイトの発想を独自の仕方で継承したのではないかと筆者は考えている。次の一節をご覧いただきたい。

「どんな人間も自己自身とは他なるものであり、実際、自己の外にあり自己の彼方にあるというこの可能性によってのみ人間である。[…]しかし、ユダヤ的人間は自分自身から二重に不在であり、この点でユダヤ的人間は人間の最たるものである。彼は二倍人間なのだ。[…]ユダヤ人であることのうちには、一切の定義を免れることのうちに宿った他者性の補填的な累乗なのである。」(*Sources*, Seuil, 1984, p. 40)

モーセが「非ユダヤ人」であるというフロイトの仮説を、ジャンケレヴィッチは、ユダヤ人は他(autre)に対する同(même)として非ユダヤ人に単に対置されるのではなく、他であるというこの定義からもはみ出し、そこから逸脱するような名状不能な「過剰」(en-plus) を有している、言い換えるなら、ユダヤ人はユダヤ人にとっても他なる誰かなのだと読み換えたのではないだろうか。

「公言することができず、法的なものならざるこの過剰はどんな定義をも凌駕しつつ、われわれの存在の奥底のごときものである[…]。それは実体の摑めないもの、触れることのできないもので、宗教にも人種にも国籍にも属していない。」(*ibid.*, p. 41)

「過剰」はサイードの語る「裂け目」でもある。ユダヤ教についてほとんど専門的な知識を持たず、自身がユダヤ人であることについてもつねに明晰な自覚を有していたとは決して言えないジャンケレヴィッチ。ブーバーでもレヴィナスでもなく、その彼が、なぜある点でサイードの知られざる先駆者のごとき存在となることができたのか。これは決して小さな問いではない。それは、かつて竹内好が主体形成の「方法としてのアジア」と言ったように、「非ユダヤ人」の主体化の過程と無縁ならざるこの道ならぬ道に「ユダヤ」という名を与えることができなくはないことをこの「私」に告げているのではないだろうか。(5)

註

（1）この点については『ディアスポラの力を結集する』（松籟社、二〇一二年）に収められた筆者の発言（一二三—一三〇頁）を参照していただければ幸いである。
（2）『吉本隆明と柄谷行人』（PHP新書、二〇一一年）二九〇—二九四頁参照。
（3）拙論「血の行方」（『共にあることの哲学』書肆心水、二〇一六年）一五四—一五六頁参照。
（4）ブーレッツ『20世紀ユダヤ思想家』第二巻（みすず書房、二〇一一年）参照。
（5）本論は拙著『入門ユダヤ思想』（ちくま新書、二〇一七年）と一部重複している。

増田一夫

喪のポリティクス

デリダ、「私は死で動いている」の射程

1 死の扉

ジャック・デリダであったなら、いや、ジャック・デリダを長年読んできた者であったなら、現代もしくは現在の状況を前にして、かつ「共同体」というキーワードを念頭において、彼の思想をどのように実践するだろうか。これが、少なくとも私が理解したかぎりで、本稿が答えなければならない問いである。難問であり、それに対して説得力のある答えを述べられる自信はない。

哲学にとっての実践とはなにか。哲学にとっての状況とはなにか。このたび課された問いにおける実践とは、理論を実行に移す行為や行動、なんらかの仕方で政治的な意味合いを有する行為や行動であると思われる。ところが、哲学的な思考を理論と位置づけ、そこから発して政治的な実践へといたるのは容易なこと、ひいては可能なことなのか。たとえばハンナ・アーレントにこの問いを向けたとき、否定的な答えが返ってくる可能性が高い。

しばしば引かれるインタヴューにおいて、アーレントは自分が「哲学者の輪」[1]には属しておらず、自分の「職業は政治理論」だとしている。そして、「哲学とはきっぱりと決別した」と断言する。なぜか? なぜ決別しなければならないのか。政治は哲学と明確に区別されるべきだという理由からである。両者を組み合わせた「政治哲学」という表現は「伝統によって途方もない重荷を負わされて」おり、政治と哲学とのあいだに存在する「緊張関係」を思考のなかに持ち込んでしまう。その緊張関係とは、端的に言えば「敵意」にほかならない。「カントなどごく少数の例外を除けば、たいていの哲学者には、政治という政治いっさいに対する一種の敵意のようなものがあった」(*ibid.*) と、彼女は述べる。その敵意は、それぞれの哲学者の「個人的な趣味などに帰されることのない」、哲学一般のものである。したがって、哲学者は世界の真理を語る権利は有するにせよ、政治を語ることはできない。いや、語ってはならない。哲学は、正しく政治を考えるうえで障害となる。アーレントは言う。「私は政治を、いわば哲学に濁らされていない眼で見ようとしているのです」(*ibid.*)。

アーレントを哲学者として読もうとする人々もいる。フランスで彼女の思想を広めるうえで大きな功績があったポール・リクールもその一人であり、彼はアーレントの『人間の条件』(2) を「哲学的人間学」の書として読むべきだと主張している。もちろん、彼女の言う「哲学者」の枠に彼女を押し込めるためではなく、哲学者に対するように、哲学的厳密さをもって遇さなければ彼女の思想を充分に理解できないという配慮からである。けっして的外れではない配慮。とはいえ、ここではアーレント自身の発言を優先してみよう。というのも、彼女の見解は他の著作でも変わらないからだ。リクールが哲学的人間学の書と評する当の著作においても、哲学にかかわる者と政治にかかわる者との生活様式は根本的に異なるとされている。前者の生は「永遠なる事物の探求と観照に捧げられ」、後者の生は「ポリスの問題に捧げられる」(*HC*, 13; 26-27)。前者の「観照〔theoria〕」に対して、後者には「活動的生〔vita activa〕」が割り当てられ、活動のなかでもとりわけ、政治的な活動は実践〔praxis〕と密接に結びついている。かくして、theoria と praxis のあいだには深い断絶が刻まれる。この構図において、理論を実践に移すというプロセスは予定されておらず、そのような発想に対する批判が——ここでは例をあげられないが——頻繁にアーレントの著作に読まれる。

なお、活動的生や実践は、新たなものを創始する能力と不可分である。その必然的な結びつきの根拠は、新たな人間が世界へと生まれ出ること、すなわち出生や誕生にある。

> この創始という点では、活動の要素、したがって出生の要素は、すべての人間の活動力に含まれているものである。その上、活動がすぐれて政治的な活動力である以上、可死性ではなく出生こそ、形而上学的思考と区別される政治的思考の中心的な範疇であろう。(*HC*, 9; 21. 強調は引用者)

形而上学的思考の中心的範疇は可死性であり、政治的思考の中心的範疇は出生である。この思想は、同書のドイツ語版においてさらに明確に打ち出されている。いかなる活動のなかにも「率先行動《イニシアティヴ》」、つまり始まり〔initium〕の契機が含まれている。そして、それは誕生によってこの世界に到来する存在者、出生性という条件を負っている存在者がおこなうものだという。

> ［…］出生性とは政治思考にとって、カテゴリーを形成する、ひとつの決定的な事実〔Faktum〕である［…］。ちょうど可死性が、古来、つまり西洋では少なくともプラトン以来、形而上学的‐哲学的な思考を掻き立ててきた事実〔Tatbestand〕であったように。(3)

「出生性」こそ政治思考を形成するという言明における「決定的な事実」という語を覚えておくことにし、当面、ここでは出生性に対して生の反対側の端である「死」について語られていることに注目しておこう。プラトンの名は、哲学者は死に備えるという、『パイドン』におけるソクラテスの発言、いわゆる「死の練習」(81A)に結びつけられている。その時代から、幾多の思想を経由して、ハイデガーの「死への存在」にいたるまで、哲学はつねに死を考えてきた。そこからは行為や活動は生まれえず、実践はありえない。アーレントの主張は、そのような哲学史観を背景にもつと理解すべきであろう。

この観点に立った場合、ジャック・デリダの思想はどのように位置づけられるだろうか。彼の場合、理論から実践へといたる流れはアーレントとは別の理由でありえない。「理論」と「実践」の二項対立が無効であることを前提に、種々の作業が進められるからである。脱構築にとって、または脱構築を拠り所とする者にとって、前編の「理論編」(4)同様、この「実践編」の課題に答えるうえでの難点がそこにある。脱構築という「理論」を、それが方法やプログラムであるかのように種々の対象に応用して「実践」するという発想を、デリダは繰り返し否定している。たとえば、「脱構築は、その原理からして「理論的」ではありえない」(5)というふうに。

もっとも、この文のすぐあとに、珍しく「理論」と「実践」という区別への言及が読まれる。ただし、前者から後者への移行という行程は必ずしも跡づけられないと述べるための言及である。曰く。哲学的なテクストの脱構築はすでにある仕方で実践的であるが、現実の政治における脱構築も必要なことは確かである。しかし、「理論的もしくは哲学的な見かけを持った脱構築」と「直接的に政治にかかわる脱構築の言説や実践」とのあいだには、いくつもの隔たりがあり、それらの隔たりは時にあまりにも大きいので、理論と実践とのあいだの中継点が見えなくなる。だから、しかじかの実践が脱構築の理論に由来することが認めがたくなってしまうというのである。この発言も、別の仕方で、理論と実践という単純な二元性を否定していると言えるだろう。

アーレントが理論と実践、哲学者と政治的に活動する者という対立に重ね合わせるもう一つの対立は、出生性と可死性であった。この最後の二項対立に関して、デリダはどこに位置するのだろうか。語としての出生性と可死性は、彼の主要キーワードには含まれていない。ただし、生と死の問題は彼のテクストすべての下地をなしているとしても過言ではない。そしてたいていの場合、生のただなかに、または生の条件として、死が作用していることが論じられている。アーレントであったなら、死が、まぎれもなく彼の思想の中心的範疇をなしていると言ったに違いない。そして、その思想は実践には適さないと判定したに違いない。多くの読者が感じるであろう、デリダにおける死への指向。アーレントが定義づける政治理論家ならぬ哲学者からも、その指向が批判されたことがある。たとえば一九七〇年代、哲学における隠喩をめぐって、デリダと、先ほど登場したリクールとのあいだに一種の論争があった。後者が著した『生きた隠喩』において、前者を批判する次の文言が読まれる。

> ここでの名人芸ともいうべきものは、誕生の扉からではなく、いわば死の扉から隠喩論に入っていくことにある。[6]

哲学的言説を構成する隠喩の層に分け入り、そこに働くもろもろの力学を見極めようとするデリダ。リクールはその巧みさを認め、その手つきを「名人芸」と評している。だが同時に、その表現に皮肉を籠めてもいる。彼に言わせるならば、取り上げるべきなのは「生きた隠喩」、すなわち語の新たな組み合わせによって、新たな発見的機能を発揮し、哲学的思考に新たな創造性を付与する隠喩でなければならない。隠喩そのものとしての活力を失い、常套句と化してしまった「死んだ隠喩」から隠喩を論じるのは、誤った扉から――誕生の扉からではなく死の扉から――問題へと踏み入ることにほかならないというわけである。

その三十年近くも後のこと、デリダはリクールに対するオマージュを書いている。その際に上記の発言への言及が見られる。

> 隠喩をめぐる私のテクストについてそれが言えるかどうかは疑わしいにせよ――それは今日ここでさほど重要ではない――、その討論をはるかに超えて、リクールは正しく、かつ深く見て取ったと思う。私のうちに、そして私の哲学的身ぶりのうちにあるものを。私はどの瞬間も、死を凝視し、「死の扉」を経由して、生、生の欲望、それらの肯定および打ち負かしがたい再肯定へとつねに赴いていた。(7)

この発言は、隠喩をめぐるかつての考察を撤回するものではない。リクールの言う「死の扉」から隠喩を考えることは正しかったし、いまも正しいという認識が示されている。しかし注目すべきは、同時に、リクールの指摘が隠喩論をはるかに超えて、自分の哲学的身ぶり全体に妥当すると述べていることである。自分の身ぶりは「どの瞬間も」、つねに「死の扉」を経由し、死を凝視し、もしくは死の凝視のもとで展開されているという。単に奇を衒ったのではない発言。この発言を字義どおり受け取るところから本稿を始めたい。

ところで、「死の扉を経由して」ということは、死から発して行為し、活動することなのか。そんなことははたして可能なのだろうか。この疑念を抑えるのはむずかしい。それをすぐさま解消することはできないものの、デリダが死から発する行為の可能性を考えていたことは示唆できるだろう。二〇〇〇年頃からだろうか、デリダがしばしば口にした一文がある。

Je marche à la mort. この一文を耳にしてとっさに浮かんでくる意味が、「私は死に向かって歩いている」である。

しかし次の瞬間、聞き手はこの一文がCette voiture marche à l'essence〔このクルマはガソリンで動く〕と同じ構造を持っていることに気づく(8)。この瞬間、聞き手のうちにだまし絵のような二重のイメージが形成されることになる。「死に向かって歩くデリダ」と、「死で動いているデリダ」。この発言が聞かれ始めた頃、発話者は自分が重篤な病に罹っていることをまだ知らなかったはずである。また、je marche à la mortという一文へと結晶する自己表象は、その定式の遥か以前にさかのぼるはずである。少なくとも、「死の扉を経由して」という指摘を引き受け、しかもその経路が自分の全活動に妥当するという証言を信じるならば、je marche à la mortはデリダの哲学的行程を初めから規定していることになる。もっとも、かの文におけるjeを、「デリダは」と変換したり翻訳したりするのは必ずしも正しくない。若干の軽妙さをもって発せられたその一文は、おそらく聞き手におけるそのような了解もしくは誤解も狙ってはいる。しかし、後ほど見るように、そこにおけるjeは、死に向かう各自性としての「私」であり、「私は……」という発言における「私」でもある。すなわち、「デリダ」という特定の個人には限定されぬ、「私は……」と発言しうる存在者一般なのである。

アーレント的分類に戻ろう。その分類は、出生性ではなく可死性を考察の中心に据えているとして、哲学者たちを実践の領域から締め出していた。自分は哲学者ではないと語ることもあるデリダをとりあえず哲学者の輪に含めた場合、彼は「実践する人」とは分類されえない。また、行為や活動が出生を不可欠な条件とするならば、他の哲学者に批判されるほど死を考えようとする彼は、他の哲学者よりもさらに実践から遠ざかっていることになる。とはいえ、彼は死の恐れのなかで麻痺に陥っているのでもなく、諦めのなかで無為に死を待っているのでもない。「私は死で動いている」は何を意味するのか。Je marche à la mortを導きの糸として、脱構築の実践について考えてみたい。

ところで、状況という語をまだ取り上げていなかった。現在——とりあえず二〇一六年としておこう——の状況とは何だろうか。

2 アレッポ

ニューメキシコ州の元知事であり、二〇一六年のアメリカ合衆国大統領選挙においてリバタリアン党の候補者となったゲリー・ジョンソンは、同年九月八日、MNSBCテレビの報道番組「モーニング・ジョー」に出演していた。その彼に、討論相手の一人マイク・バーニクルがたずねる。

バーニクル　あなたが当選されたとしたら、アレッポについてはどうされますか?
ジョンソン　アレッポですって?
バーニクル　アレッポです。
ジョンソン　アレッポというのは何ですか?
バーニクル　ご冗談でしょう?
ジョンソン　いいえ。
バーニクル　アレッポはシリアにあります。難民危機の震源地です。(9)

アレッポ。人類最古の都市のひとつであり、世界遺産にも登録されたシリア北部の都市。内戦の勃発まで地中海東部沿岸で有数の繁栄を誇っていた。二〇一二年以降、政府軍と反体制派が展開する戦闘の舞台となり、見る影もないほどの被害をこうむっている。戦争の罠が人々の上に閉じ、欧米メディアが撤退を余儀なくされるなか、虜となった市民たちは懸命に破壊と窮乏の光景を外部へと伝え続けた。シリア政府を支援するロシアが介入した二〇一五年以降、状況はさらに厳しさを増すことになる。国連安全保障理事会に提示された停戦の決議案はロシアの拒否権発動によって何度も流され、脱出が叶わなかった住民たちは戦火のなかに放置された。いましがた引用したシー

ンが放送されたアメリカでも、アレッポ関連の報道がなかったわけではない。むしろ、数多くの記事、目を背けるような画像などが、日本においてよりもはるかに直接的な仕方で現地の様子を伝えていたはずである。[10]

大国が、以前から自国の国境外で武力を行使してきたことなど、いまさら言うまでもないだろう。二十一世紀になってからのアメリカも、アフガニスタン、イラクに介入している。しかしそれは、期待された平和や安定をもたらすことはなかった。武器の供与や軍事技術の移転、武装組織の育成は、むしろ混乱を紛争地域から周辺地域へと拡散する効果を持った。

二〇〇一年九月十一日の同時多発テロは、それまで武力行使のブーメラン作用を免れていたアメリカが、ついにこうむった被害と位置づけることもできよう。それに対して当時のジョージ・W・ブッシュ政権は、国家の安全を高める先制攻撃戦争と称して、さらなる武力の行使で応えた。アフガニスタン、イラクへの大規模な侵攻はターリバーンを弱体化し、サダム・フセイン政権を打倒し、二〇一一年にはウサマ・ビン＝ラーディンを殺害することに成功したが、かえって中東、アフリカ地域を深い混乱に陥れ、ダーイシュ（IS）のような大規模武装勢力の台頭を許してしまった。大筋において、このような理解が広く共有されているはずである。

大規模な軍事力の行使、そして戦時体制、それらが深刻な政治的、社会的、人道的副作用をもたらすのは、投入の対象となった地域においてばかりではない。ジャック・デリダは『九・一一日という概念』[11]で、「自己免疫」という語を用いてその点を強調している。防衛機制が強すぎるあまり統御不可能な抗体が生み出され、護るべき当の組織を攻撃してしまう「自己免疫」作用が随所に起こってしまった。アメリカ自身もその作用を免れることはなかった。世紀の転換期に「ハイパーパワー」、「覇権国家」ひいては「帝国」と称されていたその国は、国際法や国際機関の諸規定を超えて、一度ならず唯一の主権者であるかのような超法規的軍事行動を起こした。その態度は、カール・シュミットの政治概念、なかでも「例外状況」を宣言する主権者を連想させるものであった。デリダ以外にも、フランスで読まれた思想家としてジョルジョ・アガンベン、エティエンヌ・バリバールなどがそのような解釈を展開している。[12]

しかし、唯一の超大国の地位をほしいままにしたアメリカも、一連の戦争で高い代償を支払うことになる。二〇〇三年五月、二〇一〇年八月の、二代の大統領による二度の終結宣言にもかかわらず、侵攻開始十年後の二〇一三年、イラク戦争の影は、勝者となった国に依然として取り憑いていた。戦場となった地域の被害とは比べものにならないとはいえ、四五〇〇人のアメリカ兵が命を落とし、三万人が負傷して帰国している。二兆ドルにも上る資金が戦闘と再建に費やされた。それは、「アメリカのリーダーシップと力の限界に関する教訓[13]」を、為政者、そして市民の意識のうちに刻み込むものであったと言えよう。

二〇一三年九月一〇日、バラク・オバマ大統領がおこなったシリアに関する演説は、その延長線上に位置づけることができる。演説中の「アメリカは世界の警察官ではない[14]」という文言は、その後も繰り返し引き合いに出された。彼はまた、暴力のより少ない世界を望んでいた。言うならば、暴力の縮減《エコノミー》である。暴力の総量を減らし、武力以外の方法で紛争を解決しようとする方向性には、一定の良識を認めることもできよう。だが、「恐るべき事柄が世界中で起きている。そして、すべての害悪を正すのはわれわれの力量を超える仕事である」という説明に、非力さの告白、ひいては弁明も聞き取るべきなのかもしれない。というのもオバマは、彼自身が公約していた介入を見送ったようにも見えるからである。二〇一二年八月二〇日、シリアにおける軍事介入に、いつ、どの時点で踏み切るかという問いをめぐって、彼は「われわれにとってのレッドラインとは、相当量の化学兵器が持ち出され、使用されるのが見られたとき[15]」と述べていた。そして、その発言からようやく一年が経過したばかりの二〇一三年八月二一日、ダマスカス東方の、反政府勢力が支配する都市ゴウタに対して化学兵器による攻撃がおこなわれ、主に非戦闘員からなる数百から千数百の人々が犠牲となっている。オバマ政権はこの事件をめぐってアセスメントを出しており、それによると、攻撃はシリア政府側がおこない、犠牲者が一四二九名（内、子ども四二六名）にのぼる[16]。明らかに「レッドライン」を超えた攻撃であった。だが、それにもかかわらずアメリカ政府は、以前の言明に沿うような、懲罰的な行動を起こすことはなかった。

中東情勢を劇的に改善できなかった咎をオバマ政権のみに帰するのは公正さに欠けるだろう。オバマ政権が追求してきた、行使される暴力の総量を縮減するという選択は、一般論としては正しいに違いない。だが、一方で法律的にはきわめて不透明なドローン攻撃を展開し、他方でロシアによる猛烈な爆撃を許している姿勢は、手段の正当性に対する疑問を人々に抱かせ、中東地域におけるアメリカの影響力低下を印象づけたのも確かである。その意味で、政権の姿勢は国の内外で無条件に受け入れられたわけではなく、数多くの疑問や批判の声を生み[17]、二〇一六年のアメリカ大統領選において主要な争点のひとつとなった。先の討論番組に戻るならば、候補者たる者に期待されていたのは、みずからその争点を取り上げ、持論を展開することだったのである。

ところが、ジョンソン候補の反応は、「アレッポというのは何ですか?」であった。「外交に関する驚くべき知識不足[18]」を露呈したと酷評されても仕方がなかった。ジョンソン発言の二〇日ほど前、爆撃で壊された自宅から助け出され、埃と血液にまみれた顔にうつろな目を開いたオムラン・ダクニーシュ少年の姿が、「アレッポの苦難の象徴[19]」として世界に配信され、大きな衝撃を引き起こしたのでなおさらである。ジョンソンが出演していた「モーニング・ジョー」も、そのとき、少年の映像を紹介しながら、「オバマ最悪の外交的失敗としてのシリア」という特集を組んだ[20]。スタジオにおいて、ジョンソンの反応が率直な驚き、ひいては義憤をもって迎えられたのも当然であった。

3 困難な状況

ジョンソン候補の例は、あるまじき忘却なのか。彼の視野や関心の地平がシリアに及んでいなかったのは、彼が置かれた状況においては不可解であり、きわめて不適切であったことは間違いない。

だが、忘却や無知は、この人物のみに見られる瑕疵ではない。おおぜいの人々の運命を暗転させた出来事であっても、いともあっけなく人々の視野を去り、記憶から失せて日常的な景色から退き、しまいには事件が生起したという事実すら消え去ってしまう。それほど、われわれの視野や認識の地平は有限である。その意味で、忘却こそこの世で最も公正に配分されたものだとも言えるだろう。

チェコ出身の小説家で一九七五年以降はフランスで活動したミラン・クンデラは、『笑いと忘却の書』のなかで義憤と諦念がない交ぜになった次の言葉を記している。

> アジェンデの暗殺はロシア軍のボヘミア侵入をたちまち覆い隠してしまったし、バングラデシュの血なまぐさい大量虐殺はアジェンデを忘れさせた。シナイ砂漠での戦争はその喧噪でバングラデシュの呻き声を覆い隠したし、カンボジアの大量虐殺はシナイのことを人々に忘れさせてしまった。といったふうに続いてゆき、しまいには、万人による一切の完全なる忘却という事態へといたることになる。[21]

「ロシア軍のボヘミア侵入」は、一九六八年八月、ソビエト連邦が率いるワルシャワ条約機構軍のチェコ侵入を指している。それは、「人間の顔をした社会主義」をめざす、「プラハの春」と呼ばれた改革を崩壊させた。チェコ人としてのクンデラが最も喚起したかったのはこの事件だったはずである。しかし、記憶の儚さを訴える彼は、犠牲者数から言えばはるかに大きな他の出来事に言及しないわけにはゆかなかったようだ。それで、右の列挙となったのではないだろうか。付言するならば、その列挙は網羅的ではない。彼が言及していない大規模紛争にビアフラ戦争があげられる。五〇〇万人とも二〇〇万人とも言われる犠牲者を出したその出来事は、当時の人道援助の不備を痛感させ、国際ＮＰＯ「国境なき医師団」設立のきっかけともなった。

クンデラの発言からもわかるように、世界は困難な状況に事欠くことはない。だが、彼の発言が同時に示唆するように、状況を共有することの困難も劣らず遍在している。筆舌に尽くせぬほど過酷な状況、それを経験した人々は他の人々がそれを忘却し、ひいては知りさえしないことに驚き、憤慨し、悲嘆に暮れるに違いない。クンデラの言葉を動機づけたのも、そのような感情ではなかっただろうか。しかし、その感情はすぐに人々の記憶のあり方をめぐる諦めに取って代わられ、忘却こそが世の常であることが強調される。そして彼は、忘却の進行もしくは増進をもたらすひとつの理由をあげている。「大文字の歴史がまだゆっくりと歩んでいた頃は、数少なかった歴史の出来事はたやすく記憶に刻み込まれ、万人が知っている背景を織りなしていた[22]」。それに対して、「今日では、時間が大股で進む」。ゆっくりした歩みから大股の進行へという加速。その加速は人が歳を重ねるなかで起こるのか。出来事の生起自体が加速しているからなのか。めざましい技術革新のため情報量が幾何学級数的に増大し、もはや受け手が情報の津波を受け止められず、記憶に刻みこむことができなくなってしまったからなのか。いずれにせよ、今日、人はあまりにも多くの物事に接するようになり、その推移に反比例するかのように物事は永続性を失ってゆく。儚さ、脆弱性、忘却と喪失、それは、生産と消費の規模拡大と加速化の別の側面であるだろう。そのプロセスの果てに、クンデラは「万人による一切の完全なる忘却」という普遍的な現象を予見するわけである。

世界が通信網で覆い尽くされ、グローバル化が進み、「グローバル・ヴィレッジ」が語られて久しい。しかし、情報の伝達とはうらはらに、確かに状況の共有は困難になった感がある。共通の知識や記憶の喪失、共同体や共通世界の後退ひいてはその端的な喪失が語られるのも稀ではない。日本語で「大衆化」と呼ぶような現象を、フランス語では「民主化〔démocratisation〕」と表現する。教育の民主化、知の民主化、文化の民主化といった、それ自体としては望ましいはずの「民主化」がたどり着いたひとつの地点が、逆説的にも、かつて教育、知、文化と呼ばれていた事象からの離反、もしくはそれらの事象そのものの軽量化、商品化であり、狭量な功利主義の支配であった。特に冷戦構造が崩壊した一九九〇年代以降、「競争」が異論を許さぬ至上命令として君臨し、その必然的な系として、生存を賭けた戦いで「生き残ること」への苦闘が万人に義務づけられるようになってからは、その傾向が顕著となったように思われる。

それと並行して、「リベラルな民主主義の勝利[23]」と称される状況が、当の民主主義の神髄であるはずの熟議を駆逐していった。政治的言説や行為も、人の目を引くような即時的な効果を求めるようになり、営々と構築されてきた手順や規則を軽視し、省略するのが見られた。確かに、かつてないほど夥しい量の言葉が空間を満たしている。だが、たいていの言葉は眼前の状況に対する単純な条件反射のごときものであり、瞬間的な消費もしくは消化を目指した、あざとく耳目に訴え、飲み込みやすく加工された言葉たちである。ギー・ドゥボールの「現代的な生産条件が支配するいかなる社会の生活も、スペクタクルの巨大な蓄積という姿をまとう」[24]という分析、その「蓄積」の内容が絶えず入れ替わってゆくことを付言するならば、それに異論を唱えるのはむずかしい。

デリダによる『マルクスの亡霊たち』（一九九三年）は、その状況を描き出している。彼は、マルクス主義者たちの口吻を思わせる「理論的かつ実践的」という表現を繰り返しつつ、「リベラルな民主主義がこれほどまでに機能不全に陥ったことはかつてなかった」[25]と述べる。その機能不全は、「技術－遠隔－メディア的〔techno-télé-médiatiques〕諸装置および情報と通信との新しいリズム」（*ibid.*）、さらに「それらが生産する出来事の新しい構造とその亡霊性の新しい構造」（*SM*, 131; 174-175）によって引き起こされたという。「新しいリズム」の最近の事例として、一国の指導者によるツイッターを用いた所信表明という手法を挙げてもよいだろう。それに加えられるのが、post-truth と呼ばれる「出来事の生産」をめぐる「新しい構造」と「亡霊性」である。民主主義の模範ともされてきた二つの国、イギリスとアメリカで二〇一六年に見られた大きな政治的出来事——欧州連合離脱をめぐる国民投票と大統領選——をめぐって、このpost-truthなる語の使用頻度は急激に増加した。それは、オックスフォード英語辞典によって「二〇一六年の言葉」に選ばれている。[26] その場かぎりの、現実に合致せぬ、ひいてはあからさまに現実を偽る発言、それは熟議を旨とし、自由と普遍的な正義をめざす政治言説とはほど遠いものであるだろう。

『マルクスの亡霊たち』をめぐって問うべきことは多岐にわたる。しかしここでは、「状況」の問題に優先権を与え、デリダによる状況把握とも呼びうる箇所を紹介してみたい。彼は、「新世界秩序の傷口」として、以下の諸点を列挙している。市場の新たな規制緩和によって作り出される失業、大量の家なき市民（ホームレス）の発生、経済戦争、自由市場を統御することの（概念的、規範的、現実的）不可能性、対外債務による社会や人々の窮乏化、西洋民主主義国家において科学・経済・社会の構成要素と位置づけられる兵器産業と兵器貿易、核拡散、共同体・国民国家および主権・国境・土地・血統のアルカイックな概念と幻想が引き起こすエスニシティ間の抗争、マフィア・麻薬カルテルといった国境横断的な幽霊国家、国際法およびそれに関連する諸制度の限界、である（*SM*, 134-139;

178-184）。

デリダは、マルクス主義、社会主義を無条件に礼賛するわけではない。しかし、リベラルな民主主義がそれらに勝利したとの言説には批判的である。当時リフレインのように繰り返された、「マルクスは死んだ、共産主義は死んだ、たしかに死んだのだ。その希望、その言説、その理論と実践の数々とともに。資本主義万歳、市場万歳、経済的－政治的リベラリズムこそ生き長らえよ！」（*SM*, 90; 124）に、強い疑問を表明している。相手は死に、自分は生きている！　なぜ勝利の言説が不自然なまでの執拗をもって求められるのか。何かに怯えているからではないのか。まるで、「勝利がこれほどまでに危機的で、壊れやすく、脅威にさらされ、ひいてはある見方からすれば壊滅的〔catastrophique〕で、結局のところ喪に沈んだものであるということをひたすら隠すため」（*SM*, 116; 156. 強調は引用者）のようであり、「しかもまず第一に自分たちに隠すため」のようである、とデリダは考える。

リベラルな民主主義の凱歌は不安におののいている。技術革新、マネーゲーム、経済成長に明け暮れるその世界は、一連の不都合な真実を隠している。形の上では勝利を収めたものの、度重なる危機に見舞われ、幾多の脆弱性をはらみ、みずからの歩み自体が壊滅をもたらすことを知りながら、それを自分に隠している。その世界は自分が死へと向かっていることを知っており、自分の死をめぐる喪に服しているが、それを忘却しようとしている。『マルクスの亡霊たち』は、第一次世界大戦による未曾有の荒廃を前にしてポール・ヴァレリーが記した言葉、「われわれ文明は、われわれもまた死を免れえぬものであることを知っている」[27]を喚起している。西洋の輝かしい世紀、科学技術と進歩の十九世紀が終わり、それ以前とは比べ物にならぬほど自然をほしいままにする能力を手にした人間は、その能力ゆえに「短い二十世紀」の冒頭で第一次世界大戦という死の宣告を受けることになった。その後も、人類はさらに世界大戦を経験している。今日、冷戦時代ほど普遍的な脅威として語られなくなったとはいえ、核兵器はなくなるどころか、拡散に歯止めがかからない。その総量は、人類を何度も絶滅させることができると言われている。

戦争の勃発を待たずとも、人間のいわゆる平時の活動自体が当の人間自身に対する脅威になったという言説が広まっている。デリダはおそらく使っていない――anthropocene〔人新世〕という語。人間による圧倒的な支配と同時に、全能にも見える支配がはらむ、その支配そのものが生み出す人間の脆弱さ。人間にとっての財や富を生産する活動が環境に対して決定的なインパクトを与え、自分たちの生存を脅かすような姿にそれを変えてしまうという恐るべき循環。非暴力とは、他者に、ひいては生きとし生けるものに、干渉したり損なったりしたりせず、存在するがままの姿で安らぐに任せること、生長するに任せることだとするならば、この時代は暴力が極大となった時代だとも言えるだろう。ハイデガーの用語を借りるならば、Seinlassen〔存在するがままにしておく〕の対極に位置づけられるGestell〔総駆り立て体制〕の支配である。すべてが資源化され、人間のために徴用され、駆り立てられる世界。科学技術の力にまかせた自然の搾取。近年、夏になると、「人類は今日で一年分の資源を使い尽くした」という報道が流され、そのタイミングが年々早くなっている。ほしいままに繁栄を追求したあげく、自分たちの生存に牙をむくような存在へと自然を変えてしまい、滅びの予感を色濃くしている世界。それこそ、広く人々が抱くようになった表象ではないだろうか。

リベラルな民主主義の凱歌が隠しているもの。突き詰めるならば、それは資本主義の、文明の、ひいては人類の可死性にほかならない。人類の活動のために他の生物種の大量絶滅が進行中だとされている。そうであるならば、人間という種を超えて他の生物種の可死性も視野に入れなければならないだろう。数多くの専門家がこうした懸念や気遣いを語り、数多くの非専門家が日々、環境の変化を実感している。それは起こるのだろうか？ 確かに起こりそうだ。起こるに違いない。一部の頑なな政治家やロビイストを除いて、大多数の人々のうちで疑いが可能性へ、可能性が確信へと変化してゆく。だが、それを忘れたかのように、世界は惰性に身をまかせ、生産と消費に、そして競争に明け暮れている。

もう一度アーレントに耳を傾けてみよう。彼女が政治の範とするギリシアのポリスは「組織された想起〔organized remembrance〕」（*HC*, 198; 319）であった。それに対して、全体主義的支配は「組織された忘却〔organized oblivion〕[28]」だという。そうであるならば――以下のことをアーレントが述べているわけではないが――、強力なメディアとテクノロジーを動員して「組織された忘却」を作り出すリベラルな民主主義なるものが、どの程度「民主主義」という名に値するのかと問うこともできるだろう。過去の世界を理想化する仕草はデリダには無縁であるが、彼もまた、現在の民主主義の不完全さを指摘する。そして、「来たるべき民主主義」(*SM*, 268; 347)への期待を語るのである。もっとも、クンデラを嘆かせた「万人による一切の完全なる忘却」も、アーレントが語る忘却も、過去の出来事の忘却であった。それに対して、リベラルな民主主義がみずからに隠し、忘却しようとしているのは、現在の脆弱さや脅威、そしてとりわけ来たるべき危機やカタストロフィである。いまだ到来せぬものの忘却に躍起になって努めるのは、来たるべき死を予感するばかりでなく、それを先取りして喪に服しているからだと語られている。そこには、不可解な時間性、もしくは可能性と事実との混乱が見られる。だが、「死の扉を経由する」、「死で動く」は、この奇妙な構造と不可分なのである。

4 「原事実」としての死

われわれすべての死と、われわれ各自の死とはどのように異なるのか。哲学者たちにとって可死性こそが中心的な範疇であったと語るとき、アーレントは、彼らが後者の語彙で考えていたと想定しているようだ。ところで、彼女が考えるように、すべての哲学者が死こそ中心的な範疇と見なしていたかというと、必ずしもそうではない。すぐさま浮かんでくるのがスピノザである。『エチカ』、命題六七。「自由の人は何についてよりも死について思考することが最も少ない。そして彼の知恵は死についての省察ではなく、生についての省察である」[29]。

二〇世紀フランス哲学ではサルトルがあげられる。「死は私自身の可能性であるどころか、むしろ、死は、一つの偶然的な事実である。この事実は、そのものとしては原理的に私から逃れ出るものであり、根源的に私の事実性に属するものである」[30]。彼に言わせると、死は私の外部から到来する偶然的な事実にすぎず、私の存在論的構造に属していない。死という事実はあまりにも私の外部にあるため、私という「対自存在のうちには、死にとっていかなる場所も存在しない。対自存在は、死を待ちうけることも、死を実感することも、死へ向かって自己を企投することもできない」(*EN*, 605; III. 259)。最後の部分の語彙からもわかるように、サルトルの発言は、ハイデガーの「本来的な〈死への存在〉の実存論的企投[31]」への異議申し立てである。これらの文章は同時に、アーレントが哲学的伝統のあり方と見なすものに対する反発として読むことができるだろう。[32]

では、「死の扉」を経由して生に向かうというデリダはどうなのだろうか。晩年におこなったインタヴューのなかで、彼は「プラトン以来、かの古い哲学的な厳命があります。哲学すること、それは死ぬことを学ぶことだという厳命です[33]」と発言している。アーレントも言及していた「死の練習」。一見、彼もまた、哲学者がつねに死にかかわってきたことを認めているようである。しかし、デリダはその厳命の「真理を信じている」(*AVE*, 24; 23)が、「それに従ってはいない」(*ibid.*)とも述べている。というのも、自分は死を受け入れることを学べなかったからだ、と。死が本当に「絶対的な死滅可能性」(*ibid.*)——「(救済もなく、復活もなく、贖罪もない——自己に対しても、他者に対しても)」——であるならば、それを受け入れる準備はできていない、と。どういうことだろうか？ 死をめぐって哲学者たちが展開した幾多の教義がある。しかし、注意深く読んでみると、それらの対処法や処方箋は、必ずしも死を「絶対的な死滅可能性」としては扱ってはいない、ということのようだ。哲学者たちは死を語りながら、その実、死から一種の配当を、一種のリターンを得るような物語を紡いできたのではないか。少し長いが、引用してみよう。

> 人間に固有なものとは、供犠において「みずからの生命を危険にさらす〔=死の危険を冒す〕」ことができること、生を凌駕すること、その尊厳において生以上の、生以外の価値をもつこと、すなわち、生を経由して、生以上の価値をもつ「生」へ向かうことにあるというわけです。それはプラトンの*épimeleia tou thanaton*〔死への配慮〕、すなわち死へ向けて訓練することを厳命する哲学です。それは人格なるものの比類なき尊厳〔*Würde*〕であり、それ自体が目的であって手段ではない人格は、カントによれば生者としての条件を超越

> し、死刑をみずからの法権利に書き込むことを栄誉とするものです。それは認知＝承認のための諸意識の戦いであり、ヘーゲルにおいては自分自身の生命を危険にさらすことを経由するとされています。それは、唯一本来的に死ぬことができる現存在〔Dasein〕の〈死への存在〉です。これに対して動物は終わりを迎えたり息絶えたりするだけだとハイデガーは言います。[34]

死への練習を厳命するプラトンにおいて、死は身体の生から魂の生への誕生であった。死刑を人間に固有なものとするカントは、その刑によってたんなる生以上の価値としての尊厳が守られると主張した。ヘーゲルは、死を賭した闘争を通じて認知＝承認を語った。それらは、「絶対的な死滅可能性」ではない。そこでは、死が、より上位の価値を持つ生への通路や手段であるかのように位置づけられている。死によって一種の交換が成立し、生以外の価値が獲得できるかのようである。プラトン、カント、ヘーゲル、それぞれの言説はかたちを変えながらも、死がもたらす有限性を緩和し、他なる価値へとすり替え、最終的には死を何らかの仕方で回避または粉飾しようとしており、真の意味で死を語ってはこなかった。そうデリダは考えているようである。

現存在が「終わりをもつのではなく、有限的に実存する」（*SZ*, 330）としたハイデガーは、それ以前の哲学者よりもはっきりと有限性を認めている。とはいえ、存在の意味を探求することができる唯一の存在者である現存在は、現存在のみが本来的な意味で死ぬことができるという（SZ, §49）かたちで、死においても他の存在者とは区別されている。「存在論の歴史の破壊」（SZ, §6）という使命をもって任ずる哲学者においても、現存在は伝統的な人間中心主義に由来する特権を相続しているように思われる。あるいは、現存在以外の生者に本来的な死はないとする断定は、究極の形而上学的誘惑に対する屈服とさえ映りかねない。

伝統的な死の言説に対する疑問や疑念、それに由来するデリダの試みを、一種の「死の脱構築[35]」と呼ぶことができるかもしれない。もっともそれを、死を打ち負かす、死を乗り越える、死を無化するといった意味に解釈してはならないだろう。むしろ、今しがた述べたように、死が何らかの配当をもたらすという言説と、その死を享受する存在者を語る哲学的人間学の脱構築と理解すべきである。本稿のテーマに近い、比較的最近の論考として、マルク・ゴルドシュミットの「世界の終わりからのポリティクス[36]」がある。ただし、その論考はデリダによる追悼文を集めた『そのたびごとにただ一つ、世界の終焉[37]』をもっぱら引き合いにして議論を展開している。追悼文集に収録された文章のうち、最も早いものは、一九八〇年に逝去したロラン・バルトを送る文章である。死をめぐる取り組みが、デリダの哲学的行程の端緒からあるとする本稿としては、それ以前のテクストを一瞥しなければならない。「つねに死の扉を経由して」きたという述懐も、死の切迫という伝記的要因に促されたものではないのか。その言葉が読まれるリクールへのオマージュが、デリダ自身の死の前年に書かれたものであるだけに、そのような推測を呼びがちである。よって、死が、病という偶発的状況によって強調されたのではなく、デリダの思考に構造的なかたちで組み込まれていることを示す必要があるだろう。

Je marche à la mort. 私は死で動いている＝私は死に向かって歩いている。この巧妙な定式自体は後年のものであるにせよ、それが示唆する思考は遅くとも、一九六七年に刊行された『声と現象[38]』、『エクリチュールと差異』、『グラマトロジーについて』の時点で形成されていると考えて差し支えないだろう。Je marche à la mort、この語句は「私、デリダは死で動いている」、「私、デリダは死に向かっている」のみを意味するのではない。自分自身に送り返すという自伝的な含意が排除できないにせよ、その命題にいっそう普遍的で哲学的な射程が与えられている。それは、一方で「私たる発話者、いわば主観性一般、生き生きとした現在のなかにある自我としての私は、死で動いている」こと、他方で「単独者としての私は、死に向かっている」ことを語ろうとしているからである。

便宜上、以下のような整理をしておこう。第一の方向性は『声と現象』で遂行された、フッサールの超越論的主観性に対する脱構築に、第二の方向性は、ハイデガーが提示する「死への存在」の受容に、それぞれ該当するという整理である。以下では、ごく簡単に——あまりにも簡単に——その経緯について触れてみたい。

それらの方向性において二つの「事実」が言及されている。二つの「事実」とは、一方では一切の経験がそこから可能となる私の世界の開けとしての自我性という、フッサールにおける「原事実性〔Urtatsache〕」(*ED*, 192; 256)

であり、他方ではハイデガーにおける、「大まかな漠然とした存在了解」(SZ, 5) という「事実〔Faktum〕」(*ibid.*) である。『エクリチュールと差異』に収められた論文「暴力と形而上学」において、デリダはこの二つの「事実」を主な論拠として、レヴィナスの『全体性と無限』[39]に反論している。レヴィナスは、「無限に他なるもの」とされる「他人〔autrui〕」から発する倫理学を提唱し、「他者をその存在と意味のままに尊重しえないがゆえに、現象学と存在論は暴力の哲学だという」(*ED*, 136; 179) 見方を示している。それに対するデリダの反論は、その倫理学自体もみずからが批判する当のもの――経験なるものが可能となる絶対的な形式としての自我性、および何らかの仕方での存在了解――なしにはありえない、というものであった。

本来であれば、ここで「事実」について問うべきなのだろう。事実、fait, Faktum, Tatsache. 本稿にも、政治思考を形成する決定的事実としての出生性（アーレント）、根源的に私の事実性に属するために私の存在論的構造には作用しない死（サルトル）というかたちで、すでに登場している。片や思考を形成する際の基礎的与件となる決定的事実、片や偶然性として思考の外部にとどめ措かれる事実。同じ語で訳され、原語でも同じ意味で解されることがあるにもかかわらず、それぞれのケースで、思考に対して対極的な位置を割りふられている。哲学事典は、「事実」の項目を「事実とは存在するものであり、経験に客観的な与件として現れるものである」[40]という明快な文言で始めている。しかし、すぐに「事実」は「思考」、「必然」、（権利上／事実上という二項対立における）「権利」との対置のなかで初めて明確な意味が決まると続き、「事実」の姿は増殖する多義性のなかに見失われてゆく。実際に哲学書をひもとくと、「事実」の意味は著者によって異なるばかりではなく、同じ著者のなかでも一定とはかぎらない。事実は単一でも単純でもないのである。

フッサールの「原事実性〔Urtatsache〕」に戻ろう。デリダはその語に立ち止まりながら「（もしかすると、これまでけっして注目されなかった観念かもしれない）」(*ED*, 192; 256) と漏らしている。確かに、「非経験的な事実性」、「超越論的な事実性」とも言い換えられている「原事実」は、哲学事典の「経験に客観的な与件として現れる」という記述と明らかな齟齬をきたしている点で注目に値する。すでに述べたように、その語はフッサールにおいて、経験なるものが可能となる絶対的な形式を意味している。この超越論的な事実性を認めたとき、レヴィナスが主張するように、私とは根底的に無縁な、他なる無限から発して自我が「私の世界」に対して志向的関係を持つにいたることはない。他者は、自我にとっての「私の世界」の内部で、つまりその有限性のなかで与えられるにすぎず、他者が他者として現れるのは、同のなかでのみ、同にとってのみ、同によってのみなのである。他者という現象は、同によって必然的に変形され、隠蔽されることによってしか現れえない。だからこそ、「レヴィナスの形而上学はある意味で、それが問いただそうと欲している超越論的現象学を前提としている」（*ED*, 195; 260）ということになる。

「暴力と形而上学」において、自我性はこうして堅固な論拠を提供している。しかし、ほぼ同時期の著作、たとえば「現前の形而上学」の脱構築が試みられる『声と現象』では、この「原事実性」自体が俎上に載せられる。超越論的還元によって経験世界を取り去り、その手前から思考を始めるはずの現象学は、生という価値をその還元にかけてはいない。「〈生きる〉の統一性、すなわちLebendigkeitの中心は、その光を現象学のあらゆる基本概念（Leben〔生〕、Erlebnis〔経験〕、Lebendige Gegenwart〔生ける現在〕、Geistigkeit〔精神性〕、等々）に分散させるが、それ自体は超越論的還元を免れている」（*VPh*, 9; 22）。フッサールの現象学は「一種の〈生の哲学〉」（*Vph*, 9; 21）だとデリダは指摘する。そして、意味の源泉にはつねに生の活動があるとするフッサール自身の言説のなかに、実は死が作用していること、そして生が死の契機なしに、いわば死の先行性を前提とせずにはありえないことを示してゆく。その歩みをここで確認することはできないが、取り出された分析結果のひとつを紹介しておきたい。私の自我性という「原事実」のなかに、死を持ち込む発言である。「「私は生きている」という言表は、私が死んでいることを伴い、この言表の可能性は、私が死んでいるという可能性を要求する」（*VPh*, 108; 183）。「私は」という言表は、私が不在であり、私が死んでいても機能しなければならない。何度も引き合いに出した定式を若干変形させるならば、「〈私は〉は死で動いている」ということになるだろう。

デリダは、フッサールが主張するこの還元不可能な自我性について、「まずその哲学的な論破不可能性を理解しなければならない」[41]と述べている。哲学の作法や価値論の内部に留まるかぎり、論破不可能な構えをそこに認めるわけである。それに挑戦する「大胆さ」（*ibid.*）を発揮したのが、存在論の歴史の「破壊」を掲げ、存在の思考を提唱するハイデガーであった。「時間の超越論的地平を起点として提起された存在の問い（第一段階は『存在と時間』のなかにある）は、確固たる現前にと同じく、哲学的安全性にもたらされた最初の動揺である」（*ED*, 196; 261-262）、とデリダは評している。「大胆さ」をめぐる一文は、彼が一九六四年から翌年にかけておこなった講義「ハイデガー、存在の問いと歴史」に読まれる。ハイデガーの「事実」に言及されるのは、その文脈においてである。

『存在と時間』に関する同時代のフランスの研究で、現存在の実存論的分析論に向かう前に、「存在の意味への問い」をめぐる「序章」にこれほど多大な努力を割いたものはおそらくないだろう。その序章は、まさしく「事実〔Faktum〕」が現れる箇所である。フッサールの「原事実」にと同様に、デリダはその「事実」に着目している。また、講義は冒頭から「私は、存在論ではなく存在への問いと述べることにする」（*HQEH*, 23）と宣言している。この宣言は、存在論的差異——存在はいかなる存在者でもなく、存在をいかなる存在者でもっても説明することもできないという点——に最大級の重要性を認めるという姿勢に動機づけられている。存在は存在者の地平に属さない。しかし、存在はそのつど存在者の存在である。そのようなものとして語られる存在は、みずから現前することはない。存在は存在者として、すなわち隠蔽されることによってしか現れない。別の言葉で言うならば、存在が何らかのかたちで現れるのは「存在」という語のなか、言語のなかでのみなのである。

存在論的差異の思考を正面から受け取ることと「事実」の重視は相関関係にあると言えるだろう。『存在と時間』の目的は、存在の意味を探求することであった。しかし、存在はけっしてそのものとしては現前しない。しかし、かりに存在がまったき他者であったならば探求する手がかりが一切ないことになり、探求を始めることが不可能となる。問う者は、問われているものについて最低限の了解を必要とする。その了解、存在に関する一定の了解こそ、ハイデガーが「事実」と呼ぶものである。彼は言う。「「存在」とは何であるか」と問うだけでも、われわれはすでにこの「ある」の了解のなかに身を置いている」（*SZ*, 5）。「この大まかな漠然とした存在了解は、ひとつの事実

〔Faktum〕なのである」。

この「事実」をめぐる問いの構造は、とりわけ『存在と時間』第二節、「存在の意味への問いの形式的構造」で展開されている。問いは、〈問われる対象－問う者〉という二つの項によって成立するのではない。ハイデガーによれば、問いの形式を構成するのは、Gefragte, Befragte, Erfragte という三つの項である。Gefragte〔問われているもの〕すなわち存在、Befragte〔問いかけられているもの〕すなわち現存在、Erfragte〔問い求められているもの〕すなわち存在の意味という三つの項。最後の項と最初の Gefragte との違いはわかりにくいが、慎重に区別しなければならない。両者は重ならず、「そこに達したとき、問うことがその目標に到達する」（*SZ*, 5）のが Erfragte だとされる。存在が規定されて概念へともたらされたとき、つまり「存在の意味」が明晰に語られたときにはじめて Erfragte という目標に到達するわけである[42]。

ここで一瞬レヴィナスとの対比を試みるならば、『全体性と無限』は「存在者－存在論的差異にいかなる尊厳も付与することを拒む」（*ED*, 209; 279）という姿勢を見せていた。そのため、ハイデガーも語る *epekeina tês ousias*〔存在の彼方〕をめぐって、「存在」と「存在者」の意味が混乱するという事態が起こっている。両者のいずれにおいても隠蔽の暴力が語られるが、ハイデガーにとって存在こそ「最初の隠蔽されたもの」であった。ところが、レヴィナスにとって存在はいわば「最初の隠蔽するもの」（*ED*, 221; 296）であり、「まったき－他なるものの無限の他性」を中性化する暴力をふるう審級であった。だからこそ、存在の暴力を告発するレヴィナスに対して、デリダは、ハイデガーに則して、「存在の思考は、他者を、それが存在するがままに――つまり他者として――尊重する条件である」（*ED*, 202; 269）と述べるわけである。

存在の意味への問いには、通常の問いとは異なる問題点があることがわかる。それは、たとえば時計という存在者の意味を求めるのとは違い、直観や知覚に与えられた対象を概念にもたらすことには還元できないという点である。ところが、探求するためには、「探求されているものの方から先行的に導かれる必要がある」（*SZ*, 5）。その導きは、直観や知覚以外のものとならざるをえない。そのような状況でも問う者がなお有しているのが、大まかで漠然とした存在了解という「事実」なのである。その「事実」は、問う者をErfragteの到来へと導く。存在の意味に近づくためには、まだその目標が達成されていないErfragteの視点に立たなければならない。存在の意味は、現状では存在者を語る概念性によって覆われており、ある固有の概念性を要求するのだが、それはいまだ到達されていない。にもかかわらず、存在の意味に到達するためには、その概念性の到来から発して思考しなければならないというわけである。現在の優位を動揺させる思考の要請、ここに「確固たる現前にと同じく、哲学的安全性にもたらされた最初の動揺」の一側面を見るべきであろう。現在は、「ある未来の過去」として、来たるべき或る固有の概念性から発して語られなければならないのである。

デリダは、存在の意味への問いをハイデガーから相続してはいない。しかし、今しがた述べた問いの形式の方は、さまざまな変更を加えられ、彼の思考の随所に埋め込まれている。フランス語の時制である前未来を思わせる議論の運びがそうであり、先取り〔anticipation〕の構造、到来や「来たるべき〔à venir〕」の構造がそうである。ところで、思考の必要性から提唱されるこの問いの形式と、Zeitigung、すなわち日本語ではしばしば「時熟」と翻訳される時間性の構造はきわめて近いことがわかるだろう。私の知るかぎり、「時熟」は「死への存在」としての現存在がおのれの生を遂行する態度であり、死への「先駆的決意性」によって決定された時間性として解釈されるのが普通である。だが、思考の必然性として提示された先の「問いの形式」と時熟。それぞれの議論をいわば骨組みだけにしたとき、両者は相似形とも言える構造を示すように思われる。Je marche à la mort〔私は死で動いている＝私は死に向かって歩いている〕という定式は、「死への存在」と同時に、存在の意味への問いの形式的構造を相続している。この構造を強く意識しつつデリダを読むというのが、本稿の試みである。

存在の意味への問いにおいても時熟においても、いまだ到達されざるもの、いまだ到来せぬものが強力な極となり、それが現在に作用している。いまだ現前せぬ極から発して思考される現在。先行的な存在了解という「事実」、死という「事実」。前者においては、その「事実」を手引きに現れる、いまだ獲得されざる「探し求められたもの」から発して思考が秩序立てられる。しかし、死については、「事実〔Tatsache〕」はそのまま思考の起点とはならず、ある「可能性」に座を譲ることになる。詳しくは『存在と時間』第五二節を参照していただく以外はないが、日常的な現存在が承認している「死の確実な「事実〔Tatsache〕」」（*SZ*, 258）は、けっきょくは死の隠蔽に導くのであり、死のいっそう本来的な把握は、可能性としての死とかかわることだとされるのである。

> 現存在の終わりとしての死は、現存在の最も固有な、没交渉的な、確実な、しかもそのようなものとして無規定的な、追い越しえない可能性である。死は現存在の終わりとしておのれの終わりへとかかわるこの存在者の存在のうちで存在している。（*SZ*, 258-259）

死に関しては、その日常的な事実認識よりも、その可能性と先駆的にかかわる方が本来的なのである。可能性が事実に優先するという価値論。それは、存在の意味への問いにおいても、思考にとって必然的とされた価値論であった。事実よりも可能性を優先すること。現在の思考を、ある（到来することがないかもしれぬ）未来の過去として思考すること。それは大胆ひいては無謀なのか？ それとも慎重さの証なのか？ この問いはたんに思弁的な問いではない。現実的、実践的な問いであり、ハイデガーやデリダとは無縁なところでも問いとしてつねに提起されている。「終わりが存在者の存在のうちで存在している」という文言は、そもそも事実と可能性との境界が不分明であり、明確な二項対立は成り立たないことを示唆しているようである——もしかすると、生と死もそうであるように。

これ以上の解明は断念し、本稿冒頭に提示した問題の方へと戻ることにしたい。そこでは、生と死、理論と実践、とりわけ政治的実践について語られていた。締めくくるにあたって、「友愛」に触れなければならない。それは、生と死、喪、生き残り、「存在するがままにまかせる」と「死に到らしめる」が交叉し、『友愛のポリティクス』[43]においてデリダが明示的に「政治」と結びつけている重層的なトポスだからである。

5　生き残りのポリティクス

否認や粉飾のない死の思想、何らかのかたちで死を厄払いするのではない思想、それは恐ろしいものである。デリダは言う。

> 私にとって不幸なことに、私が喪について、死について語ったことは恐るべきことだと言っておきましょう。それらは全面的に絶望的な思想です。ですが、終にそれを考えなければなりません。[44]

死の四ヵ月ほど前、フィリップ・ラクー＝ラバルトとジャン＝リュック・ナンシーとともにおこなった鼎談での発言である。死や喪について以前から語ってきたデリダ。しかし、苦しい闘病を通じて、「終に」、さらなる切迫感をもってそれらを考えなければならないという。

> 死、それが私を完全に消失させ無化してしまうことを私は知っているのですが、しかしその半面、私の死の先取りのなかに、来たるべき死への私の関係のなかに、遺言の〔testamentaire〕密かな欲望があります。すなわち、何かが生き残るということ、遺されるということ、伝えられるということです——遺産〔héritage〕あるいは私が特に望まないもの、私に帰属しないもの、しかしもしかすると遺る何かが。（*Dial.*, 93.「何か」以外は引用者が強調。）

自分が完全に消失し、無化される可能性以上の不条理やスキャンダルを考えることができるだろうか。いや、そもそも、そのような事態など考えることができるだろうか。前節で触れたように、デリダは、哲学するとは死ぬことを学ぶことだという、プラトンにさかのぼる伝統の「真理」を信じていると明かす。同時に、即座に「それに従ってはいません」(*AVE*, 24; 23)とも付け加える。哲学者たちの言うように、そしてデリダ自身が信じ、かつ語ってきたように死が真に「絶対的な死滅可能性」であるならば、死ぬことを学ぶことなどできない。できるわけがない。「私はそれを受け入れること、死を受け入れることを学びませんでした」(*ibid.*)。死ぬことを学ぶことは善き生を学ぶことだとされてきたので、彼は言う。「私は〈生きることを学んだ〉ことはけっしてありません。実にまったくないのです!」(*ibid.*)。

救済も贖罪もない死、私の死、それは「全面的に絶望的な思想」である。デリダは、絶対的な死滅可能性を語る哲学的伝統のなかに、死を密かに否認し、飼い慣らそうとし、生への奉仕へと向けようとする仕草を見る。その伝統とは一線を画そうとした彼も、ある欲望を抑えることができない。それは、遺言への欲望、すなわち何かが生き残り、遺され、伝えられるという期待である。もっとも、「遺言の」と訳したtestamentaireは、必ずしも死にゆく者が遺す「最後の意志」という意味ではなく、「遺物」とした方が適切かもしれない。「遺産」と訳したhéritageも、財産などではなく、日常的に何気なくおこなっていた動作などもそれに含まれている。自分の意識にすらなかった、ある意味では自分に属してはいなかった細々な、取るに足らない何か。それらが残ることを切に望むという「密かな欲望」を、デリダは抱いているというのである。

哲学書と言われるテクストに書かれたこと、そして多様なメディアで語られたこと、いかにそれらを関連づければよいのか、あるいは切り離して扱うべきなのか。むずかしい問題であるが、デリダ自身、自分がインタヴュー等で語ったことと、著作とを対照して読むよう示唆しているのも確かである。というわけで、『友愛のポリティクス』を、さまざまな発言と対照し、たとえば先の「密かな欲望」から読むことも許されるだろう。なぜ友愛なのか? なぜかくも特権的な位置づけを友愛に認めなければならないのか? 諍いのない、平和な、愛情に満ちた共生が望ましいという理由だけでは理解できないほど、友愛に多くの特権が与えられているように思われる。友愛は死を越える。死によって、人は共生から、生ける共同体の輪から退く。その意味で、死とは「絆を解いてしまう至高の試練」

（*PA*, 328; I. 156）である。ところが、西洋における友愛の伝統、古典古代からニーチェやバタイユにいたる伝統を通じて、友愛は死を抜きにしては存在しえない。キケロの思想を要約しながらデリダは述べる。

> 死のせいで、またこの生を超える唯一の移行のせいで、友愛はわれわれに希望という名前以外には他のいかなる希望とも何の共通点もない希望を与えてくれる。（*PA*, 20; I-17. 強調は引用者）

死のせいで、あるいはむしろ死のおかげで、と言うべきだろうか。本稿の初めに取り上げた表現をここで用いるならば、友愛を開始するには「死の扉」を経由しなければならない。友愛は死を前提とし、生の終焉を超えて未来へと向かう唯一の希望であるために「比類なき希望」（*ibid.*）を与える。他の希望など取るに足らないような素晴らしい希望を。「友愛」概念は『友愛のポリティクス』を通じて数々の仕方で脱構築されている。しかし、「死の扉」から入る友愛という図式は、否定されることなく著作全体を通じて繰り返される点に留意しなければならない。デリダの「密かな欲望」は、キケロが語るこの「比類なき希望」の遙かな、そしてささやかな谺のように響くのである。

「死の扉」から友愛が始まるという点をもう一度確認してみよう。友愛、すなわち、*philia*, *amicita*, amitié. その系譜を創設した*philia*は、友に生き残る可能性に結び付けられていた。

> いずれにせよ、*philia*は生き残りの可能性から始まる。生き残ること〔survivre〕、それこそ喪の別名であり、少なくともその可能性は、けっして待たせることがない。なぜなら喪に服さずに〔sans porter le deuil〕生き残ることはできないからである。いかなる生者も打ち勝てぬ同語反復、生き残りの同語反復。〈神〉ですらこれに対しては何もできないだろう。（*PA*, 31; I. 32-33）

「生き残りの可能性」。競争のなかで格闘し、生き延びるためにもがくのとはまったく異なった意味での「生き残り」である。生存競争とは無縁のこの生き残りは「喪の別名」であり、喪に服することの「同語反復」だとも言われている。それは、死者の生き残り、つまり死者が何らかのかたちで死後の生を享受することではない。フランス語の survivre は、survivre à quelqu'un というかたちで使われることが多い。「誰かに生き残ること」、すなわち「誰かの死を超えて生きること」。だからこそ「喪の別名」とされているのであり、「喪に服さずに生き残ることはできない」という表現が「同語反復」と形容されているわけである。

だが、次のような文言を読むとき、そこには奇妙な時間性が支配していると感じるはずである。「生き残ること、それは同時に友愛の本質であり、起源かつ可能性であり、可能性の条件である。それは愛するという、喪に服した行為である」(*PA*, 31; I. 33)。愛する友が死去したため、喪に服すのではない。愛するという行為は、のっけから喪に服している。友の死を超えて生きることが、もしかするとありうるのではない。いや、かりに現実にはそうだとしても、友愛は構造的に「生き残ること」を前提としている。「生き残ること」こそ、友愛の本質であり、起源かつ可能性、可能性の条件だという。友が死ぬという事実と、友が死ぬ可能性。両者のあいだに差異がないかのようである。喪と喪の可能性とのあいだ、ということは現実的なものと潜勢的なもののあいだの差異は、「脆く、穴だらけ」(*ibid.*) だという。「穴だらけ」と訳された poreuse は、境界線などがきわめて相対的であり、それが分けるはずの要素や領域が相互浸透を起こしているような場合に用いられる。「苦悩に満ちた喪への不安(それがなければ、友愛の行為は、現実態《エネルジー》そのものとして生じない)は、喪以前に、アプリオリに友に入りこみ、先回りし、取り憑き、友を喪に服させる。そしてこの不安は、悲嘆以前に泣き、死以前に死に涙する」(*ibid.*)。いまだ到来しない未来が現在を構造化する時間性。ここには、「可能性のうちへの先駆」(*SZ*, 262)、「死への先駆」を思わせる構造が認められるだろう。

亡き友を想う喪。だが、喪に服すこと〔porter le deuil〕は、喪を担うことであり、「子どもを宿す〔porter un enfant〕」のと同じように、「喪のなかに他者を担う〔=宿す〕」ことにほかならない。他者はもはや即自的に存在するのではなく、私の喪のなかにしかいない。私は、その他者を存在するがままに、あるいは存在したがままに担えるだろうか。逆に、他者は、私を存在したがままに担ってくれるだろうか。喪のなかには、還元不可能な仕方で、死者に対する剥奪の契機、死者の自己固有性を剥奪する契機がある。喪に服し、友を自分のうちに担う者のいかなる誠実さ、いかなる善意志にもかかわらず、喪は必然的に一定の暴力を伴う。この点はデリダも充分に認識しており、たとえば『そのたびごとにただ一つ、世界の終わり』のなかで繰り返し言及している。それでもなお、喪は「比類なき希望」なのである。

もっとも、万人がそれを希望として捉えるわけではない。『存在と無』のなかで随所に「友人ピエール」を登場させるサルトル。彼における、友愛をめぐる考察、友人の死をめぐる考察をあらためてたどる必要があるだろう。だが、次のような発言に接するとき、彼は記憶や喪のなかに、自己固有性の剥奪しか認めていないように見える。「[…]死ぬとは、もはや他人によってしか存在しないよう運命づけられることであり、自分の意味や、自分の勝利の意味そのものまでも、他人から頂戴することである」(*EN*, 602; III. 253)。そしてそれは、「生者たちの餌食になること」(*EN*, 601; III. 252) にほかならない。まるで食うか食われるかの関係のようである。喪が一種の体内化であるかぎりにおいて、喪を「他者を食べる」ことから完全に切り離すのはむずかしい。だが、「生き残り」に競争的もしくは闘争的契機のみを認め、生き残る方が勝利するという発想は、「存在するがままにまかせる」ことを旨とする論理とは異質だと言わねばならないだろう。

競争そして闘争をめぐってついでに付言するならば、『友愛のポリティクス』において、カール・シュミットが提唱する敵対のポリティクスが延々と考察され、そして退けられている。なぜか? ひとつの理由は、死とのかかわり——正確にはかかわりの欠如——が考えられる。シュミットは、致死〔mise à mort〕、すなわち敵を死に至らしめることを政治的なものの還元不可能な条件とし、人間的実存の存在論的構造であるとさえしている。デリダは、致死の構造は、「おのれを肯定することでおのれに対立するかぎりでの生に属している」(*PA*, 145; I. 214) とする。その視野には、死の、死ぬことの存在論は入っていない。シュミットにとって、友/敵の対立、戦いや戦争は、「実在的可能性」として位置づけられていた。それは、政治の目標、目的、内容ではないものの、「実在的可能性」としてつねに現前しているという。ここでも、事実と可能性のあいだを揺れ動く概念が重要な役割を演じている。デリダは、この「人の意表を突く、戦略的に貴重な概念」（*PA*, 149; I. 201）に拘りながらシュミットの論理構造を読み解こうとする。そこに立ち入ることはできないものの、次のことは言えるのではないだろうか。デリダの観点からすると、シュミットにおける戦争の、致死の実在的可能性は、別の可能性、すなわち死という不可能性の可能性を、そして喪を思考していないという点である(45)。

敵対のポリティクスに対する友愛のポリティクスは、いかなる姿をしているのか。デリダが提唱する「政治の原理に〔*au principe*〕に友愛を」（*PA*, 210; I. 283）は何を意味するのか。しばしば言い換えられているように、principeをcommencement〔開始〕かつcommandemant〔命令・掟〕と理解するならば、政治を開始し、掟となるものとして友愛を位置づけるということだろう。しかし、そうは言ってみても、沈殿した伝統的な政治言説の側から、数多くの疑問が投げかけられることになる。「政治の原理に友愛を」と言うが、政治原理の彼方にある友愛を原理とすることはなおも政治なのか。それは善、存在の彼方の善なのか。法を超越する正義なのか……。「この試論は長い序文に似ている。むしろこれは、いつか私が書き上げたいと思っている、ある書物の前書きになるかもしれない」（*PA*, 11; I. 3）。このような文言から始まる『友愛のポリティクス』は、初めから、テーゼを提示する使命をみずからに免除しており、それらの疑問に対する明確な答えが読まれることはない。

友愛と喪。喪から始まる友愛。友と敵、共同体の脱構築。複雑に縺れ合う問題系に踏み入ってゆく『友愛のポリティクス』に、他のテクストからの補助線を引くこともできるだろう。「喪のトポスを政治化しなければならない」（*PS*, 72）という命法も、そうした補助線のひとつである。とはいえ、友愛とは何か？ 喪とは何か？「喪は、私の〈死への存在〉よりもさらに根源的かもしれない」（*PS*, 332）といった発言に出会うとき、さらに死と喪と友愛をめぐる考察を続ける必要を痛感する。だが、アーレントに倣って言うならば、喪がデリダにおける中心的な範疇であることを確認したこの段階で、さらなる読解に分け入ることを断念し、本稿を中断せざるをえない。

状況、政治、実践を語ると称するには、抽象的な議論だったろうか。そのような指摘はデリダ自身も一度ならず受けている。一九八七年におこなわれたインタヴューにおいて、その前年に公にされた、ネルソン・マンデラに関する文章を「あなたの稀な政治的テクストである」（*PS*, 202）と評価されたデリダは、「でも誰かが、戯れに、魂と精神をめぐるこの二つの著作が、活動家〔militant〕の著作でもあることを示してくれてはいかがでしょうか」（*ibid.*）とたずね返している。ちなみに、「二つの著作」とは、『プシュケー』(46)と『精神について』であった。かく言いつつも、他方でデリダは、「しかし、あなたは正しいのです。おっしゃっていたように、私はけっして「知識人のサルトル的な形象、あるいはフーコー的な形象という意味でさえ活動家であったり、政治参加した哲学者であったり」しませんでした」（*ibid.*）とも認めている。

一九九〇年代以降であったなら、そして法学、神学、ジェンダー論が脱構築に向ける関心が明らかになり、パレスチナ問題や非正規移民の問題への姿勢、メディアや遠隔‐テクノロジーに関する発言、二〇〇一年九月以降はイラク戦争に対する異議申し立て、死刑や動物に関する考察が知られるようになっていたなら、先のような指摘もおこなわれなかったかもしれない。もっとも、より実践的なかたちでは、すでに一九八〇年代の初め、反体制派を支援していたデリダは、チェコ当局によって仕組まれた薬物所持の咎で収監されるという憂き目に遭っている。

「理論的もしくは哲学的な見かけを持った脱構築」と「直接的に政治にかかわる脱構築の言説や実践」との連続性が必ずしも自明ではない点はすでに述べた。しかし、事実と可能性との境界が穴だらけであったように、狭義のテクストとその外部とのあいだにも明確な境界線はない。かくして、現実の世界において戦争や暴力が根絶できないように、哲学や言説のなかでもそれらが根絶されることはない。デリダは、戦争や致死の「実在的可能性」から政治を考えるシュミットに反論している。だからといって、戦争とはまったく無縁の思考を展開できるとも考えてはいない。「人はけっして戦争のエコノミーから逃れることはない」（*ED*, 220; 295）。人は、どのような努力にもかかわらず戦争を縮減《エコノミー》した状態にあるのであって、戦時経済《エコノミー》から、つまり戦争を視野に置いた体制から、逃れることはできない。この一文が読まれるのは、レヴィナスを論じた「暴力と形而上学」においてである。存在の思想を暴力と断じ、まったく別の出発点を模索する倫理学にも、先の指摘は当てはまる。やや異なる文脈で言われた、以下の発言は傾聴に値するだろう。「[…] 非-暴力のどんな哲学も、歴史のなかでは——だが、それ以外のところでそれは意味をもつだろうか——、en une *économie de la violence*〔暴力の経済のなかで＝暴力の縮減として〕、最小暴力を選ぶことしかけっしてできない」(*ED*, 136; 181)。望もうと望むまいと、哲学や思想は暴力と、そして政治的なものと縁を切ることはできないのである。

最後に二言。

本稿は、だいぶ前にアレッポを後にした。目指していた地にたどり着いたのかどうかは定かではない。だが、道中、アラン・クルディ少年、もしくはその姿、もしくはその亡骸の像が絶えず付き添っていたことを打ち明けなければならない。そして、その像を目にしたとき、デリダが『友愛のポリティクス』で引用するブランショの「友愛——友なき見知らぬ者への友愛」(*PA*, 56; I. 83) という言葉、さらには、文脈の違いを超えて、孤独な者が発する「いつあなた方は私を犠牲にするのを止めるのか?」(*PA*, 418, II. 289) という声なき声が浮かんできたことも。

二〇一五年九月二日、トルコの海岸に打ち上げられた三歳の少年の、変わり果ててはいない、まるで生きているような、砂に頬を押し付けて眠り込んでしまったような姿。無力の底にあったその姿は、しかし、遠隔-技術によって配信され、大きな衝撃をもたらした。そして、一時的であれ、難民受け入れに対する人々の態度を変えさせた。「世界の端から端まで等しなみに死者を数えるわけではない」(*11S*, 142; 137) し、引き起こされた感情の質や強度は、被害者数や損害の深刻さを忠実にあらわすわけではない。亡骸の像を陳列することへの倫理的な異議もありうだろう。しかし、小さな亡骸とそれが引き起こした——政治をも巻き込む——変化は、新たな鮮明さをもって「喪のトポスを政治化しなければならない」という文言を思い出させた。

喪と死、その前後関係はどうであれ、両者は相関関係にある。そうであるならば、相手が死にうる者でなければ、喪は成立しないのではないのか。だが、先駆的決意性を示す現存在のみが本来的に死にうるとし、「死は、現存在を単独の現存在として要求する」（*SZ*, 263）、「死は、現存在であることの絶対的な不可能性という可能性なのである」（*SZ*, 250）と主張するハイデガー的な言説は、三歳の少年に死を認めうるのだろうか。哲学における子どもの地位。一九六四年の講義においてすでに、デリダは、プラトン、デカルト、コント、ベルクソン、フッサール、そしてハイデガーを向こうにまわして、「結局のところ、なぜ成人の言説の方が子どもの言説よりもよいのか。そしてなぜ哲学は成熟〔＝成年〕と結びついているのか」（*HQEH*, 68）と、哲学的人間学が子どもを排除することに疑問を呈している。

他者が死にうるのを認めること。それは、その他者の喪に服す条件ではないのか。ただひとり「存在するがままにまかせる」ことができ、それゆえ存在の意味に近づけるとされる現存在、しかしそれは、Gestellという「総駆り立て体制」によって、未曽有の技術力によって、根底から世界を変えようとしつつある存在者と不可分である。子どもへの視点、そしてデリダのいわゆる死刑論、動物論は、ここで示唆しようとした問題系の延長線上にあり、哲学的人間学の脱構築という作業の一環でもあるだろう。誰が死ぬのか。誰の喪に服すのか。誰のための政治なのか。これらもすべて、脱構築が提起する問いなのである。[47]

「脱構築は正義である」[48]。

この発言は、一九九〇年代に正義のテーマ系と同時に登場し、当時の読者を大いに戸惑わせた。自分こそ、法を超え、国家をめぐるあらゆる権力を統べているという、絶対君主然とした、「朕は国家なり」を思わせる響きがそこに聴き取れてしまうのだろう。その流れに沿った場合、「脱構築は正義である」は、「脱構築の側に正義がある」、「脱構築は正義を有している」と受け取られかねない。さらに、「脱構築」を「デリダ」で置き換えてしまった場合、「デリダの側に正義がある」、「デリダは正義を有している」ということになる。「脱構築は正義である」は、かくして傲慢《ヒュブリス》そのものの発言となるだろう。

二〇〇五年にフランスでおこなわれたシンポジウムで、発表者のひとりがこの「脱構築は正義である」の意味について質問を受け、言葉に詰まったことがある。それは、多かれ少なかれいま述べたような解釈が不可避と考えていたからかもしれない[49]。

だが、ここで、別のところに読まれる *il faut* la vérité[50] という一文の助けを借りてみよう。最も一般的な解釈は「真理が必要だ」となる。ただし、faut はラテン語の fallere に由来し、「落ちる、誤る、失敗する、欠ける」などを意味する。また、原文の *il faut* がイタリック体で記されており、独特の意味が込められていることを示唆している。「真理は欠けている」といった意味である。

この文の「真理」を「正義」へと置き換えてみよう。*Il faut* la justice. だまし絵のように、交互もしくは同時に「正義が欠けている」、「正義が必要だ」という意味が浮かび上がってくるはずである。注意深い分析は、制度にもテクストにも正義が欠けており、正義が求められていることを明らかにする。それを明らかにし、応答しようとするのが、ほかならぬ脱構築である。法、制度、政治、学問、いずれの分野にも起こりうる正義の欠如を探り出し、不正義の在り方を確認し、より大きな正義を目指そうとするのが脱構築にほかならない。もっとも、脱構築はあらかじめ正義を持っているわけではない。正義は、脱構築の進行に応じて、かつ不正義のあり方に応じて、輪郭を現してくる。脱構築とは、みずからが持たぬ正義を与えようとする営為だと言えるだろう。理論と実践という語彙をあえて使うならば、脱構築は、現行のものよりも優れた理論的正義を有するわけではない。それは、初めから遂行的かつ実践的な作業なのである。

ただし、いま述べたことのなかには、脱構築の主体が人間であるという前提が潜んでいる。ところが、脱構築は個人的もしくは集団的な主体に帰せられるべきものではない。「それは行為や作用でさえないということを明確にしなければならない」(*Psy*, II. 12) とデリダは書いている。誰かが脱構築するのではなく、*Ça se déconstruit* (*ibid.*)、すなわち「それはみずから脱構築する」、もしくは「それはみずから脱構築される」のだという。それは後に「自己免疫」という語で語られる事態に通じている。

説明の代わりに、逸話を一つ紹介して終わりにしたい。一九九〇年二月、デリダはモスクワを訪れ、ソ連の知識人たちと交流した。その際、モスクワ科学アカデミー哲学研究所の一部の人々は、折しも進行中であった「ペレストロイカ」の翻訳として、自分たちは「脱構築」を用いるだろうと述べたという。さらに、一人の女性同僚が「でも、脱構築というのは、まさに今日のソビエト連邦のことです(51)」と発言したという。それを耳にして、デリダは複雑な思いに囚われたと述懐している。その文言が、自己免疫としての脱構築の、呵責なき別の側面を言い当てていたからかもしれない。ソビエト連邦は、その翌年崩壊した。

その文言において、「ソビエト連邦」を、今日、別の言葉で置き換えられるという思いに私は取り憑かれている。たとえば、「脱構築というのは、まさに今日の世界のことです」と。

註

（1）Hannah Arendt, *Essays in Understanding. 1930-1954. Formation, Exile, and Totalitarianism*, New York, Schocken Book, 1994, p. 1-2.（『アーレント政治思想集成 1』齋藤純一、山田正行、矢野久美子訳、みすず書房、二〇〇二年、二―三頁）本稿で引用をする際には、可能なかぎり日本語訳を参照した。ただし、文脈等に応じて訳文等を変更した場合もあることを、お断りしておく。

（2）Hannah Arendt, *The Human Condition*, Chicago & London, The University of Chicago Press, 1958, p. 13.（『人間の条件』志水速雄訳、ちくま学芸文庫、一九九五年、二六―二七頁）今後本書を引用する際には、本文中に*HC*という略号で表す。続く数字のうち、「;」の前が原著の頁数、後が日本語訳の頁である。他の著作についても同様の標記法を用いる。なお、分冊がある場合は、ローマ数字で示すことにする。

（3）Hannah Arendt, *Vita activa oder Vom tätigen Leben*, München, Piper, Serie Piper Bd. 217, 1981, p. 16.（『活動的生』森一郎訳、みすず書房、二〇一五年、一四頁）ただし、アーレント自身も頻繁に死を語っている。「中心的な範疇」であるかどうかは別にして、死という契機なしには彼女の「政治」概念が成立しえないことを容易に示すことができるはずである。

（4）岩野卓司編『共にあることの哲学――フランス現代思想が問う〈共同体の危険と希望〉1　理論編』、書肆心水、二〇一六年。

（5）Jacques Derrida, *Points de suspension, Paris*, Galilée, 1994, p. 35.（*PS*）この重要な点を詳述することはできないが、より詳しくは、たとえば以下を参照のこと。Jacques Derrida, « Lettre à un ami japonais », in *Psyché. Inventions de l'autre* T. 2, Paris, Galilée, 2003, p. 9-14.

（6）Paul Ricœur, *La métaphore vive*, Paris, Seuil, 1975, p. 362.（『生きた隠喩』久米博訳、二〇〇六年、三六一頁。ただし、日本語版は著者によって大幅に書き直されており、原典の七割ほどに縮約してある。）強調は引用者。

（7）Jacques Derrida, « La parole—Donner, nommer, appeler », in *Paul Ricœur*, Cahier de L'Herne, 2004, p. 19. 強調は引用者。

（8）この一文については、以下の文章で触れたことがある。「異境から――ジャック・デリダに捧ぐ」（『現代思想』、緊急特集ジャック・デリダ、vol. 32-15、二〇〇四年十二月、一三〇―一三七頁）。また、口頭で発するのを何度も耳にしたJe marche à la mort という表現が活字で表されたのを確認することはできていないが、この表現は次の文献にも紹介されている。Benoît Peeters, *Derrida*, Paris, Flammarion, 2010, p. 636, 641.（『デリダ伝』原宏之、大森晋輔訳、白水社、二〇一四年、七一一、七一六頁）

（9）http://www.nbcnews.com/card/gary-johnson-what-aleppo-n644731　インターネットで収集した情報は、そのつど年月日を記していないが、すべて二〇一六年九月と同年十月に閲覧したものである。

（10）たとえば、Max Fisher, "Syria's Paradox : Why the War Only Ever Seems to Get Worse", in *New York Times*, Aug. 26, 2016. https://www.nytimes.com/2016/08/27/world/middleeast/syria-civil-war-why-get-worse.html?action=click&contentCollection=Middle%20East&module=RelatedCoverage&region=Marginalia&pgtype=article

（11）Jacques Derrida, Jürgen Habermas, *Le concept du 11 septembre. Dialogues à New York*（*octobre-décembre 2001*）*avec Giovanna Barradori*, Paris, Galilée, 2004, *passim*.（『テロルの時代と哲学の使命』、藤本一勇、澤里岳史訳、岩波書店、二〇〇四年、随所）（*11S*）

（12）Giorgio Agamben, *État d'exception. Homo Sacer*, tr. Joël Gayraud, Paris, Seuil, 2003; Etienne Balibar, *L'Europe, l'Amérique, la guerre. Réflexions sur la médiation européenne*, Paris, La Découverte, 2003.（それぞれの日本語訳は以下の通り。『例外状態』上村忠男、中村勝巳訳、未來社、二〇〇七年、『ヨーロッパ、アメリカ、戦争――ヨーロッパの媒介について』大中一彌訳、平凡社、二〇〇六年）デリダについては、先述の『九月一一日という概念』を参照。なお、シュミットへの言及はないが、筆者も当時の状況分析を試みた。以下をご覧いただきたい。増田一夫「正義のポリティクス――帝国・全体主義・脱構築」、三浦信孝編『来るべき〈民主主義〉――反グローバリズムの政治哲学』、藤原書店、二〇〇三年、六二―八七頁。

（13）The editorial board, "Ten Years After", *The New York Times*, March 19, 2013.

（14）"Obama's Remarks on Syria", *New York Times*, September 10, 2013.

（15）"Remarks by the President to the White House Press Corps, August 20, 2012. https://obamawhitehouse.archives.gov/the-press-office/2012/08/20/remarks-president-white-house-press-corps

（16）https://obamawhitehouse.archives.gov/the-press-office/2013/08/30/government-assessment-syrian-government-s-use-chemical-weapons-august-21　そこで述べられた推定死者数は、「最低三五〇名」とする英国合同情報機構（Joint Intelligence Organization）の報告書よりもはるかに大きい。

（17） Jeffrey Goldberg, "The Obama Doctrine", in *The Atlantic*, April 2016. https://www.theatlantic.com/magazine/archive/2016/04/the-obama-doctrine/471525/

（18） https://www.nytimes.com/2016/09/09/us/politics/gary-johnson-aleppo.html?_r=0

（19） Anne Barnard, "How Omran Daqneesh, 5, Became a Symbol of Aleppo Suffering", *New York Times*, August 18, 2016. https://www.nytimes.com/2016/08/19/world/middleeast/omran-daqneesh-syria-aleppo.html

（20） http://freebeacon.com/national-security/morning-joe-syria-obamas-worst-foreign-policy-failure/

（21） Milan Kundera, *Le livre du rire et de l'oubli*, nouvelle édition revue par l'auteur, traduction du tchèque par François Kérel, Paris, Gallimard, 1985, p. 20.（『笑いと忘却の書』西永良成訳、集英社、一九九二年、一三頁）

（22） *Ibid.*

（23） リベラルな民主主義の勝利という主張を高々と展開したのが、いわゆるグローバル化が本格化した一九九〇年代初めに刊行された次の著作であった。Francis Fukuyama, *The End of History and the Last Man*, The Free Press, New York, 1992.（『歴史の終わり 上下』渡部昇一訳、三笠書房、一九九二年）

（24） Guy Debord, *Œuvres*, Paris, Gallimard, Quarto, 2006.（『スペクタクルの社会』木下誠訳、平凡社、一九九三年）

（25） Jacques Derrida, *Spectres de Marx. L'État de la dette, le travail du deuil et la nouvelle internationale*, Paris, Galilée, 1993, p. 131.（『マルクスの亡霊たち』増田一夫訳、藤原書店、二〇〇七年、一七四頁）（*SM*）

（26） https://en.oxforddictionaries.com/word-of-the-year/word-of-the-year-2016 なお、デリダの発言は、行為遂行的発言によって生産される出来事に対して、「客観的事実」が存在することを主張しているのではない。また、「亡霊性」も「現実」に対置されているわけではない。以下で扱う「死」とも大いに関連のあるテーマであるが、残念ながらここで詳述することはできない。

（27） *SM*, 23; 25. ヴァレリーの文章は、以下に読むことができる。Paul Valéry, « La Crise de l'esprit », in *Œuvres*, Paris, Gallimard, Bibliothèque de la Pléiade, 1957, t. 1, p. 993.（『ヴァレリー全集 11』筑摩書房、一九六七年、三一頁）

（28） Hannah Arendt, *Origins of Totalitarianism*, Meridian Book, Second enlarged edition, 1958（1951）, p. 198.（『全体主義の起原 3 全体主義』大久保和郎、大島かおり訳、みすず書房、一九七四年、二六六頁）

（29）スピノザ『エチカ 下』畠中尚志訳、岩波文庫、二〇〇五年、七九頁。

（30）Jean-Paul Sartre, *L'Être et le néant*, Paris, Gallimard, coll. Quarto, 1968（1re édition 1943）, p. 604.（『存在と無 3』松波信三郎訳、人文書院、一九五六—一九六〇年、二五六頁）（*EN*）

（31）Martin Heidegger, *Sein und Zeit*, Tübingen, Max Niemayer Verlag, 5, Aufl., 1967, § 5.（*SZ*）本書については、複数の日本語訳があるため、引用にあたっては本文中に略号を入れ、原典の頁もしくは節のみを記すことにする。

（32）この後で、サルトルは「死」と「有限性」を区別し、「自由」と「責任」の問題へと議論を進める。その興味深い足取りは、残念ながらここで論じることはできない。

（33）Jacques Derrida, *Apprendre à vivre enfin — Entretien avec Jean Birnbaum*, Paris, Galilée, 2005, p. 24.（『生きることを学ぶ、終に』鵜飼哲訳、みすず書房、二〇〇五年、二三頁）（*AVE*）

（34）Jacques Derrida et Elisabeth Roudinesco, *De quoi demain... Dialogue*, Paris, Fayard/Galilée, 2001, p. 239.（『来たるべき世界のために』藤本一勇、金澤忠信訳、岩波書店、二〇〇三年、二一二頁）（*DQD*）ただし、「尊厳」、「栄誉」を除く強調は引用者。

（35）Jacques Derrida, *Séminaire La peine de mort volume I（1999-2000）*, Paris, Galilée, 2012, p. 327.（『死刑 I ジャック・デリダ講義録』高桑和巳訳、白水社、二〇一七年、三一一頁）

（36）Marc Goldschmidt, « La politique depuis la fin du monde », in *Derrida politique*, *Lignes*, no. 47, mai 2015, p. 56-71. なお、筆者の調査不足のため、以下の著作は参照できなかったことをお断りしておく。Martin Hagglund, *Radical Atheism. Derrida and the Time of Life*, Stanford University Press, 2008.（『ラディカル無神論——デリダと生の時間』吉松覚、島田貴史、松田智裕訳、法政大学出版局、二〇一七年）

（37）Jacques Derrida, *Chaque fois unique, la fin du monde*, Paris, Galilée, 2003.（『そのたびごとにただ一つ、世界の終焉』岩野卓司、國分功一郎、土田知則訳、岩波書店、二〇〇六年）（*CFU*）

（38）Jacques Derrida, *La voix et le phénomène*, Paris, PUF, 1967.（『声と現象』高橋允昭訳、理想社、一九七〇年）（*VPh*）; *L'Écriture et la différence*, Paris, Minuit, 1967.（『エクリチュールと差異』合田正人、谷口博史訳、法政大学出版局、二〇一三年）（*ED*）; *De la grammatologie*, Paris, Minuit, 1967.（『根源の彼方に——グラマトロジーについて 上下』足立和浩訳、現代思潮社、一九七二年）

(39) Emmanuel Levinas, *Totalité et infini. Essai sur l'extériorité*, La Haye, Martinus Nijhoff, 1961.（『全体性と無限――外部性についての試論』改訂版、合田正人訳、国文社、二〇〇六年）本来は、デリダの読解について具体的にレヴィナスを参照しながら語らなければならない。しかし、以下に示すのは、あくまでもデリダを通じたレヴィナス理解であることをお断りしておく。

(40) Pierre Kahn, « fait », in André Jacob（dir.）, *Encyclopédie philsophique universelle. Les notions philosophiques 1*, Paris, PUF, 1998, p. 949.

(41) Jacques Derrida, *Heidegger : la question de l'Être et l'Histoire. Cours de l'ENS-Ulm 1964-1965*, Paris, Galilée, 2013, p. 210.（*HQEH*）

(42) この構造、および「隠喩」については、以下においてもう少し詳しく展開した。増田一夫、「デリダ 初めに――存在論的差異と存在者的隠喩」、『現代思想』、vol. 43-2、二〇一五年二月臨時増刊号、「総特集 デリダ」、一〇一―一一五頁。

(43) Jacques Derrida, *Politiques de l'amitié*, Paris, Galilée, 1994.（『友愛のポリティクス 1・2』鵜飼哲、大西雅一郎、松葉祥一訳、みすず書房、二〇〇三年）（*PA*）

(44) « Dialogue entre Jacques Derrida, Philippe Lacoue-Labarthe et Jean-Luc Nancy », *Rue Descartes*, « Penser avec Jacques Derrida », n° 52, 2005, p. 92.（*Dial.*）

(45) 本来的な死とは自己の死であるとするハイデガー、第一義的な死とは他者の死であるとするレヴィナス。『アポリア』において、デリダはいずれが正しいかを決することの重要性は限定的なものに留まるとし、先の二者にフロイトの名を加え、そのいずれも考察することのなかった「根源的な喪」を提示する。（Jacques Derrida, *Apories. Mourir — s'attendre aux « limites de la vérité »*, Paris, Galilée, 1996, p. 75, 111.『アポリア 死す――「真理の諸限界」を〔で／相〕待－期する』港道隆訳、人文書院、二〇〇〇年、八二、一二三頁）（*Apories*）。そこには、以下の文が読まれる。「[…] 他者への関係はけっして、喪に服した懸念から区別されないことになる。かくして、死への関係あるいは死の確実さが創設されるのは自分自身の死から出発してなのか、それとも他人の死から出発してなのかを知るという問いは、そもそもの始めから限られた妥当性しかないことになる」（*Apories*, 111, 122）。この文は、友愛をめぐる記述と対照しながら、考察すべきものだろう。

（46）Jacques Derrida, *Psyché. Inventions de l'autre*, Paris, Galilée, 1987-2003.（『プシュケー——他なるものの発明 I』藤本一勇、岩波書店、二〇一四年）（*Psy*）; *De l'esprit. Heidegger et la question*, Paris, Galilée, 1987.（『精神について——ハイデッガーと問い』港道隆訳、人文書院、一九九〇年）

（47）ハイデガー的な死を脱構築する際の手順については、主に『アポリア』を参照のこと。

（48）Jacques Derrida, *Force de loi. Le « Fondement mystique de l'autorité »*, Paris, Galilée, 1994, p. XX.（『法の力』堅田研一訳、法政大学出版局、一九九九年、三四頁）

（49）このときの状況については、先にあげた「デリダ初めに——存在論的差異と存在者的隠喩」の終わりに触れたことがある。

（50）Jacques Derrida, *Positions*, Paris, Minuit, 1972, p. 79.（『ポジシオン』高橋允昭訳、青土社、一九八一年、一五七頁）

（51）Jacques Derrida, *Moscou, aller-retour*, La Tour d'Aigue, Éditions de l'Aube, 1995, p. 70.（『ジャック・デリダのモスクワ』土田知則訳、夏目書房、一九九六年、九三頁）

著者紹介（五十音順）

岩野 卓司（いわの・たくじ） 1959年生まれ。明治大学教授。東京大学大学院人文科学研究科仏語仏文学博士課程満期修了、パリ第4大学大学院哲学研究科博士課程修了。博士（哲学）。専攻、思想史。主著、『ジョルジュ・バタイユ——神秘経験をめぐる思想の限界と新たな可能性』（2010年、水声社）、『贈与の哲学——ジャン＝リュック・マリオンの思想』（2014年、明治大学出版会）。訳書、J.デリダ『そのたびごとにただ一つ、世界の終焉』（共訳、2006年、岩波書店）、D.オリエ『ジョルジュ・バタイユの反建築——コンコルド広場占拠』、（共訳、2015年、水声社）等。

合田 正人（ごうだ・まさと） 1957年生まれ。明治大学教授。東京都立大学大学院博士課程中途退学。専攻、思想史。主著、『思想史の名脇役たち』（2015年、河出書房新社）、『幸福の文法』（2013年、河出書房新社）、『レヴィナスを読む』（2011年、ちくま学芸文庫）。訳書、E.レヴィナス『存在の彼方へ』（1999年、講談社学術文庫）等。

郷原 佳以（ごうはら・かい） 1975年生まれ。東京大学准教授。東京大学大学院総合文化研究科地域文化研究専攻博士課程満期退学、パリ第7大学大学院博士課程修了。博士（文学）。専攻、フランス文学。主著、『文学のミニマル・イメージ——モーリス・ブランショ論』（2011年、左右社）。訳書、M. ブランショ『終わりなき対話Ⅲ』（共訳、2017年、筑摩書房）等。

坂本 尚志（さかもと・たかし） 1976年生まれ。京都薬科大学准教授。京都大学大学院文学研究科現代文化学専攻二十世紀学専修博士課程研究指導認定退学、ボルドー第3大学大学院哲学研究科博士課程修了。博士（哲学）。専攻、20世紀フランス思想史。主著、『主体の論理・概念の倫理——20世紀フランスのエピステモロジーとスピノザ主義』（共著、2017年、以文社）、『反「大学改革」論——若手からの問題提起』（共著、2017年、ナカニシヤ出版）等。

澤田 直（さわだ・なお） 1959年生まれ。立教大学教授。パリ第1大学大学院哲学研究科博士課程修了。博士（哲学）。専攻、思想史、フランス語圏文学。主著、『〈呼びかけ〉の経験——サルトルのモラル論』（2002年、人文書院）、『新・サルトル講義』（2002年、平凡社）、『ジャン＝リュック・ナンシー』（2013年、白水社）。訳書、J.-P. サルトル『言葉』（2006年、人文書院）、『自由への道』（共訳、2009-11年、岩波文庫）、J.-L. ナンシー『自由の経験』（2000年、未來社）、F. ペソア『新編不穏の書、断章』（2013年、平凡社）等。

藤田 尚志（ふじた・ひさし） 1973年生まれ。九州産業大学准教授。東京大学大学院人文社会系研究科欧米系文化研究専攻博士課程満期修了、フランス・リール第3大学大学院哲学研究科博士課程修了。博士（哲学）。専攻、フランス近現代思想。主著、『ベルクソン『物質と記憶』を診断する——時間経験の哲学・意識の科学・美学・倫理学への展開』（共編著、2017年、書肆心水）、『愛・性・家族の哲学』全三巻（共編著、2016年、ナカニシヤ出版）、『反「大学改革」論——若手からの問題提起』（共著、2017年、ナカニシヤ出版）等。

増田 一夫（ますだ・かずお） 1954年生まれ。東京大学大学院教授。東京大学大学院人文科学研究科仏語仏文学博士課程単位取得退学。専攻、フランス思想、フランス地域文化研究。主著、『カール・シュミットと現代』（共著、2005年、沖積舎）。論文、「デリダ　初めに——存在論的差異と存在者的隠喩」（2015年、『現代思想』43-2）。訳書、J.デリダ『マルクスの亡霊たち』（2007年、藤原書店）等。

宮﨑 裕助（みやざき・ゆうすけ） 1974年生まれ。新潟大学准教授。東京大学大学院総合文化研究科超域文化科学専攻博士課程修了。博士（学術）。専攻、哲学・現代思想。主著、『判断と崇高——カント美学のポリティクス』（2009年、知泉書館）、『終わりなきデリダ』（共著、2016年、法政大学出版局）、『続・ハイデガー読本』（共著、2016年、法政大学出版局）、『カントと現代哲学』（共著、2015年、晃洋書房）。訳書、J. デリダ『哲学への権利２』（共訳、2015年、みすず書房）等。

著　者（五十音順）

岩野卓司
合田正人
郷原佳以
坂本尚志
澤田　直
藤田尚志
増田一夫
宮﨑裕助

共にあることの哲学と現実　家族・社会・文学・政治
フランス現代思想が問う〈共同体の危険と希望〉2　実践・状況編

刊　行　2017年11月
編　者　岩野卓司
刊行者　清藤　洋
刊行所　書肆心水

135-0016 東京都江東区東陽 6-2-27-1308
www.shoshi-shinsui.com
電話 03-6677-0101

ISBN978-4-906917-74-7 C0010

乱丁落丁本は恐縮ですが刊行所宛ご送付下さい
送料刊行所負担にて早急にお取り替え致します

共にあることの哲学　フランス現代思想が問う〈共同体の危険と希望〉1　岩野卓司編　A5上製 二八八頁 本体三三〇〇円+税

最後の人間からの手紙　ネオテニーと愛、そしてヒトの運命について　ダニ＝ロベール・デュフール著　福井和美訳　四六並製 三二〇頁 本体二七〇〇円+税

終わりなき不安夢　夢話 1941-1967　ルイ・アルチュセール著　市田良彦訳　四六上製 三二〇頁 本体三六〇〇円+税

オネイログラフィア　夢、精神分析家、芸術家　ヴィクトル・マージン著　斉藤毅訳　A5並製 二八八頁 本体三六〇〇円+税

フロイトの矛盾　フロイト精神分析の精神分析と精神分析の再生　ニコラス・ランド／マリア・トローク著　大西雅一郎訳　A5上製 二八八頁 本体四九〇〇円+税

境　域　ジャック・デリダ著　若森栄樹訳　A5上製 五一二頁 本体四九〇〇円+税

私についてこなかった男　モーリス・ブランショ著　谷口博史訳　四六上製 三二〇頁 本体三二〇〇円+税

アミナダブ　モーリス・ブランショ著　清水徹訳　A5上製 三三六頁 本体四二〇〇円+税

カフカからカフカへ　モーリス・ブランショ著　山邑久仁子訳　四六上製 三二〇頁 本体三六〇〇円+税

言語と文学　モーリス・ブランショ／ジャン・ポーラン／内田樹著　野村英夫・山邑久仁子訳　四六上製 四一六頁 本体三八〇〇円+税

百フランのための殺人犯　ジャン・ポーラン著　安原伸一朗訳　A5上製 一六〇頁 本体二五〇〇円+税

ひとつの町のかたち　ジュリアン・グラック著　永井敦子訳　四六上製 二八八頁 本体三三〇〇円+税

他者のトポロジー　人文諸学と他者論の現在　岩野卓司編　A5上製 三五二頁 本体六三〇〇円+税

模倣と創造　哲学と文学のあいだで　井戸田総一郎・大石直記・合田正人著　A5上製 三五二頁 本体六九〇〇円+税

リオタール哲学の地平　リビドー的身体から情動‐文へ　本間邦雄著　A5上製 三五二頁 本体三二〇〇円+税

ベルクソン『物質と記憶』を解剖する　現代知覚理論・時間論・心の哲学との接続　平井靖史他編　A5並製 三八四頁 本体三五〇〇円+税

ベルクソン『物質と記憶』を診断する　時間経験の哲学・意識の科学・美学・倫理学への展開　平井靖史他編　A5並製 三八四頁 本体三五〇〇円+税